認認真真講歷史

天涯社区人气佳作

西晋风云

全三卷 卷二

孙峰 · 著

中国文史出版社

图书在版编目（C I P）数据

西晋风云. 卷二 / 孙峰著. -- 北京 : 中国文史出版社, 2019.7
（认认真真讲历史）
ISBN 978-7-5205-1064-6

Ⅰ. ①西… Ⅱ. ①孙… Ⅲ. ①中国历史－西晋时代－通俗读物 Ⅳ. ①K237.109

中国版本图书馆CIP数据核字(2019)第066567号

责任编辑： 刘　夏
封面设计： 陈欣欣

出版发行：中国文史出版社
社　　址： 北京市海淀区西八里庄路 69 号　**邮编：** 100036
电　　话： 010-81136606　81136602　81136603（发行部）
传　　真： 010-81136655
印　　装： 北京温林源印刷有限公司
经　　销： 全国新华书店
开　　本： 1/16
印　　张： 21.5　　**字数：** 371 千字
版　　次： 2019 年 8 月北京第 1 版
印　　次： 2019 年 8 月第 1 次印刷
定　　价： 59.50 元

目 录

第八部　八王之乱

第六部 盛世隐忧

一一八　太康元年

公元280年四月二十九日，为了庆祝全国统一，司马炎大赦天下，改年号为太康，特准全国人民大吃大喝五天，并派使节分赴荆州、扬州进行慰问；吴国的州长、郡长以下的官员，全不改动；废除东吴帝国时代的苛政，一切政令务求简便易行，赢得了吴地民众的欢迎。

到了五月，兴致勃勃的司马炎终于迎来了吴主孙皓一行。孙皓及其太子孙谨自我捆绑着，把泥土抹到脸上，从洛阳的东阳门进入洛阳城。司马炎派遣使者解开绳子，下诏赏赐给孙皓衣服、车马和三十顷土地，拜孙谨为中郎，孙皓的其他儿子为郎中，渡江到中原生活的原吴国将吏、百姓，分别享受十年、二十年免税的待遇，以吸引人口。

过了几天，司马炎举行正式的接见典礼，典礼隆重而又肃穆。晋朝的文武百官和各地少数民族的使者一齐上殿，国子监的学生们也受命参加典礼。等大家到位后，司仪官传孙皓等人上殿拜见。

先是孙皓磕头，接着，司马炎看座。等孙皓坐下，司马炎说："我设这座位，等你很久了！"孙皓回答说："我在南方，也设有座位，等待陛下。"贾充居心叵测地问孙皓："听说你在南方，挖人眼珠，剥人面皮，这算什么刑法？"孙皓说："做人的臣属，谋杀他的君王，奸邪不忠的，就用这种刑法对付他。"孙皓的话将矛头直指贾充痛处。

贾充张口结舌，面露羞愧之色，而孙皓却旁若无人，一点也不觉难堪。据臧荣绪的《晋书·武帝本纪》记载，司马炎接着又说："听说南方的人喜欢说'汝'啊'汝'的，你也这样说话吗？"孙皓立即举起酒杯，给司马炎敬酒说："昔为汝国邻，今为汝国臣。劝汝一杯酒，愿汝寿万春。"说得司马炎十分难受。

典礼进行完毕，司马炎开始了访亲问友活动，很多过去跑到吴国的朋友，这回也该回来了吧？诸葛靓就是其一，作为琅邪诸葛氏，人才辈出，在当地可以说的高门望族，爸爸诸葛诞、堂伯父诸葛亮、诸葛瑾都是一代人杰。吴国灭亡以后，诸葛靓逃到自己的姐姐家里，而诸葛靓的姐夫就是琅邪王司马伷——做琅邪的王结好琅邪的诸葛氏不失为一明智之举。

诸葛靓隐居在姐夫琅邪王司马伷家里不是没有道理，因为，自己的父亲是当今皇上司马炎最宠爱的胡贵妃的爸爸胡奋所杀，自己与胡奋、与文鸯等人有杀父之仇，不可能还立足于朝。

司马炎和诸葛靓从小关系就好，他知道诸葛靓在司马伷家，一次突然造访司马伷，诸葛靓无从逃身，只好跑到厕所里躲着，可是司马炎来就是为了见诸葛靓的，也追到了厕所，对诸葛靓说："真没想到今天我们两个还能相见啊。"诸葛靓哭着说："我不能像豫让那样故主死后在身上涂漆，也不能像聂政那样自己剥下面皮为故主复仇，却再看到圣上，实在惭愧得无地自容！"

司马炎下诏，任命诸葛靓当侍中，但是，诸葛靓坚决拒绝，他回到故乡琅邪郡阳都县，终生不面向洛阳落座。

在忠义沦丧的晋国，诸葛家族还传承着那种忠义情结，不能不令人敬仰。

这一年，司马炎除了大封功臣，贾充、张华、杜预、王濬、王戎、王浑、胡奋，甚至连反对伐吴的荀勖也因为负责文字工作，也被封赏，也没忘了给羊祜的遗孀夏侯夫人增封五千户食邑。

还对全国进行了人口普查，并重新划分了全国的行政区域。在全国范围内设置了十九个州，改司隶校尉所管辖的京畿地区为司州，具体为以下十九州：司州（政府设洛阳）、兖州（政府设廪丘，今山东省郓城县西北）、豫州（政府初设安城，今河南省正阳县东北，后迁陈县，今河南省淮阳县）、冀州（政府设信都，今河北省衡水市冀州区）、并州（政府设晋阳，今山西省太原市）、青州（政府设临淄，今山东省淄博市东临淄镇）、徐州（政府设彭城，今江苏省徐州市）、荆州（政府初设襄阳，今湖北省襄阳市，后迁江陵，今湖北省江陵县）、扬州（政府初设寿春，今安徽省寿县，后迁建业，今江苏省南京市）、凉州（政府设姑臧，今甘肃省武威市）、雍州（政府设长安，今陕西省西安市）、秦州（政府设冀县，今甘肃省甘谷县）、益州（政府设成都，今四川省成都市）、梁州（政府设南郑，今陕西省汉中市）、宁州（政府设滇池，今云南省昆明市晋宁区东晋城镇）、交州（政府设龙编，今越南河内市东北北宁府）、广州（政府设番禺，今广东省广州市）、幽州（政府设涿县，今河北省涿州市）、平州（政府设襄平，今辽宁省辽阳市），这十九州共下辖一百七十三个郡和封国。

鉴于汉末以来，州刺史既管兵，又管民，权力过于集中，容易发生尾大不掉的弊端，司马炎下令：以后要像汉朝那样，州里的和郡里的地方部队全部进行裁减，大郡只留下一百名士兵，小郡留下五十名士兵。

这真是有点矫枉过正了。司马炎万万没有想到二十年以后，各地民变四起，州郡因为兵力短缺而无力制止，中央军队又不能及时赶到处置，造成叛乱迅速地蔓延，一发而不可收拾，随后，到了东晋，各地州郡又重新回到了过去权力集中的老路上，甚至比西晋时期还要严重得多。

一一九 徙戎理论

虽然天下乂安，但是有志之士并没有忘记帝国的心腹大患，杜预在平定吴国以后，也没有忘记战争，他以为，天下虽安，但是忘战必危，一方面，加强部队训练；另一方面，兴修水利，鼓励农业生产，被当地人民称为“杜父”。

襄阳南阳地方歌谣就称杜预：“后世无叛由杜翁，孰识智名与勇功。”

而此时另外一个有识之士就上书司马炎要将胡人迁徙到关外，他就是侍御史郭钦。

他上书说：“戎狄强横，自古以来，就是国家的大患。曹魏帝国时代，人口稀少，西北各郡居民，几乎全是戎人，甚至心脏地区各郡，如京兆郡（今陕西省西安市）、魏郡（今河北省临漳县西南邺镇）、弘农郡（今河南省灵宝市东北），也都有戎人。现在虽然服从政府，可是，百年之后，万一风吹草动，胡人骑兵从平阳郡（今山西省临汾市）、上党郡（今山西省黎城县西南）出发，用不了三天，便到孟津（今河南省孟津县东黄河渡口）；于是北地郡（今陕西省铜川市耀州区）、西河郡（今黄河晋陕峡谷两岸）、太原郡（今山西省太原市）、冯翊郡（今陕西省大荔县）、安定郡（今甘肃省镇原县东南曙光乡）、上郡（今陕西省韩城市），将全部陷入狄人之手，成为他们的庭院。现在正应该乘着我们削平吴国的声威，运用谋臣猛将的方略，逐渐把内地和汉人杂居的胡人，迁移到边疆地带，严格限制各地夷狄的交通，恢复从前圣明君王所定的‘荒服’制度，这是造福万世的长远计划。”

其实，关于胡人深入内地，成为帝国的隐忧，这一点，很多年前的邓艾也曾敏锐地看到，并曾经上书当时执政的司马昭，但是，因为当时人口稀少，兵员紧缺，所以，即使是邓艾，为了讨伐蜀国和防备姜维扰动胡人，也不得不将几万胡人迁往内地，并从中选择数千精锐骑兵，帮助他消灭蜀国。

但是，此后，鲜卑的秃发树机能反叛整整持续了十年之久，让司马炎寝食俱废，如今，好不容易刚刚平定下来。

在司马炎看来，这种将胡人迁移到他们原来的地方固然很好，但是，迁移工作本身就不是一件容易的事情，那不啻于一场需要精心策划的战争。常言道，请神容易送神难。如果处置不当，将会出现新的叛乱，把刚刚安定的局势破坏掉。

而司马炎还缺乏那样的组织能力，在他看来，再等等吧，也许，这件事情以后再做吧。也许，随着时间的推移，胡人会被慢慢同化吧？

因此，司马炎对于郭钦的建议，置之不理。

把徙戎的事放在一边，但是却还有一件事司马炎必须去做：那就是怎么样保证全国的人有饭吃，有衣服穿。

司马炎在全国范围内实施占田荫客制度，他下令："丁男之户，岁输绢三匹，棉三斤。女及次丁男为户者半输。其诸边郡或三分之二，远者三分之一。夷人输布，户一匹，远者或一丈。男子一人占田七十亩，女子三十亩。其外，丁男课田五十亩，丁女二十亩，次丁男半之，女则不课。男女年十六以上至六十为正丁；十五以下至十三，六十一以上至六十五为次丁；十二以下，六十六以上为小、老，不事。远夷不课田者输义米，户三斛，远者五斗，极远者输算钱，人二十八文。其官品第一至第九，各以贵贱占田：品第一者占五十顷，第二品四十五顷，第三品四十顷，第四品三十五顷，第五品三十顷，第六品二十五顷，第七品二十顷，第八品十五顷，第九品十顷。而又各以品之高卑荫其亲属，多者及九族，少者三世。宗室、国宾、先贤之后，及士人子孙亦如之。而又得荫人以为衣食客及佃客：品第六以上得衣食客三人，第七、第八品二人，第九品及举辇、迹禽、前驱、由基、强弩司马、羽林郎、殿中从武贲、殿中武贲、持椎斧武骑、武贲、持钑从武贲、命中武贲、武骑一人。其应有佃客者：官品第一、第二者，佃客无过五十户，第三品十户，第四品七户，第五品五户，第六品三户，第七品二户，第八品、第九品一户。"另外，司马炎还下令，对于生有五个女孩子的人家，因为没有男劳力，免除这样人家的全部赋税。

关于《晋书·食货志》的这一段记载，历来中外学者有不同的见解。有的认为，占田是政府规定的一个人（当然是指一般人而言）可以占有的土地最高限额，而课田则是政府不管你实际占没占够那么多，你所要按照交赋税的田亩数；

有的认为，占田是你自己占的用于自己生活的土地，课田是政府另外给你用于给政府缴纳赋税的田亩等等，个人倾向于后者。另外，司马炎为了限制贵族无限制地兼并土地，对于各个品级的官员占田数和可以拥有的庄客人数的上限进行了限制，但是，就像胡威上书司马炎说的那样，司马炎对自己的大臣要求太宽了，以致大臣们屡屡犯法，根本不把司马炎这些规定当回事，从史料记载上看，如，司徒王戎就广占土地，石崇田地无数，庄客就有八百多人，等等。

对此，司马炎睁一只眼闭一只眼，装糊涂。

也许是这些年来，自己操的心够多了，需要休息休息，也该享受享受一下吧。

一二〇 骄奢淫逸（一）

他首先想到了东吴宫中的那五千娇娃。

在忙活完正事以后，司马炎迫不及待地于公元281年三月下诏让孙皓宫中的五千宫女北上洛阳，选入宫中。

我常常想，大凡做事情不做出格，大约是没什么事的。就拿司马炎来说吧，我们常把他后宫近一万人，并且用羊车拉着自己在宫中游玩，作为司马炎荒淫无度的一个标志性事件，从而把司马炎说得一无是处。

但是，回过头来看看，司马炎的所作所为，其实并非我们原来想象的那样，他虽然比不了我们熟悉的中国古代有名的帝王，但是，也不失为一个开明的君主。况且，那些个被历代美化的所谓的明君们，又有哪个不是欲望滔天、随心所欲呢？假如没有后来的永嘉之乱，也许，后代的人们也会把司马炎的评价提高一个档次吧？对于永嘉之乱，司马炎的确难辞其咎，但是，如果永嘉之乱被平息呢？就好像吕后专权之后被平息呢？如果西汉的吕后专权在吕后死后没被周勃陈平顺利结束，而是吕氏家族和捍卫刘氏的大臣打得天翻地覆，从而西汉灭亡呢？我们肯定把一切的责任都推到刘邦的身上。而事实是，对于一个死去的人，他生前的部署已经定格，他身后发生的历史事件，有他生前部署的影响，但是，更多的还是受活着的人左右。个人认为评价一个历史人物，还是更多地考察他一生活着的时候做了些什么，而不要把他的评介过多地以人家死后发生的事情逆推，从而蒙蔽我们的眼睛。作为前皇帝，他生前的所作所为肯定在一定时期对于他死后有影响，但是那种影响真的很有限，如果司马炎即使立了一个傻子，但是永嘉之乱被最终平息呢？我们还能像如今那样把人家司马炎说得一无是处吗？看看司马炎生前的人品，做过决定，还真不是一个昏君能概括的了的。死后发生事情真的又有人家司马炎多少事儿呢?

统一全国以后，司马炎的确显得怠政了很多。就像一个人有一个很难达到的目标一样，一旦达到了，立刻就失去了方向，没有了前行的动力，而过去的艰辛也似乎需要报偿。于是，他安心享受起来了。每次司马炎和自己的朝臣们喝酒吃饭，总是说一些家长里短的琐事，以致何曾私下里对自己的儿孙们说：“我每次和皇上吃饭，总是说点子小事情，没有一点经国宏图，这可不是什么为自己的儿孙谋划的好兆头啊！皇上自身应该没事吧，儿孙们可能要遭殃了啊！”然后，他指着自己的儿子辈说：“你们还能善终吧。”又指着孙子辈们说：“他们肯定要遭遇乱世啊。”

除了和大臣们喝酒聊天，他就躲在后宫巡幸女人们。后宫一万个年轻的女人苦苦地等待着和一个司马炎睡觉，这种温柔的负担叫司马炎难以承受。他脑子里的美貌脸庞太多了，也不知道究竟今夜应该和谁睡觉，只好让羊拉着小车在宫中游行，走到哪，喝到哪，玩到哪，可以说是遍尝人间春色。

一个聪明的女人想到一个办法，在自己的宫前路上扔下洒有羊喜欢舔的盐水的竹叶，引诱羊停在自己的宫中，这个办法十分奏效。

这个发明，很快一传十，十传百地广泛传播开来，大家纷纷仿效。结果，连羊也和他的主人一样无所适从了。

究竟这是幸福还是负担？毕竟一个男人一生做爱的次数是有限的啊，哪能填补那么多女人的欲壑。

上行下效。

何曾我们以前说过，就喜欢吃好的，每次到宫中和司马炎吃饭还不吃宫中的饭，自己随身带着自己家中做的饭菜，一天要吃一万钱的饭，还抱怨没有下筷子的地方；他儿子何邵后浪推前浪，一浪更比一浪高，每天要吃两万钱。

还有失意的任恺，吃饭比何邵还奢侈，何邵一天吃两万钱，任恺一顿饭就吃一万钱，一天要吃三万钱，并且也学着老何曾的样子，说：“没有下筷子的地方。”我不知道这是任恺的真实想法，还是赌气，或者是对包括自己在内的晋王朝上层官僚们的讽刺。

七十四岁的功臣王濬自从和王浑打了一场嘴皮官司，也开始锦衣玉食，奢侈无度。

羊琇更不用说了，不仅历来是贵公子，而且和司马炎关系铁得很。不仅经常犯法，而且，本性奢侈，喜欢喝酒游玩，经常是男女杂坐，通宵达旦。温酒的时候，所用的炭屑都是用制作成各种野兽形状的炭块。

还有王浑的儿子王济，也是如此。一次，司马炎去王济家吃饭，盛饭用的全是琉璃器皿），还有一百多个婢女端着给人喂。其中，炖的乳猪味道十分鲜美，司马炎问是怎么做的。王济回答说，是用人奶煨出来的。司马炎一听有点恼火，也不吃了，拂袖而去。

史书记载，各家的很多高人一等的享受方法，都是相互保密的，相互夸耀。王济家的这种乳猪做法，即使连王恺和石崇家也不知道。

王济还特别喜欢马，大家都说王济有“马癖”、王济的姐夫和峤有“钱癖”、杜预有“春秋癖”。他在洛阳买了很大一块地做骑马射箭的跑道，用钱编做篱笆，当时的人称作“金沟”。王恺（司马炎的舅舅）有头牛，称为“八百里驳”，跑得飞快，王恺十分爱惜，常常把牛角磨得发亮。王济拿出一千万和王恺打赌射箭，结果，王济一射中的，一下子高兴得跳上胡床，大叫让人快去把牛心剜下来。从人三下五除二割下牛心，烤好拿来，王济割下吃了一块，就扬长而去。哈哈，潇洒，可以想见王恺那个心痛的吧……

王济的姐夫和峤，吝啬得很，家里有一棵好李树，司马炎每次问和峤要点他家的李子，和峤都舍不得，只给司马炎几十颗（哪够后宫那么多人分啊！）。王济瞅准和峤去值班不在家，带着一群少年，呼啦来到姐姐家后园子，把树上的李子全部吃完，吃完以后，拿着斧头把李树连根砍倒。

哈哈……就是一个无法无天，喜欢玩恶作剧的主。

司马炎的三舅后将军王恺本身就豪爽奢侈，他家用麦糖洗刷锅碗，石崇就用白蜡当柴烧火做饭；王恺用紫丝绫做成了长达四十里的步障，石崇就用彩色的织锦做了五十里的。

一次，司马炎赏赐给王恺一个二尺高的珊瑚树，示意让石崇来看看，比过石崇。等石崇到王恺家了，王恺把珊瑚树搬出来显摆，石崇拿起铁如意就把珊瑚树给打碎了，王恺以为石崇是妒忌自己，正要发作，石崇说：“老兄，没什么可惜的，马上还你。”让手下的从自己家里拿来六七个三尺多高的珊瑚树，个个世所罕见，让王恺随意挑选。

王恺一直有三件事情比不过石崇，也不知道石崇是怎么做的：一是，石崇招待客人的时候，给大家做的豆粥，一般的豆很难煮，但是，到石崇家，却一会儿就端上来；二是，冬天石崇家还能做出韭菜酱绿莹莹的韭菜碎末儿；三是，石家的牛从形体、力气上看，似乎不如王恺家的，可石崇与王恺一块儿出游，比赛谁先进洛阳城，石崇的牛总是疾行若飞，超过王恺的牛车。

由于战乱，马作为军需物质很难得到，晋人都多骑牛或用牛车，但是，毕竟是晋人，他们骑牛也骑出风雅和文化来，同是牛车，可比西汉初期的用牛车拉人风雅得多。

这三件事，让王恺恨恨不已，于是他以金钱贿赂石崇的下人，问怎么回事。下人回答说："豆是非常难煮的，先预备下加工成的熟豆粉末，客人一到，先煮好白粥，再将豆末投放进去就成豆粥了。韭菜是将韭菜根捣碎后掺在麦苗里。牛车总是跑得快，是因为驾牛者的技术好，对牛不加控制，让它撒开欢儿跑。"于是，王恺仿效着做，遂与石崇势均力敌。

石崇后来知道了这件事，便杀了告密者。

一二一 骄奢淫逸（二）

说远了，不过索性把石崇这个奢侈无度的代表人物，再说一说。

石崇，字季伦，小字齐奴。大家都知道是石苞的小儿子，从小是既勇敢，又机智，有谋略，能文能武。石崇曾经和王敦一起去太学，看到原宪和颜回的像，说，“如果我有幸能做孔子的弟子，那和这两个比起来，不会有什么差别的”。王敦说：“起码子贡不如你。”石崇正色说道：“大丈夫处世应该不仅有名声，而且身体也安泰，我怎么会效仿那些身处穷屋内的名士呢？”分家产的时候，虽然是老小，但是，父亲却对上面的几个哥哥说：“家产都给你们，石崇自己能挣。”

可不像有人想象的那样是个无能之人，只知道花钱的主。至于石崇的钱是怎么来的，我们以后再说。

石崇的小老婆有一百多人，个个身着华丽的衣服，类似仙人。据《耕桑偶记》记载，外国进贡火浣布，司马炎制成衣衫，穿着去了石崇那里显摆。石崇故意穿着平常的衣服，却让从奴五十人都穿火浣衫迎接武帝——这不是故意埋汰皇帝嘛！换成孙皓，石崇的脑袋早就搬家一百遍了，可人家司马炎就是出奇地大度和仁爱！

石崇在家里还让几十个美艳姬妾装饰打扮完全一样，刻玉龙佩，又制作金凤凰钗，每次召幸，不叫姓名，只听佩声看钗色。佩声轻的居前，钗色艳的在后，次第而进。侍女各含异香，笑语则口气从风而飏。石崇又撒沉香屑于象牙床，让所宠爱的姬妾踏在上面，没有留下脚印的赐珍珠一百粒；若留下了脚印，就让她们减肥，并在闺中相戏说：“你不是细骨轻躯，哪能得到百粒珍珠呢？”

据《世说新语》记载，石崇厕所修建得华美绝伦，准备了各种的香水、香膏给客人洗手、抹脸。经常有十几个美女侍候客人上厕所，客人上过厕所以后，这些婢女要把客人身上原来穿的衣服脱下，给客人换上新衣。凡是上过厕所的衣服，即使再华丽，也不再叫客人穿了，很多客人害羞，都不好意思如厕。

司空刘寔，年轻时很贫穷，但是好学不倦，博古通今，年老的时候，还是保持原有的本色，老婆去世了，在服丧期间，不和其他的妻妾同房，被当时的轻薄人所嘲笑。一次，他去石崇家拜访，上厕所时，见厕所里有绛色蚊帐、垫子、褥子等极讲究的陈设，还有两个婢女捧着香袋侍候，赶紧出来，不好意思地对石崇说："我误进到你的内室了。"石崇说："你去得对啊，那就是厕所。"刘寔说："寒士享受不了这个。"而到别处方便。而王敦在石崇家上厕所，一群美人把自己脱光换衣服，王敦却跟没事人似的，神情还十分傲慢，侍女们私下说："这个客人性情可以做贼！"

石崇每次请客饮酒，常让美人斟酒劝客。如果客人不喝酒，他就让侍卫把美人杀掉。一次王导和弟弟王敦一道去石崇家赴宴。王导向来不能喝酒，但怕石崇杀人，当美女行酒时只好勉强饮下。王敦却不买账，他原本倒是能喝酒，却硬拗着偏是不喝。结果石崇连杀了三个美人，他仍是不喝。王导责备王敦，王敦说："他杀他自己家里的人，跟你有什么关系！"

石崇的事情还多着呢，暂且先说到这里。

不过，也有吝啬无比的。王戎、和峤就比较典型。《世说新语》共有九篇说吝啬的，王戎就占了四篇，可见，王戎是真吝啬。据说王戎经常与夫人手执象牙筹计算财产，日夜不辍。家中有棵很好的李树，身为堂堂司徒的王戎还让人卖李子换钱，又怕别人得到种子，就事先把果核钻破。王戎之女嫁给裴頠，向王戎借了数万钱，女儿回娘家时，王戎神色不悦，直到把钱还清才高兴起来。王戎的侄子要成婚，王戎只送了一件单衣，完婚后又要了回来。当时的人们都说王戎贪财是得了"膏肓之疾"。但后世也有人认为，这是王戎避祸于乱世的"自晦"之举，司马炎也曾以"不欲为异"为王戎辩解，说王戎只不过是为了随大流罢了。

和峤也是如此，田亩无数，却十分吝啬，被人称作有"钱癖"。

要供养这种骄奢淫逸的生活，是必须要付出代价的。司马炎要供养上万的女人吃穿用度，马上面临孙皓曾经面临过的问题，那就是缺钱花。虽然贵为皇帝，但是，国家税收收上来的钱那可不是皇帝的，而属于国家所有，于是，司马炎和汉灵帝一样，开始明码标价卖官鬻爵。本来晋朝的机构都很臃肿，傅咸（傅玄之子）曾经上书司马炎，说："我们建国已经十五年了，但是，老百姓遇到灾荒，还是挨饿，原因之一就是冗官太多，过去的都督只有四个，现在连同监军就十个，领导班子太大了；现在全国的户口没有汉朝的十分之一，但是，都督府却上百个，郡县也是过去的一倍；另外，郡国还有幕府，官下面摞着官，吃粮不干事。"他指出要精简机构，全国务农。

说得好听。司马炎把官都裁减了，怎么卖官呢？要知道，多设置一个官，司马炎都多了一份收入，现在官还不够卖，你还叫裁减？司马炎当然不干了。

公元283年正月，司马炎祭祀天地回来，兴致勃勃地对司隶校尉刘毅说："你看我像汉朝的哪一位皇帝？"刘毅可是个倔老头，立马回答："你就像汉朝的桓帝和灵帝一样。"司马炎很吃惊，——人都是这样，自己都已经是臭狗屎了，还以为自己是完美无瑕的呢——连忙问道："你咋这样说呢？"刘毅说："桓帝和灵帝卖官的钱是归了国库，您卖官的钱却进了你自己的腰包，从这一点上来看，你还不如人家呢？"——其实，刘毅是记错了，桓帝、灵帝，尤其是灵帝卖官的钱也是进自己腰包的。司马炎大笑说："桓帝、灵帝的时候，听不到这样的忠言，今天我有像你一样的忠臣，所以，理所应当比桓帝、灵帝强。"

这种骄奢淫逸的生活，也使得一些正直的大臣感到不满。上面说过的车骑将军傅咸上书司马炎说"奢侈之费，甚于天灾"，还说："从前的圣王，治理天下，人民什么时候吃肉，什么时候穿丝绸，都有规定（五十岁之后才可吃肉，六十岁以后才可以穿丝绸）。……古代人多地少，家家都有储蓄，因为他们节俭。而今地广人稀，反而家家贫乏，因为大家浪费。如果打算提倡节俭，应当责备浪费。浪费不受责备，甚至被赞扬是一种高尚行为，浪费就没有尽头。"

《晋书·隐逸传》记载，鲁褒写下著名的《钱神论》来讥刺当时的社会风气，称钱："为世神宝，亲之如兄，字曰'孔方'。失之则贫弱，得之则富昌。无翼而飞，无足而走，解严毅之颜，开难发之口。"

一二二　慕容鲜卑

就在晋国朝廷一派优哉游哉的时候，东北地区又来了一支鲜卑部落，慕容部。

鲜卑的社会组织由落、邑、部构成。落的首领称小帅，邑的首领称帅，部的首领称大人，慕容氏本来是姓若洛，在鲜卑语中“若洛”的意思是：“富有”“繁荣”。开始的时候，这个称呼是对部落大人的尊称，后来成为姓氏。

此时，当政的部落头领叫慕容涉归。慕容涉归的爷爷叫莫护跋（也叫若洛护跋），司马懿征讨公孙渊的时候，莫护跋立下战功，被曹魏帝国封为率义王，于是，莫护跋在荆城以北（今河北省昌黎县境内）建立国家。

据说，当时北方的汉人流行戴步摇冠（一种带有悬垂装饰物的帽子），莫护跋见了也很喜欢，自己也做了一顶，整天戴在头上。鲜卑人见了他这种打扮，都称他为“步摇”，因为当地语言“步摇”同“慕容”读音相近，所以，传到后来就成了“慕容”。莫护跋的后人便干脆以此作为部落的名称。（也有有文化的慕容子孙说，是仰慕二仪之德，继承三光之荣，所以，叫慕容，似是后人的附会之说。）

莫护跋死后，儿子慕容木延继位，跟从毌丘俭讨伐高丽，立下战功，被封为左贤王。

慕容木延死后，慕容涉归继位，因保全柳城（今辽宁省朝阳市）之功，被封为鲜卑单于，随即，他将根据地从棘城（今辽宁省义县）迁至辽东郡（今辽宁省辽阳市）之北，对中原文化十分向往。

当时在慕容部的旁边，还有一个邻居，是鲜卑宇文部。虽说号称鲜卑宇文部，但是，其实，宇文部是南匈奴的后代，根据《后汉书》的记载，在东汉和帝年间，大将军窦宪派右校尉耿夔击破北匈奴，“鲜卑因此转徙据其地。匈奴余种留者尚有十余万落，皆自号鲜卑”。由此可以看出，在宇文部的早期，主体是匈奴后裔，他们的语言和穿着都和鲜卑人有所不同，但是，随着以后越来越多的鲜卑人依附，逐渐被鲜卑化，成为东部鲜卑的一支。根据《周书·文帝》记载，目前可考的宇文部第一代首领叫葛乌菟。后来，一个叫普回的做大人的时候，在打猎时偶然拾到一颗玉玺，上刻“皇帝玺”三字，自以为是天授神权，部落的语言称天叫宇，称君主叫文，所以就自号宇文，从此宇文成了这一个部落首长的姓。普回之子宇文莫那，自阴山迁至辽西，居住于今内蒙古自治区老哈河上游，被后来的北周尊为献侯，并奉为始祖。

是邻居，就难免有摩擦。慕容涉归和宇文部不知为何有了仇怨。

在晋武帝太康二年（公元281年）十月，本来一直归顺晋朝的慕容涉归开始率军攻击晋国所属昌黎郡（今辽宁省义县）。《晋书·武帝》记载为，慕容廆。《通鉴考异》已经指出，《晋书》当属于误记。个中原因，史书没有记载，但是，从后来慕容廆请求晋朝帮助他出兵打击宇文部来看，慕容涉归之所以要侵扰晋国边境，大约也是出于同样的原因吧。

东北的不稳定，也引起了司马炎的注意，不过，他却一直没有合适的人选。

想来想去，他终于想到了一个人——张华。

张华，字茂先，是范阳方城人（今河北省涿州市），从小家贫，不得不给别人牧羊为生，属于典型的寒门人士，但是张华从小就品德高尚，才华横溢。虽然如此，因为没有人引荐，所以，一直没有出仕。张华曾经写下名篇《鷦鷯赋》，通过对鸟的褒贬，表达自己对人世的看法，引起了阮籍的叹赏，称张华为王佐之才，当地的侯爷刘放也把自己的女儿嫁给了张华。晋武帝代魏以后，很多典章制度他不了解，张华对答如流。张华写的《博物志》展示了他渊博的知识和雄厚的文学功底。

从咸宁年间以来，晋朝廷都围绕着是不是伐吴、排挤不排挤齐王、废不废司马衷三件事，形成了两大派系。而张华从内心是站在任恺、庾纯等人一边的，不过，张华却知道贾充他们的实力，一直不敢和贾充等人正面冲突。但是，在伐吴的问题上，由于朝中只有张华一人支持杜预的伐吴意见，所以，立即招来了贾充等人的嫉恨，甚至于贾充声色俱厉地要求司马炎腰斩张华。

然而，伐吴之役以贾充等人的失策而告终，主张伐吴的张华更受到了司马炎的器重。这引起了荀勖等所谓的高门的进一步嫉恨，《晋书·冯紞传》记载，“吴平，冯紞内怀惭惧，疾张华如仇”，并且张华曾经非议过冯紞哥哥冯恢德行不好，一时间，张华成为他们攻击的重点。而就在这个时候，张华却得罪了司马炎。一次，司马炎问张华，如果自己死了，谁是辅政大臣的合适人选？张华回答说：论才能，论远近，都不如齐王司马攸——照理说，张华说得都对，可是，司马攸是司马炎最担心的人物，找辅政大臣就是为了防备司马攸篡位，你还叫司马攸来辅佐，那不是疯了吗？当即，司马炎就有点不爽。再加上荀勖、冯紞等人的离间，司马炎终于决定把张华赶出朝廷，去对付北方的慕容涉归。

太康三年（公元282年）的正月，司马炎正式任命张华为使持节、都督幽州诸军事、领护乌桓校尉、安北将军，启程前去北方，对付慕容部落。

一二三　张华安北

张华到任以后，立即组织了对慕容部的打击。

晋太康三年（公元282年）三月，张华命令安北将军严询出兵攻击慕容部，严询率兵在昌黎郡大败慕容涉归，慕容部落的士卒被斩杀、俘虏将近万人，沉重地打击了慕容部。受到晋军打击的慕容涉归一病不起，很快于第二年的十二月死去。慕容涉归的嫡长子叫慕容廆，虽然慕容廆不是老大，他还有一个庶兄叫慕容吐谷浑，但是，慕容廆因为是嫡长子，所以是理所应当的继承人，在慕容涉归在世的时候，就曾分给慕容吐谷浑一千七百户作为部众，让他单过。

可是，慕容涉归死后，他的弟弟也就是慕容廆的叔叔慕容耐却篡夺了政权，慕容廆逃到了辽东的徐郁家。

在这一段时间里（两三年），慕容部的内乱，加上张华采取了以武力为后盾，以安抚为目的的策略，慕容部的侵扰被平息了下来。

逃亡中的慕容廆在此时见到了东北最高军政领导张华。

慕容廆见张华当然是要寻求帮助，而张华呢，自然要结好这个被驱逐的储君，为以后北部边境的稳定做打算。

据史书记载，慕容廆容貌俊美，身长八尺，近两米的个子，安北将军张华一见之下，就啧啧叹赏，说："您长大以后一定是一个能左右河山，匡扶社稷的人才啊。"对慕容廆十分看重，也十分关心，尽量和他拉好关系。流亡在外的慕容廆一刻也没闲着，在他的努力下，到太康六年（公元285年）慕容部的部众杀了慕容耐，迎慕容廆继承了大位。

话还说回到张华。张华不仅仅成功地安抚了慕容部，而且，朝鲜半岛上的马韩，以至更远地方距离幽州四千多里的国家，都纷纷前来贡献。晋国北部边境从未如此安定过。

随着张华声望日隆，朝廷中要求召回张华做宰相的呼声很高，但是，冯紞却对司马炎进谗言，一次，在司马炎身边，说起钟会反叛的事情，冯紞似乎是不经意间说："其实啊，要我说，钟会的反叛原因还在于陛下您的父亲司马昭身上。"

司马炎一听有点沉不住气，脸色都变了，带着强忍着的怒火忙问："你今天怎么说话呢你。"

冯紞赶紧把帽子去掉，谢罪着说："罪该万死，但是，你听我说说道理。"

司马炎说："那你说。"

冯紞回答道："善于驾驶车辆的人一定很清楚拉着哪个马的绳子该松哪个该紧，为政也是一个道理，因此，孔子的学生子路因为好勇而常常被孔子压制着，而冉求则因为本身懦弱而常常被孔子激励，汉高祖刘邦的八个孩子都是因为宠爱太过才被杀完，光武帝刘秀的二十八宿大将，也都是因为压抑着他们才使得他们能够寿终正寝。这并不是皇帝有的仁爱，有的粗暴的原因，下面的臣子有的智慧有的愚蠢才有不同的结局，只是因为是不是对其加以很好的控制。钟会的才能也就那样，但是，您父亲却对他太过宠爱了，结果他开始自以为是，飞扬跋扈起来了。如果一开始您父亲对钟会有所警戒，既利用他的才能，却又让他懂规矩的话，就不会有后来反叛事情的发生。"司马炎勉强回答说："是啊。"

谁知，冯紞冒着这么大的风险，可不是说死去的人的，接着，他紧逼一句："皇上您既然采纳了我的意见，请您想想冰冻三尺非一日之寒的道理，就不能使现在的钟会一样的人再犯错了。"

司马炎有些摸不着头脑，问："当今也有钟会这样的人吗？"

看到司马炎的胃口给吊上来了，冯紞开始卖关子说："东方朔说过，谈何容易。易经也说过，臣不密则失身。"

司马炎连忙让身边的人都退下，接着问："你就尽情地说吧。"

冯紞说："我指的那个人就是当今立下大功，海内都知道，并且经常参与陛下您的国家大政方针的，现在是一方大员的那个人啊，陛下心里有数了吧。"

司马炎不说话了。很快地，张华就被召回了京城，但是，不是当尚书令，而是当太常，负责祭祀事宜，并且，很快地，因为太庙的房梁折断了，被免官赋闲在家，终武帝之世，张华再没有出任任何职务。

一二四　贾充之死

太康三年（公元282年）四月，贾充终于死了。

听说这个消息，司马炎为之痛哭，赏赐贾充为太宰，并且按照汉代的霍光和本朝的安平献王司马孚的葬礼规格，安葬贾充，可谓是极尽哀荣。

贾充死后，却给司马炎出了两个不大不小的难题。

一个是贾充的后嗣问题。我们都知道，贾充曾经有过两个儿子，大的叫贾黎民，长到三岁，在乳母的怀中，贾充逗弄，被后妻郭槐看见，以为是贾充和乳母调情，把乳母鞭打至死，结果，贾黎民也因思恋乳母，发病而死；第二个儿子也是这样死去，贾充再也没有一个儿子了。

按照古代的礼法，如果大宗绝嗣，那么就从小宗里选择继承。但是，郭槐在贾黎民死后，一直喜欢二女儿贾午生的孩子韩谧，外婆亲外孙似乎也是中国人的通病。这个韩谧呢，也是聪明伶俐，很讨人喜欢，郭槐自然而然地把韩谧作为自己的孙子来养。

说到这个韩谧，还有一个著名的风流韵事，顺便说一下。

韩谧的爸爸韩寿，是南阳人，史书上说这个韩寿是“美资貌，善容止”，是个超级大帅哥，据说，可以和潘岳一拼。每次贾充召集幕僚在一起说话，贾充的小女儿贾午就在幕后看大家聊天。其实，这个贾午本来是要嫁给司马衷的，但是，那天司马炎的使者来一看，这个贾午还小，穿不上礼服，只好把贾南风给嫁过去了——估计，贾充也看出了大女儿贾南风不是个善物，本不想让她进宫祸害官家，进而祸害自家吧。——大女儿嫁了，掌上明珠的小女儿贾午，贾充一直舍不得让她嫁人。

且说，这个贾午一看谈吐文雅，风采照人的韩寿，立即被迷得神魂颠倒，茶饭不思，睡觉时候总梦见韩寿。问身边的侍女，那个人是谁？其中一个侍女说自己曾经在韩寿家做过侍女。贾午就托这个侍女回韩寿家，把贾午的思念之情给韩寿说了一遍，并且把贾午说的是美貌绝伦，光彩照人，直说得韩寿心里奇痒难耐。就这样，两个人是互赠信物，联系起来。贾午让侍女传话给韩寿，让韩寿晚上去自己的闺房……

贾充家“墙高丈五，荐以枳棘”。（据臧荣绪《晋书》）怎奈这韩寿不仅长相一流，而且身体矫健，晚上，从侍女指点的地方飞身翻墙而过。

贾充前几天还感觉女儿愁眉苦脸的，这两天突然是有说有笑，欢喜非常，一直百思不得其解。当时，从西域进贡给司马炎一种奇香，抹在身上过去个把月也不会散去，司马炎也舍不得用，只赏赐给贾充和陈骞一点。贾午也是为了讨好情人，从父亲那里偷出了一些，送给了韩寿。

贾充的手下和韩寿一起的时候，都说这家伙这几天身上发出奇香，贾充一听，就知道事情坏了，这小子和女儿有一腿了。但是却很纳闷，府里有高墙，守卫也都很严密，不知道这小子是怎么进来的。晚上就佯装有贼，让家人四处巡查，家人巡查一圈汇报说，没有发现什么异常，只是东北角的墙上似乎有狐狸的痕迹。

贾充拷问贾午的侍女，侍女们只好招供。婚前和男人私通毕竟不是一件光彩的事情，贾充把这件事隐瞒下来，只好把贾午嫁给了韩寿，生下了韩谧。

从此，韩寿偷香与相如窃玉、张敞画眉、沈约瘦腰一起成为历史上男人有名的风流四件事。欧阳修就曾填过一首《望江南》的词：“江南蝶，斜日一双双。身似何郎全傅粉，心如韩寿爱偷香，天赋与轻狂。微雨后，薄翅腻烟光。才伴游蜂来小院，又随飞絮过东墙，长是为花忙。”

李商隐《无题》诗曰：“贾氏窥帘韩掾少，宓妃留枕魏王才。春心莫共花争发，一寸相思一寸

灰。”也是说的这件事。

有如此风流的父、母亲，小韩谧自然不同凡响，郭槐当然是爱在骨子里，要立韩谧为贾充的孙子。

尚书郎韩咸、中尉曹轸劝说，根据礼法，没有认外姓人做自己后代的，但是，郭槐不听。尚书郎韩咸、中尉曹轸等人也是死脑筋，人家立谁和你有什么关系？他们给司马炎上书，要求郭槐改变决定，司马炎一看，说得有道理，但是，怎奈亲家母……一直不给这两个愣头青答复。不过最终总得要个说法啊。

郭槐说：陛下，这可是贾充生前的意愿啊。

司马炎无奈，只好下诏，说了一大堆拐弯话，一会儿说贾充功高，一会儿说外孙也是骨肉至亲，一会儿说自己私下思量半天，也可以继承，但是，话又说回来了，除了贾充这样的，其他的一概不行！

看把司马炎为难的。

于是，韩谧正式改名为贾谧，作为死去的贾黎民的儿子，继承了贾充的家业。

另外一个难题是对贾充的谥号。当时，贾充病重的时候，司马炎派司马衷去看望自己的岳父，贾充很担心以后会给自己一个什么样的谥号，他的族子贾模说，你放宽心，是非定论，时间长了，自然掩盖不了。——也不知道是安慰贾充，还是存心恶心贾充哩。

朝廷上在议论给贾充定什么谥号的时候，博士秦秀说：“贾充这个人立外姓为后代，沉溺于所谓的亲情而违背礼法，绝了祖宗的血食——古人认为不是自家的骨肉所祭祀的，祖宗的神灵是不吃的——因此，应该按照谥法的规定，昏乱纪度曰荒，应该谥号为荒。”这当然是个恶谥了，秦秀还没说贾充杀高贵乡公呢。

司马炎不同意。

另外一个博士段畅的脑子活络，建议给贾充一个好的谥号——武，司马炎同意了。

好了，终于可以不说这个人了……

一二五　排挤齐王（一）

贾充死后，晋国朝廷上一直为齐王司马攸归藩的事情闹腾了一年。

贾充的死使得晋国朝堂势力又重新进行了一次组合。在此之前，司马炎已经习惯了在后宫坐羊车，作为对日渐疏远的皇后杨芷的报偿，他开始逐渐重用杨芷的父亲杨骏、二叔杨珧、三叔杨济，杨骏要掌握大权，首先就是把尚书令卫瓘给弄倒。司马炎虽然没有娶到卫家的儿媳妇，但是，司马炎要和卫家做亲的情结却一直没有熄灭，既然娶不到你的女儿，那就把我的女儿嫁给你儿子，于是，卫瓘的儿子卫宣娶了司马炎的女儿。估计，这个司马炎的女儿也不咋地，卫宣经常上演一些酒后的桃色故事。这一点很快被杨骏抓住，杨骏心想，如果卫宣能够因为过错和公主离婚的话，卫瓘也就不好意思再执政了。于是，杨骏利用外戚的有利条件，让宫中的近侍多次在司马炎耳朵边说卫宣的坏话，并建议让公主和卫宣离婚。司马炎爱女心切，就把女儿给夺了回来，卫瓘只好惶恐退位，可是，等女儿回来后，司马炎 打听，不是那回事，全是自己身边人虚构的，就还想把女儿还给卫家，可是，这个卫宣经历了这番惊吓、折腾，竟然去世了。

于是，杨骏开始掌握大权，那时候，想当官，得找这三个人，然后三人再去走后门，因此，权倾内外，当时的人们称之为“三杨”。不过，在司马炎看来，毕竟三杨是外姓人，怎么不了皇位，可是，自己的弟弟司马攸却是随时能登上皇位的人。

还是在咸宁四年（公元278年）羊徽瑜去世的时候，就有一场关于齐王是不是要服丧三年的争论。根据古时的祭祀礼仪，祭祀祖先是大宗的事情，具体到皇家就是皇帝的专利，诸侯王是没有资格祭祀祖先的。因为，司马师是被追封为皇帝的，所以，羊徽瑜作为死去的老皇后的祭奠也应该是司马炎的事。所以，有的官员就提出了虽然司马攸曾经过继给了司马师，但是，司马攸作为诸侯王，不应该再服三年的丧了。这时候，贾充就站出来了，说：“司马攸毕竟是过继给了司马师，礼仪上说的是国家的制度，但是，没有说儿子可以不给父母服丧的，既然你司马攸已经是司马师的儿子，那就还得服丧三年。”

这件事表面上是为不为继母服丧的争论，实际上，如果按照贾充的说法办的话，起码可以达到两个效果。

一是提醒你司马攸，虽然你和当今的皇帝有血缘关系，但是，从宗法上讲，你可是司马师的儿子，而当今皇上是从自己的父亲司马昭手上得来的帝位，如果轮的话，也轮不到你。同时，也给全天下的人提个醒，司马攸从宗法上讲，可不是司马炎的亲兄弟，而是堂兄弟啊！

二是司马攸服丧的话，起码三年以内，只能在家闲居了，等于是禁锢了你三年。

而这场争论的当事人司马攸不管内心如何，只能一言不发，任凭别人宰割。

司马炎心知肚明，立马同意了贾充的意见，表面上还说是为了敦厚亲情人伦大礼……

等贾充死后，荀勖、冯紞等人立刻意识到自己的靠山没了，而一直是众望所归的齐王极有可能东山再起。

齐王对荀勖、冯紞等人是讨厌到了骨子里，一旦齐王得势，荀勖、冯紞等人将死无葬身之地。而作为外戚的三杨呢，本身出身不高，朝中很多人并不服气，地位也不稳固，齐王也是堵在自己面前的一个障碍。很自然地，他们就走在了一起。

那么，如何把齐王赶出洛阳呢？咸宁三年，改封诸侯王的其中一个目的就是把齐王也赶回自己的封地，但是，齐王还没走，紧接着，羊徽徽太后就去世了，那样也好，你齐王服丧三年，也做不了什么事。现在，转眼到了太康三年，是该考虑让你也回封地去了，你不去，司马炎肯定不放心啊！

荀勖等人抓住司马炎的这个心理，多次秘密对司马炎进言。说的不过还是老调重弹，比如，荀勖没话找话，平地一声雷，说：“皇帝万岁以后，太子不得立了。”

司马炎忙问：“怎么了。”

荀勖回答：“大臣们都倾心于齐王，太子怎么能立呢？如果您不相信，你试试让齐王归国的话，你看有多少大臣反对吧。”

冯紞也说：“原来我们要求让诸侯王都回到自己的封地上去，大家都遵命而去，只有齐王自己还在京师，这不是率先垂范的道理。”

两人说的话，勾起了司马炎的很多往事：自己的母亲有病的时候，司马炎和弟弟一起照顾，弟弟痛哭流涕，孝顺之情让司马炎感到很不好意思；司马攸任命为骠骑将军以后，根据规定骠骑将军不能带领营兵，可是，过去司马攸的数千士兵不愿意离开司马攸，哭着闹着不肯离去，无奈司马炎只好把司马攸的兵还给了司马攸。但是，这却给司马炎留下了很深的印象。

司马炎连连称是。于是，在十二月下诏，先是把齐王表扬了一番，提升为大司马，具体官职为都督青州诸军事。也就是说让你去青州做地方官去。

诏书下来，朝野一片哗然。

就连征东大将军王浑——《晋书·王浑传》上记载是在此事发生之前，就被任命为尚书左仆射了，而《晋书·武帝》却记载在此事发生以后两年王浑才被任命为尚书左仆射，并且还是从征南大将军的职位上提拔的，《晋书》经常有这种自相矛盾的地方，以后，就不一一列举了。——这样的重量级人物也上书司马炎，从亲情、从齐王的人品、从目前的朝廷格局上苦苦劝谏司马炎，怎奈司马炎主意已定，拒不采纳。

王浑的儿子王济和甄德的妻子都是司马炎的女儿，王济让她们两个一起找司马炎，磕头哭泣请求司马炎收回成命，这更使司马炎相信了荀勖的话，他恼怒地对“苟媚取容”（《晋书·王戎传》语）的王戎说：“我和齐王是至亲，今天让齐王出去，自是我的家事。可是甄德和王济竟然派自己的老婆来对着活人哭丧！”把王济降职。

看来司马炎是铁了心了。

齐王一派把愤怒一股脑发泄到那些倒齐派上。中护军羊琇怎么说也是司马炎登基前最大的功臣，曾在幕后为司马炎出了多少主意啊，但是，羊琇也是羊徽徽的堂弟，从礼法上讲，那是司马攸的堂舅舅。现在，你杨家的人仗着是当今皇后的亲戚就要赶走齐王？羊琇恼怒之下和北军中侯成粲密谋采取武力把鼓捣这事最厉害的杨珧给杀了！把杨珧吓得不敢出门见客，司马炎知道了，把羊琇、成粲的兵权给拿了，把羊琇转为太仆，成粲转为太常，都是个闲差。羊琇恼怒之下，也给气死了。

还有那个在关中建立功业的扶风王司马骏、光禄大夫李憙等等都上书司马炎恳切劝谏，言辞激烈，但是，司马炎就像一头倔驴，一概不听，《晋书》本传上说司马骏因此很快被气死，但是《晋书·武帝》却说司马骏是三年以后，即太康七年死的，大约也是因为此事而郁郁寡欢，得病死去的，司马骏死后，西北群众“泣者盈路”；李憙也是无奈愤恨，很快死去。

奇人河南尹向雄说得更直接：“陛下你的儿子们虽然不少，但是，有名望的却很少。（向雄还没说，傻瓜很多呢。）让齐王卧在京师，好处实在很多，您还是要深思啊。”向雄固执地一再劝谏，司马炎不高兴，向雄同样也不高兴了，他爬起身来，拜都不拜，自顾自地扭头就走出宫门，但是，也很快地愤恨而死。

向雄此人，曾经是王经的下属，王经因为高贵乡公讨伐司马昭没给司马昭报信，而被司马昭事后处死，向雄冒着生命危险为王经收尸；后来，太守刘毅（此人刚正，但是却喜欢打人，连自己的老婆想打就打）无缘无故打了向雄，并把向雄投到了监狱，钟会在狱中任命向雄做自己的椽属，等钟会被杀以后，又是向雄迎丧埋葬，司马昭有点不快，责问向雄说：过去你收殓王经也就算了，现在钟会是叛逆，你还这样行嘛！向雄回答：“过去的仁君把尸骨埋葬，岂是要先看看哪个是好人哪个是坏人才埋的？现在国法已经执行，我有感于大义而收殓枯骨，对于教化也是没有错误的。如果您对枯骨也痛恨的话，任由抛撒在田野中，这种行为将成为后世仁者的谈资，那对于您的威望不是太可惜了吗？”听后，司马昭才转怒为喜。后来，向雄和刘毅都做了司马炎的侍中，但是，从来不说一句话，司马炎听说后让向雄去和刘毅和好，向雄找到刘毅，说：“刚才皇帝叫我来，我们从此义绝，怎么样？”司马炎听到后大怒，说：“我让你去和好，你怎么去断绝呢？”向雄说：“古人好的时候也是有礼节的，不好也有礼节，今天的人好的时候恨不得把对方放在腿上，厌恶对方恨不能把对方推下深渊，我成不了刘毅的敌人就已经万幸了，怎么可能和好！”——就是这样一个倔强刚烈而又冲动的人！

一二六　排挤齐王（二）

刚才说的，还仅仅是上层贵族的反对之声。

到了太康四年的正月，司马炎召集博士们研究如何尊崇齐王的礼仪，因为，毕竟齐王不同于其他诸侯王，一是血缘，更重要的是，齐王一直是处于权力的中心，位居上公，是国家的宰相，你现在让人家去做类似杜预等人的差事，降得也太明显了点吧。起码要遮遮人的眼睛吧。于是，司马炎就有了让大家讨论怎么样既让齐王去青州，又不像是去做地方官。可是，这就难坏了办事的人了。

大家讨论了半天，还是想不出什么好办法，于是，这群书呆子们就直话直说："从前周朝挑选德行高贵的大臣，辅佐皇家，周公、康叔、聃季，都被延揽主持国事，担任三公，但是他们留在中央时，责任重大；出守封国时，地位轻微。西朝时，亲王、侯爵的地位，超过丞相，在京师进入政府，兼任官职；但返回自己封国，官职即行取消，用不着再加任何官衔虚号，作为荣耀。如果你说齐王是一位贤能的人才，则他以皇弟的尊贵身份，不应该当一个像鲁国、卫国那种普通封国的国君；如果你说他不是一位贤能人才，就根本不可以在东方大海之滨，给他一大片土地。上古礼仪，三公没有一定的职责，只是坐在君王身旁，跟君王研讨国家大计方针，从来没有人去地方上独当一面。只有周宣王在时局最紧张的时候，才命召公出军讨伐淮河一带的蛮夷，所以《诗经》上说：徐方叛乱，君王说镇压他，早早凯旋。因为，身为宰相的人，不能长久逗留首都之外。现在天下太平，四海一家，正需要深入地探讨三件大事：如何敬畏上天，进修品德？如何开发土地，物尽其用？如何治理人民，使家给户足，接受教化？共同奠立万年不坠的基础。而竟把齐王逐出中央，到首都两千里之外，你的做法跟旧有的典章制度，并不符合。"

谨把这些书呆子们的名字记载如下：庾旉（庾纯的儿子）、太叔广、刘暾（刘毅的儿子）、缪蔚、郭颐、秦秀（就是那个要把何曾谥为丑，把贾充谥为荒的那位爷）、傅珍。

庾旉事先把奏章草稿请父亲庾纯过目，庾纯没有表示反对；庾旉又见到祭祀部长郑默和博士的头曹志。

曹志是何人？他就是曹植的二儿子！曹志有感于自己的父亲曹植的遭遇，他伤感叹息地说："怎么会把如此贤才，如此亲近的人，不留在中央在根本上协助君王推广教化，反而被放逐海边！晋王朝的锦绣前程，莫非就要变化！"于是曹志在其他人的奏章以外，又单独上书，说："古代君王的左右大臣，辅佐皇家，与君王同姓的有周公，与君王异姓的有姜子牙，都身留中央政府，五世之后，灵柩才运回封国安葬，等到周王朝中衰，虽然'五霸'兴起，社会秩序，岂能跟周公、召公时同日而语？自从伏羲氏以来，天下岂是一姓所能霸占？只有秉至公之心，跟人民利害一致，才能使政权的生命长久。所以秦王朝和曹魏帝国，打算一人独享，君王身死而国亡；周王朝和西汉王朝愿意分出一部分利益，无论亲近的和疏远的人才，都肯效忠，这是当代的例证。我认为，应该接受博士们的建议。"

司马炎看到博士们的奏章和曹志的上书以后，气得发疯，因为，博士的奏章直接驳斥了司马炎以前的诏书（其实都是来自中书令荀勖之手）冠冕堂皇的理由，而曹志的上书，又把司马炎内心真实的阴暗抖搂了出来，把他现在的行为和自己的伯伯曹丕对待自己的爸爸曹植看作一丘之貉，这不能不让司马炎恼羞成怒——有时候，看穿一个人的全部动机，用把它全部曝光的办法去劝说，会让被劝说的人产生本能的羞涩和遮掩，反而适得其反。

司马炎咆哮起来，说："连曹志都不了解我，何况别人！"——言外之意，我放逐齐王和曹丕可不一样！接着，司马炎指责博士们："他们答非所问，言论莫名其妙。"下令太常郑默免职。——叫你组织讨论齐王礼仪的事，你却没组织好，给我些什么乱七八糟的玩意啊！

看到皇帝这样了，立马有跟风的，尚书朱整等弹劾曹志等："行为超出职掌范围，迷惑政府，把邪恶的言语，披上美德的外衣，假装正直，毫无忌讳。请准予逮捕曹志等，交付司法部定罪。"司马炎下诏："曹志撤职，保留爵位（鄄城县公），返回私宅；博士们全体移送司法部惩处。"

这回，司马炎真是气急败坏了，他想到了要杀一儆百。曾经冲冠一怒、因为说出那句经典的“高贵乡公何在”而让我们记住的庾纯经历了那次大风大浪以后，早学乖了，赶紧前往司法部自首，说：“我儿子庾旉曾把奏章草稿给我过目，我见识愚昧浅陋，竟然没有阻止。”司马炎下诏：“赦免庾纯。”

那个见风使舵的司法部长刘颂判决：“博士们犯了‘大不敬’法条，当斩首。”尚书省的官员们讨论死刑判决，尚书夏侯骏斥责朱整：“国家竟然要诛杀谏官！设立‘八座’官位，正是为了今天。”［总理（尚书令）、副总理（仆射）、六部部长（六曹尚书），世称“八座”。］单独提出异议；左仆射下邳王司马晃，也赞同夏侯骏的异议。

上报给司马炎的死刑判决在皇宫整整搁置了七天，司马炎才下诏说：“庾旉是领头的人，自应第一个诛杀，但他的家人已经自首；现在，连同太叔广等七人，都赦免一死，一律撤职。”

为了安抚司马攸，太康四年二月，司马炎下诏：把济南郡（今山东省章丘市）并入齐国（今山东省淄博市东临淄镇）；封齐王司马攸的儿子、长乐亭侯司马寔为北海王；让司马攸拥有皇家特有的器物荣耀：赏赐“轩悬”乐器（天子用的乐器称“宫悬”，四面悬挂；亲王用的乐器称“轩悬”，三面悬挂）、六佾舞蹈、黄铜巨斧（黄钺），朝见时可以乘坐皇帝出门时“法驾”的备用车队。

一二七 排挤齐王（三）

其实，博士们的逻辑也是值得商榷的。

博士们举出周公、召公辅佐周皇室的例子，但是，在司马炎看来，这世界上，周公能有几个？召公又有几人呢？并且，昔日的成王和当今的司马衷是一个档次的人吗？

“周公恐惧流言日，王莽谦恭未篡时，若是当时便身死，千古忠佞有谁知?”我弟弟司马攸就一定是周公那样一心一意辅佐侄子的人吗？即便是，但是，人心是最难测，也是最容易变化的，能保证他永远不变地辅政吗？就是能保证终其一生辅佐好司马衷，那能保证司马攸的儿子还能和他老子一样忠心吗？况且，晋王朝本身就得之不正，造成晋朝的大臣们没有什么忠贞可言，这样一个世风日下的时候能与古时候的周朝相提并论吗？

博士们给出了一个选择题，他们说，如果齐王忠诚了，就不应该赶走；如果不忠诚了，就不应该给予崇高的礼遇。

什么叫忠诚？什么叫不忠诚？中国人从古到今都习惯于把人概念化，要么是忠，要么是奸，要么把人美化得像神，要么把人描写得如鬼。人是这样简单的吗？我们经常看到“树立”先进典型一类的话，为什么非要树立？中国古代很多先贤的论述都很经典，但是，他们论述的大前提往往是简单粗暴地把人概念化，所以，得出的结果总显得那么苍白。

博士们这样引经据典，用一个永远也无法证明的伪命题让司马炎选择，自然让司马炎大为光火。对于司马攸的是忠是奸，司马炎只能说，我不知道。但是，我只知道，我的儿子司马衷是个傻瓜，以后，等我死了，司马衷玩不过他，所以，要把他弄走。

就这。

但是，憋在心里的这些话，我能说出来吗？而博士们不是明摆着说我在猜忌齐王吗？揭人不揭短，打人不打脸都不知道，真是一群书呆子！

还有那个聪明可爱的皇太孙司马遹。

《晋书·谢夫人传》记载，谢夫人，名玖。家本贫贱，父以屠羊为业，玖清惠贞正而有淑姿，选入后庭为才人。惠帝在东宫，将纳妃。武帝虑太子尚幼，未知帷房之事，乃遣往东宫侍寝，由是得幸有身。贾后妒忌之，玖求还西宫，遂生愍怀太子，年三四岁，惠帝不知也。入朝，见愍怀与诸皇子共戏，执其手，武帝曰："是汝儿也。"

也就是说，司马遹的妈妈谢玖本来是司马炎的才人，起码是在公元272年贾南风和司马衷结婚以前，因为，司马炎担心司马衷不懂得床笫之事，把自己的小老婆让给自己的儿子，手把手地给司马衷上实验课，结果，谢才人就怀孕了，但是，贾南风妒忌谢玖，谢玖为了避祸，请求又回到了司马炎的宫中，在司马炎的宫中，生下了司马遹。以致司马衷进宫看到司马遹和司马炎的其他皇子们在一起玩，也上前去拉司马遹的手的时候，司马炎说，这是你的儿子，司马衷才知道，自己还有一个养在父亲宫中的儿子！

在对比《晋书·悯怀太子传》我们知道，司马遹是永康元年（公元300年）的时候死的，死时候二十三岁，倒推司马遹的生年，应该在公元278年，也就是咸宁四年，而那一年，正是卫瓘被司马炎征召回朝廷做总理的时候，期间，司马衷的太子之位一直处于风雨飘摇之中。

从上面史料我们起码可以肯定的是：

一是，谢玖是在贾南风嫁给司马衷之前进的东宫；

二是，谢玖在东宫至少生活了五六年；

三是，谢玖并不是在司马衷的东宫生下的司马遹。

那么，谢玖究竟生下的是谁的儿子？从贾南风公元272年嫁给司马衷到公元278年谢玖生下司马遹，长达六年的时间里，司马衷并没有使贾南风生个一男半女，却突然让回到司马炎宫中的谢玖怀了孕，——史书记载，由于贾南风的妒忌，谢玖平常根本没有可能和司马衷共居一室——这不能不让人怀疑。

如果现在我们大胆推测：司马炎看到自己的儿子不仅蠢笨，而且一直没有子嗣，司马炎为了太子的地位稳定，将谢玖招进宫中，对外假托已经怀上了司马衷的儿子，并且是因为贾南风妒忌才回宫的，然后，由老子亲自操刀，为司马衷生下了一个“儿子”，有了儿子的太子应该使人们对帝国的未来多多少少有点安慰吧。当然，我们的推测也有可能是错误的，因为，据《晋书·惠贾皇后传》的记载，（贾）妃性酷虐，尝手杀数人。或以戟掷孕妾，子随刃堕地。帝闻之，大怒，已修金墉城，将废之。充华赵粲从容言曰：“贾妃年少，妒是妇人之情耳，长自当差。愿陛下察之。”其后杨珧亦为之言曰：“陛下忘贾公闾耶？”荀勖深救之，故得不废。惠帝继位，立为皇后，生河东、临海、始平公主、哀献皇女。也就是说司马衷曾经还是让姬妾怀孕过的，至于贾南风在立为皇后以后，生下四女，倒真的不好说就是司马衷的，因为，那时候，贾南风经常找男人进宫私通。不过，说贾南风的四个女儿都是封为皇后以后生的，又有点让人迷惑，根据臧荣绪《晋书》曰：贾后二女，（这里又变成了两个了）宣华、女彦。封宣华弘农郡公主。女彦年八岁，聪明岐嶷，便能书学，讽诵《诗》《论》。病困，贾后欲议封，女彦语后曰：“我尚小，未及成人，礼不用公主。”及薨，谥哀献皇女，以长公主礼送葬。这里所说的哀献皇女就是贾南风最小的女儿，八岁死去的，而贾南风在司马炎死后被立为皇后到被杀，也仅仅十年的时间，就算哀献皇女在贾南风死的那一年去世的话，前面的三个姐姐即便是贾南风每年生一个，也要算到司马炎去世以前吧。所以说，按照《晋书·惠贾皇后传》的记载，让我们误认为贾南风的四个女儿都是当皇后生的，似乎不成立。但是，臧荣绪的《晋书》就一定是信史了吗？也不一定。——宫廷的事情，就是一本糊涂账，谁能说得清呢。

而这个司马遹小时候竟然十分聪明伶俐（大约那时候司马炎的后宫人数还不多，并且是一心一意做那件事的吧。），大约在司马遹五岁的时候，也就是咸宁三年吧，一次，宫中失火，司马炎带着登上楼去看，司马遹拉拉司马炎的衣角，对司马炎说，黑夜仓促之间，不可以让灯光照见您。还有一次，司马炎带着司马遹到猪圈看猪，司马遹对司马炎说：猪养这么肥，为什么不早点杀了犒赏将士，养这里不是白浪费粮食吗？司马炎很高兴，对身边的大臣们说，司马遹一定会使国家兴盛，并说司马遹像自己的爷爷司马懿，于是，司马遹的名声很快传遍了天下。

司马炎这样夸“孙子”，用意昭然。

而此时的司马遹——司马炎全部的希望——才仅仅十一岁，有这样一个蠢笨儿子，又有这样一个幼小的孙子，司马炎敢让这个“天下归心”的弟弟司马攸虎视眈眈地坐守洛阳嘛!

看到司马炎竟然要杀人，司马攸知道这次他这个亲哥哥是铁了心要把自己赶走。

他闷闷不乐，自己的主簿丁颐不知就里，还说齐王您如何如何优秀，这次去藩国正得其所。司马攸不耐烦地淡淡回答：我对国家没什么用处的，你絮叨那么多废话干什么。

太康三年三月，司马炎又一次下诏催促司马攸上路，而此时的司马攸因为郁闷、哀怨、苦恼、气愤，已经生病了，他在病中，上书司马炎要求自己哪也不去，什么官也不做，只求司马炎让自己去为自己的妈妈王元姬守陵。这明显是又将了司马炎一军，司马炎哪能同意?

司马攸又说自己真的病了，司马炎有点不相信，就派宫中的御医前去诊视，御医们也都是些见风使舵的主，对司马炎回报说，没病。而这边，司马攸的病情逐渐加重，司马炎还一如既往地催促上路。终于，离别的这一天到来了，司马攸虽然病重，但是，素来十分注重举止，还是像平常那样装束整洁，和司马炎举行了短暂的告别仪式，司马攸的举动让司马炎更加怀疑他是装病，等司马攸上道两天以后，就吐血死在了路上。

听到司马攸死去的消息，司马炎内疚非常，痛哭失声，旁边的冯紞说：齐王其实是名过其实的，但是天下人心都归向他，今天他自然去世，也是社稷之福。陛下何必哀痛过度呢！听这么一说，司马炎立刻不哭了。司马炎到司马攸的家中，司马攸的儿子司马冏痛哭不已，诉说自己的父亲被医生污蔑，司马炎杀了御医塞责。

根据《晋书·文六王传》的记载：“攸以礼自拘，鲜有过事，”可见，司马攸的确是德能勤各方面都很好的一个人，并且，根据南齐王僧虔的《论书》称：晋齐王攸书，京洛以为楷法。可知，司马攸还多才多艺，书法很不错。相比之下，司马衷更让人寒心，那么，你越是优秀，就越让司马炎不舒服，不是吗?

如今，齐王死了，朝廷上再也没有人争吵着拥戴齐王了，司马炎伤心之余，更多的是欣慰。

一二八　九品之弊

齐王死后，司马炎倚重两股势力。

一是皇后杨芷的父亲杨骏一党，代表着外戚。

二是自己的叔叔司马亮，代表着宗室。司马亮此人并无特长，在关中还曾经措置无方致使胡烈被秃发树机能所杀，但是，由于他辈分最高，年龄较大，因此，作为皇室的代表，被司马炎于太康三年任命为太尉、录尚书事、领太子太傅，加侍中。

而帝国中下级官吏的选拔，还是沿用曹魏的九品中正制。

我们过去说过，九品中正制创立之初，是为了解决朝廷选官和乡里清议的统一问题，评议人物的标准是家世、道德、才能三者并重。梁朝沈约甚至说它是“盖以论人才优劣，非谓世胄高卑”。《宋书·恩幸传序》也认为：曹魏建立九品中正制，“盖以论人才优劣，非谓世族高卑。”

但是，这是曹魏初期的事情。

因为那时的中正是以郡为基础，郡中正尚为地方士族所控制，而州里只不过进行汇总，所以，位居中央的豪门大族尚没能进行染指。但是在曹芳以后，情形发生了变化。

而促成这一变化的正是司马炎的爷爷——司马懿本人。

据《通典》卷三十二记载：“晋宣帝（司马懿）加置大中正，故有大小中正，其用人甚重。”

当时的司马懿这样考虑，其直接目的就是为了拉拢朝中的大族，以达到自己夺权的最终目标。由于充当中正者一般是二品，获得二品者几乎全部是门阀世族，等于是门阀世族完全把持了官吏选拔之权，在中正品第过程中，才德标准逐渐被忽视，家世则越来越重要，甚至成为唯一的标准，九品中正制成了维护和巩固大族利益的重要工具，当时，高门士族子弟往往刚成年，就由吏部直接选拔进入仕途或者由公府辟召，起点很高；而州辟佐吏和举秀才却成为中下级士族和吴蜀士族的主要出身门径，以致形成了“公门有公，卿门有卿”的现象，终于形成了“上品无寒门，下品无庶族”的局面。

赵翼《廿二史劄记》称：“高门华阀，有世及之荣，庶姓寒人，无寸进之路。选举之弊，至此而极。”据《晋书·王戎传》的记载，王戎作为继山涛以后的吏部尚书，和山涛不可同日而语，“自经典选，未尝进寒素，退虚名，但与时浮沈，户调门选而已。”从来没有提拔一个寒门的后进，选拔的全部是高门大族的人。

这自然引起了寒门之士的强烈不满。

早在吴平之前，出身寒门的段灼前后上书数次都被朝廷采纳，但是，就因为出身不高，升迁无望，司马炎一直还不认识这个人，段灼一气之下，洋洋洒洒给司马炎上了万言书，其中就说道：“今台阁选举，徒塞耳目，九品论人，唯问中正。故据上品者，非公侯之子孙，则当途之昆弟也。二者苟然，则蓬门筚户之后，安得有不陆沉者哉。”——要求司马炎不拘一格选拔使用人才，但是，就像迁徙胡人一样，这涉及很多人的切身利益，哪是那么容易办到的呢？你想让司马炎把朝廷中的大户人家都得罪完吗？

段灼等人还多少有点从自身利益说事的影子。

而汝南王司马亮、司空卫瓘、上书左仆射刘毅、始平王司马玮的文学李重等上书要求废止九品中正制，就更多地从国家大局出发的意思了。司马亮和司马卫瓘上书说，古代都是乡举里选，人们知道虚名不可以企求，就反躬自身，砥砺名节，到了曹魏，因为天下大乱，所以才使用九品制度，不过是一时的权宜之计罢了。发展到现在，人们只以据位为尊贵，伤风败俗，流弊很多。现在天下统一，我们认为应该恢复古代的制度，还是一切根据当地人的评介，推举贤才。并让公卿们各自举荐贤才，这样不仅进贤的道路拓宽了，而且也激励大家竞相进贤任能，实在是个好办法啊。

刘毅也上书司马炎，他首先说九品中正制的弊端：“现在的考选官想高就高，想低就低，全看高兴不高兴。别人的荣耀和耻辱，操在他们手中，权力好比君王，威势超过政府。在公的方面，他随意评议，不负失职的责任；在私的方面，他揭发别人的隐私，没有任何顾忌。其实只是用尽心机，追求权利财富。清廉谦让的风气消失，竞争排斥的风气盛行。这是圣明王朝的羞辱。”

接着，他具体指出了有八项弊端。

一是，等级高低，只看当事人势力大小；是非黑白，只看当事人官位高低。同是一个人，十天之间，论断完全不同。上等没一个寒微人士，下等没一个权贵子弟。

二是，设立州中正官，本应尊重一州的舆论，遴选大家推崇的人才，公正无私，才能够消除反对意见，责任至为重大。可是对州中正却轻率任命，使乡里之间一片愤怒，甚至在公卿之间也制造出仇恨。

三是，原来制定的体制，分为九等，不过是认为人们的才干和德行，有的较优、有的较劣；年龄辈分，有的较高、有的较低。想不到今天的情形是，优劣高低，恰恰颠倒。

四是，陛下对善行有赏，对恶行有罚，一切都依照法令规章。可是，只有中正官，手握全国文官的任免权力，却没有赏罚、被监督的规定。不特如此，还禁止别人申诉，正中官毫无忌惮。受冤枉、被陷害的人痛恨自己的正直被诬，却没有渠道可以辩护，不得不含辱终生。

五是，一国人才，多到以千计，有的迁移其他地方，有的在别处谋生；中正官跟他们连面都没有见过，又怎能了解他们的才能？可是中正官无论知与不知，仍一一论断。于是，赞扬的话，都来自官员之口；诋毁的话，全出于茶余饭后的流言。中正官如果全靠自己，则了解得太少，网罗面一定不广；如果采纳别人意见，又不可能公平。

六是，政府遴选人才，主要的目的是要他们治理人民。可是今天的情形是，官员能力强而政绩斐然的，反而被中正官列为下等；而平庸官员，却被列为上等；轻视身体力行，崇拜高谈阔论。

七是，官员之中，能力不同；政府事务，处理的方法也不一样；而现在，任用官员，不管他的能力，而只凭借等级遴选；等级够的却不具备这种才能；而有才能的，又不能达到某一种等级。实质跟等级不符。

八是，现在的九等分级办法只是各人依照各人的心意，喜爱的就列上等，厌恶的就列下等，一味培植私人党羽。于是，天下人士，都把分内工作抛到脑后，而全身心地去追求人事关系。

最后他指出：官名虽然叫中正，实际上却是奸邪巢穴。从古到今，这一制度是最大的失策，他说得更彻底，就是完全废黜九个等级。

虽然司马炎认为他们说得正确，但是，也不知道他是真的没听懂，还是没有精力听懂，或者是要继续照顾豪门大族，为自己的傻儿子赢得支持，最终，关于这个制度的讨论，来的时候轰轰烈烈，但是，去的时候也无影无踪，很快就被束之高阁了。

一二九　中朝名士（一）

齐王死后的太康后期，除了九品中正制的存废讨论比较惹眼以外，晋国的一切事情似乎显得都很平稳，也使得我们有机会说一说在这个短暂的安定时代生活着的那些优哉游哉的人们。

先想到的是那个披着“竹林七贤”袈裟的老王戎，他的吝啬，他的其他事情都说得很多了，他不属于中朝名士，而是老一辈的名士。之所以再提起他，是因为，他还有两件好玩的事。

一件是，王戎的儿子叫王万，年少却长得又高又肥胖，老王戎担心孩子变成大猪，就逼着王万吃糠。在王戎看来，糠是没有任何营养的，吃吃糠，估计孩子就变瘦了。结果却适得其反，王万越吃糠，是越肥胖，竟然十九岁就死了。《世说新语·伤逝》记载：王万死后，山简（山涛的第五子）去看望王戎，王戎悲不自胜。山简说：“小孩子不过是怀抱中的东西罢了，何至于此？”王戎说：“只有圣人才能忘记感情，最下等的人是不懂得感情。情之所钟，正在我辈。”说得山简很佩服，也和他一起痛哭起来。（此事《晋书》记载为发生在王衍身上，应该属于误记）

王万与裴遁之女已有婚约，只是裴遁女尚未过门而已。王戎丧子之后，由于过于伤心，竟不许裴遁之女再嫁，结果裴遁之女至老也没人敢娶她。

第二件是，王戎的知人之鉴。王戎曾经说过：山涛就像璞玉浑金，人们都以为他是个宝贝，但是不是知道他到底属于什么样的宝贝；王衍好像是瑶林琼树，是风尘之外的人物；评价自己的女婿裴頠拙于用长，而荀勖工于用短；对自己的族弟王敦很不待见；当时，王戎老家琅邪郡有一个小郡吏孙秀，请求王戎的族弟王衍给予品评，王衍本来不想理睬，但是，王戎却劝说还是满足孙秀的要求，结果，以后孙秀得势，杀了很多朝中大臣，只有王戎和王衍得以幸免。

王衍，字夷甫。史书上说，他是“盛才美貌，明悟若神，常自比为自贡”，杨骏想把自己的女儿嫁给他，他因为看不起杨骏，就装作发疯，杨骏只好作罢。

司马炎曾经问王衍的族兄王戎，王衍这个人名气这么大，可以和当今的哪个名士相比？

王戎回答：还没发现当今有谁能和他相比，只能从古人中去找。——吹嘘自己的弟弟，也真是不遗余力啊。

王衍继承何晏、王弼等人的论调，以为世间都是无，一切来源于无。被人们誉为“言谈的林薮”的裴頠（裴秀之子，王戎女婿）专门写了一篇《崇有论》批驳王衍的论调，并且，见面和王衍论战，把王衍说得张口结舌，无言以对。不过，这个王衍倒也有特长，说不过，就故作高深，不以为然。他经常拿着一个类似道士常拿的拂尘，和别人辩论的时候，自己一旦理屈词穷，马上变更，大家都说他是“信口雌黄”，这似乎就是这个成语的由来。

王衍没有娶杨骏的女儿，但却娶了贾充老婆郭槐娘家的人（和司马伷的二儿子司马澹一样），这可能是因为王戎女婿与贾家之间的特殊关系吧，琅邪王家、琅邪司马伷家、琅邪诸葛家、裴秀家、贾充家以及郭家有一个很大的关系网。郭家的女人都有特点，虽然千差万别，但是有一个共同点，那就是：猥琐、低俗不堪，王衍的老婆郭氏也不例外。由于有贾南风在后宫，这个郭氏也是刚愎贪婪，热衷于为人穿针引线，自己收点好处费。另外，郭家的女人也都比较厉害，不仅贾充管不了自己的老婆郭槐，轮到大名士王衍也奈何不得自己的老婆郭氏。当时，洛阳有个大侠叫李阳，王衍只好用人家的名号来吓唬自己的老婆，遇到郭氏又要插手什么事了，王衍就说：“不仅我不支持，李阳也不赞成。”郭氏这才不敢去干。郭氏还十分贪鄙，以致让婢女每天天不亮，都起来到大街上做清洁工，主要是去拾粪，然后卖钱！

王衍十四岁的弟弟王澄（王平子）实在是看不过去，对嫂嫂说：“我哥哥好歹也是大臣，也有体面，并且还是大名士，你这样做丢人不？”郭氏大怒，对王澄说：“婆婆死前，是把小叔子你交给我照料，而不是把你嫂子我交给你管！”撩起衣裙，抄起棍子就要打王澄，王澄吓得抱头鼠窜，翻窗而逃。

老婆如此，自命清高的王衍内心厌恶至极，看到郭氏整天是钱钱钱的，王衍发誓不提钱字。老婆不服气，以为王衍是故弄玄虚，晚上的时候，老婆让婢女趁着王衍熟睡，用钱把床围了一圈，想趁王衍清早起床神志不清的时候，让他犯错说出钱字，但是，等王衍早上起来，一看到钱，对婢女大声说：“把那东西拿走！”（举阿堵物却！）——从此，中国的语言里又多了一个词，阿堵物代表钱。

王衍的弟弟王澄，字平子，曾被哥哥王衍评价为第一，（第二是庾敳庾子嵩，第三是王敦）。并说自己不如弟弟王澄“落落穆穆然”，从此，王澄也是名声大噪，很多经过王澄评价的人，王衍就不再品评了，总说：已经平子啦。哥哥王衍这样评介，我们猜测让族弟王敦心里肯定不是滋味，大约也为后来王敦杀王澄埋下了伏笔。

一三〇　中朝名士（二）

中朝名士，是相对于东晋时代的名士而言的，根据《名士传》的记载，大致有裴楷、乐广、王衍、庾敳、王承、阮瞻、卫玠、谢鲲八人，其实，这八人只是当时身处上层的名士代表，上层的名士中，还有郭象、孙楚等人。不过，在我看来，像羊琇、王济、石崇等人，他们很多言行也斐然可观，独具魅力。除此以外，还有地位较低的下层名士，《晋书》将其与阮籍放在一起，他们大致有：胡毋辅之、毕卓、王尼、羊曼、光逸等人。这些名士们形成了晋代独特的风景。

先说说孙楚。孙楚，字子荆，山西太原人，和王浑儿子王济从小关系就很好。因为孙楚恃才傲物，年到四十还没个一官半职，萌生隐居之念，对王济（王武子）说："我找到了一个绝佳的隐居之地，可以枕流漱石。"本来枕石漱流是一个成语，意思是枕着石头休息，就着流水漱口，可是孙楚说得快了，给说翻个了。王济听罢哈哈大笑，揶揄道："清水可以当枕头睡觉，石头可以当溪水漱口吗？"孙楚这才发觉自己说错了话，要改也来不及了，他将错就错，即刻应声说："我说的枕流就是用水洗耳朵，我说的漱石就是用石头来磨砺牙齿啊！"从此，枕流漱石成为一个新的典故。王济是并州的州大忠正，在郡里中正把品名给王济的时候，轮到孙楚，王济说："此人不是你们能品的，我亲自来。"于是品题为："天才英博，亮拔不群。"赞扬备至。孙楚的老婆死了，孙楚作哀悼诗让王济看，王济看后说："我不知道文章是来源于感情，还是感情来源于文章，读罢以后，让人凄凉，增加了伉俪之情。"

王济本来是司马炎的宠臣，曾经一天，和孔恂、王恂、杨济一起在司马炎身边，司马炎得意地说："这一下子，我身边可以说是恂恂济济啦！"后来，"恂恂济济"比喻人才会集，宋代的诗人曾协的《谢翁子亨惠诗》就有："为爱高门足凤麟，恂恂济济燕双亲”之句。王济总是大大咧咧的，他曾经和司马炎下围棋，精力集中的时候，不知不觉把脚丫子伸到棋盘下面，这时，孙皓也在一边看下棋，王济问孙皓说：“你怎么那么喜欢剥人脸？”孙皓讽刺王济说：“我看到那些个对君主无礼的，就剥。”因为王济苦谏不要赶走齐王而得罪了司马炎，再加上王济的堂哥王佑和王济关系不好，经常说王济的坏话，一次，司马炎对王济的姐夫和峤说，我想把王济叫来，好好地骂他一通，再给他加官晋爵，你看怎么样？

和峤回答：王济这人英俊而又直爽，恐怕不会屈服。司马炎不听，还是把王济叫到宫中，狠狠地责骂了一通，司马炎骂舒服了，最后问王济说：你知不知道内疚？王济回答：每每想到“尺布斗粟”这个童谣，我都为陛下您感到羞耻。（《史记·淮南衡山列传》引民间歌：一尺布，尚可缝；一斗粟，尚可舂。兄弟二人不相容。王济还是在说齐王的事情。）他人可以使亲戚疏远（指司马炎），而我王济却能使亲戚亲近（指自己和堂兄王佑），因此，我为陛下您感到内疚。说得司马炎脸上红一块紫一块的，张口结舌。

王济比自己的父亲王浑还早死，死的时候，洛阳所有的名士都来吊丧，而孙楚一生只敬重王济，却最后一个到来，《世说新语》记载，他“临尸痛哭，宾客莫不垂涕”。哭毕，孙楚对着灵床说：“你经常喜欢揶揄我，让我学驴叫，今天我就为你好好地叫一回。”然后，俯下身子，模仿驴的样子，做出驴的叫声，学得惟妙惟肖，弄得吊丧的宾客不由自主地笑了起来。孙楚抬起头来，对所有的人恶狠狠地说：“（老天）竟然让你们这样的人活着，让这个人死啊！”——用驴鸣送葬的事，还有一次：那是在曹魏时期，建安七子之首的王粲在公元217年去世的时候，当时的曹丕还是世子，带着大家为王粲送葬，曹丕对大家说：“王粲生前喜欢听驴叫，我们大家各学一声驴叫为他送葬吧。”

于是，一片驴叫之声。

《名士传》中记载的王承，我个人认为还不能算作中朝名士，他的父亲王湛（王浑的弟弟，王济的叔叔，王济和王承是堂兄弟）倒可以算作中朝名士，因为，根据《晋书·卫玠传》记载：“于时中兴名士，唯王承及玠为当时第一云”，把王承和卫阶作为东晋中兴名士看待，被推许为东晋初年第一名士，在王导、卫玠、周顗、庾亮等名臣名士之上，因此，王承王安期（王浑的侄子）的故事，我们留作以后再说。倒是他的父亲王湛言行也有可观，后代的人称太原王家王湛这一支中，王湛最优。

开始的时候，王济看不起他这个叔叔，吃饭的时候，大家面前都有菜，就不给王湛面前放。王湛只是从容地让人把菜端来而已，没有任何不悦之色。有一次，王济去王湛家，看到王湛在看《周易》，很不以为然地问：“叔父还看这？”王济让王湛说说易理，王湛说的都是王济闻所未闻的道理，王济从来没把这个叔叔放在眼里，听过之后，肃然起敬，流连忘返，怅然若失，叹道：“家有名士，三十年而不知，这是我王济的罪过啊。”

顾恺之人物画

王济有马癖，曾经看到一匹马迟迟不前，王济对马的主人说，这是因为马害怕把披在身上的挡泥布弄脏了。把布除去以后，马就踏泥而去，王济识马可见一斑。王济有一匹马最爱，王湛却说：“此马虽快，但是力薄不能坚持走长路。近见一匹督邮的马比这个好，只不过粮草喂得不到位而已。”王济把那匹拉来试养。王湛又说：“这马任重才能知道它的本领，在平路上比赛比不出来。”结果果然王济原来的那匹马不行。从此，王济对这个叔叔佩服有加。

司马炎曾经问王济，你那个傻子叔叔死没有？过去王济总是无话可说，后来，司马炎又问，王济理直气壮地说：“臣叔根本不傻。”司马炎问：“能和谁有一比？”王济回答：“在山涛以下，魏舒以上。”

王湛的儿子王蓝田王承，就是东晋第一名士，孙子也是王蓝田王述，就是《世说新语》里面说的那个和鸡蛋过不去的急性子，他继承了父亲王承的蓝田侯的爵位，虽然都是蓝田侯，但是，书上一般把王承称作王安期（王承，字安期），而把他的儿子王述，称为王蓝田，不要混淆啦，他们的事情，我们在东晋的时候再详细说。

而穷奢极欲的石崇呢？也绝不像我们想象的那样是个只知道吃喝享乐的酒囊饭袋。

他在洛阳西北建了一个很大的庄园金谷园，在元康六年（公元297年）和欧阳建等人在此欢聚，石崇写下了著名的《金谷诗序》。《世说新语品藻》记载了全文，同为《世说新语》的企羡篇，记载东晋大名鼎鼎的王羲之听到人们把自己写的《兰亭集序》能和石崇写的《金谷诗序》媲美，把自己和石崇相比，自己脸上十分高兴。（“甚有欣色。”）当然，王羲之后来居上，《兰亭集序》不论从意境上或是情调上都比《金谷诗序》要高，诚如苏东坡的评论：“兰亭之会或以比金谷，而以逸少比季伦，逸少闻之甚喜。金谷之会皆望尘之友也；季伦之于逸少，如鸱鸢之于鸿鹄。”（见《东坡题跋，右军斫脍图》）

但是，石崇也不是一个只会斗富的人啊。

一三一　中朝名士（三）

中朝名士们的生活优哉游哉。

《名士传》中记载的八人各具特色，也都有各自传世的有趣故事。《世说新语·言语篇》第二十三条记载：诸名士共至洛水戏。还，乐令问王夷甫曰："今日戏，乐乎？"王曰："裴仆射善谈名理，混混有雅致；张茂先论《史》《汉》，靡靡可听；我与王安丰说延陵、子房，亦超超玄著。"这里，乐令是指乐广，王夷甫是王衍，裴仆射指裴頠，张茂先是张华，王安丰是王戎。

在中朝名士中，最为著名的当然是王衍和乐广，可以说，他们两个人是大家的核心人物。

王衍我们已经提到，现在说一说乐广。

乐广，南阳人。他父亲乐方曾是夏侯玄的幕僚，乐广八岁的时候，夏侯玄就看出这个小孩以后肯定会成为名士。在伐吴前夕，王戎做荆州刺史的时候，王戎听说夏侯玄曾经如此叹赏，就把乐广举为秀才。到洛阳以后，乐广见到玉人裴楷，相谈一天一夜，裴楷自愧不如，裴楷又把乐广推荐给贾充，做了太尉的椽属。卫瓘作为老人，见到过夏侯玄等正始名士，一见之下，发出感慨：我以为正始名士以后再也听不到如此微言大义了，没有想到今天还能听到。对自己的儿子们说：乐广这个人就像是水一样的镜子，见到他，你也可以浑身剔透，事理明白，就好像是拨开了云雾又重新见到了晴天一样啊。王衍也说：和别人说话已经感到很简练了，但是遇到乐广，还是觉得啰唆！

受到名士们的推崇，乐广很快步入高位，先是太子中庶子、侍中、河南尹，然后是尚书仆射、后来代替王戎为尚书令（总理）。乐广虽为名士，但是，对于中下层的名士们放诞的行为并不认可，当时，王澄、胡毋辅之等人放诞的时候，随心所欲，甚至于裸体，乐广对此不以为然，他说：“名教里自然就有快乐的地方，何必非要那样呢？”

就像如今的青年故弄玄虚的外在打扮得另类一样，完全没必要，真正的放诞其实是在内心。

乐广最为著名的一件事就是：

一个过去经常见面的朋友很久没见了，乐广问怎么回事。那人回答说，上次在你这里喝酒，正要喝，突然发现杯子里有一条蛇，内心很讨厌，回家以后就生病了。当时乐广是河南尹，官衙的墙上有凸出的角，角上画有蛇，乐广断定朋友所说的酒杯中的小蛇就是角的影子，他把酒杯又放在原来的地方，问：还有小蛇没？朋友说：还有。乐广告诉了缘由，朋友一听豁然开朗，过去病也随之痊愈。

我们耳熟能详的一句成语“杯弓蛇影”，就出自于此，他反映了乐广体察人心的深刻和细致。

在卫瓘的孙子卫玠还小的时候，曾经问乐广什么是梦。乐广说梦来源于想。卫玠说：“从来没有见过的、接触过的东西，我们却梦到了，怎么是想的结果呢！”乐广说：“这才是我们所说的因由啊！我们从来不会梦见我们驾着车进入老鼠洞，或者把铁棍捣碎吃下去，这就是我们从来没想过这样的事，没有个因由入梦。”卫玠为了解开这个谜团苦苦思考了一个多月，也没明白，结果还得了病，乐广听说了，赶紧去为卫玠条分缕析，卫玠的病很快就好了。乐广出门赞叹说：“这孩子的胸怀里看来是没有不可治疗的病啊！”

乐广后来成了成都王司马颖（司马炎的第十六子）的老丈人，在“八王之乱”中，身处外地的司马颖进攻洛阳的长沙王司马乂（司马炎第六子），司马乂怀疑乐广会叛变，乐广慢慢回答：我怎么会用我五个儿子的生命换一个女儿？司马乂还是不放心，最后，乐广忧郁而死。

还想说说这次水滨聚会上没有提到的两个人——庾敳和郭象。

庾敳身材不高，但是却是个大胖子，史书上说是“腰带十围”，出身也不高，开始的时候，王衍也瞧不上他，从来不和他说话，而这个庾敳却很执着，一见面还是很亲热地问王衍叫卿，王衍说：你不可以这样叫我。庾敳说：卿尽管用君的称呼叫我，我尽管用卿的称呼叫卿，我自用我家的办法，卿用卿的。（“卿自君我，我自卿卿。我自用我家法，卿自用卿家法。”）使得王衍啧啧称奇，开始与之交往。

郭象，字子玄，洛阳人。好老庄，善清谈。曾经利用向秀的儿子年龄小，而骗得了向秀所注《庄子》，只有《秋水》《至乐》两篇是自己注释的，其他都是稍加删改，窃为自己，流传于今。王衍曾说：听到郭象说话，就好像是天河往下倾泻一样，滔滔不绝。庾敳对郭象也是推崇有加，经常说："郭子玄何必减庾子嵩。"但是，路遥知马力，等到后来，太傅司马越把郭象招为主簿以后，郭象就原形毕露了，作威作福，庾敳不无嘲讽地对郭象说：你自然是当代的杰出人才，我过去对你的看法都不再说了。

但是，庾敳和王戎一样，虽然负有很大的名声，就是爱财。然而，名士就是名士，庾敳一生的亮色，就在于流传于今的、我们经常说的那句话——以小人之心度君子之腹。当我们说到这句话的时候，就要想起那位短小肥胖的中朝名士：庾敳。

那是在"八王之乱"后期，司马越当政的时候，刘琨的哥哥刘舆为太傅左长史，深得司马越的信任，刘舆企图陷害庾敳，但却找不到庾敳什么过错，突然想到庾敳本性吝啬，家财万贯，就劝说司马越让庾敳捐款助军国之用，希望如果庾敳不同意的话，就可以馋间庾敳。司马越在大家聚会的时候，于稠人广众之中，问庾敳要一千万，当时庾敳已经喝得大醉，头巾都掉在桌子上。听到司马越的这番话，庾敳慢慢地抬起头，用脑袋穿上头巾。（何等潇洒！）

此时，大厅上下静得出奇，人们都幸灾乐祸地看着这个守财奴，刘舆更是得意扬扬，看庾敳如何回答。

庾敳穿好头巾，慢慢答道："我家里一共有家财两千万，太傅你随便拿。"

刘舆从此才真的服气。

司马越十分高兴，对刘舆说："不可以小人之虑度君子之心。"——这就是我们常说的不可以"小人之心度君子之腹"的原话和出处。

除此而外，我们经常说的"有意无意"也来自这个人。《世说新语》记载：庾敳写了一篇《意赋》，他的侄子庾亮（记住此人）来见，说：如果你有意的话，并非赋所能表达完的，如果你没有意的，为什么还要做赋呢？庾敳淡淡地回答：正在有意无意之间罢了。——多妙的回答啊，充满了禅意。

一三二　中朝名士（四）

玉人裴楷、守财奴和峤这两个王济的姐夫，我们也说得够多了。虽然洛水之滨的聚会他们没有参加——参加的是裴頠（裴楷的侄子）但是，他们也当之无愧的属于中朝名士。裴家人都是那么秀气，从裴秀，被誉为“后进领袖”，到裴秀的堂弟裴楷被誉为“玉人”，再到裴秀的儿子裴頠被誉为“武库”，他们都是那么雅致，几乎难分伯仲。但是，我更偏爱裴楷，因为他显得更加潇洒通达。从小的时候就和王戎齐名，但是 ，我个人以为，裴楷比王戎强多了去了。尤其是我们过去说过的，裴楷对钱财那种达观令人啧啧称奇，自己虽然不富裕，但是，也不固守贫困，而且性情宽厚。到有钱人家随意把人家的珍宝拿走，赈济穷人；他也不是一味地拿走人家的东西，自己盖个别墅，王衍看了喜欢，随手就给了王衍。

还有他的从容淡定，完全来自一个人内心的强大或者说内心的充盈——即便如喑呜叱咤的项羽，在四面楚歌时依然泪流满面。大约一个人肉体的强大是一方面，更重要的是内心的强大，就像《史记》上记载的荆轲和与他同去刺秦的秦舞阳，虽然荆轲的外表也许没有秦舞阳强大，但是，当走上秦国宫殿上的时候，秦舞阳却颤抖了，他没有见到过那样的世面，内心也没有荆轲那样的定力——虽然裴楷鄙视杨骏，但是因为儿子裴瓒娶的是杨骏的女儿，当杨骏被杀的时候，裴楷也因为与杨骏的姻亲关系而被下狱，刀几乎就要架在裴楷的头上，狱中的裴楷像平常那样，要来纸笔与亲友写信，神色不变，从容自若。

当以后裴楷因病去世的时候，皇帝派遣黄门侍郎王衍去看望病中的裴楷，裴楷回目相视，用他那听之令人忘倦的声音，说了一句：“竟未相识。”——此话有什么含义？曾经把别墅都给了王衍，怎么不曾相识？还是有知人之鉴的裴楷在临死的时候，感到还未曾看破王衍此人？我们不知道。

但是，我们可以想见两个当世的大名士的诀别。史书没有说王衍的回答，只是说，王衍在听到裴楷的这四个字以后，叹息着裴楷的“神隽”。

我们再说说和峤。关于《晋书·和峤传》有一个很大的错误。

那就是——《晋书》记载：太傅从事中郎庾顗见而叹曰：“峤森森如千丈松，虽礧砢可多节目，施之大厦，有栋梁之用。”

说的是庾顗见到和峤对和峤的评价。

而同为《晋书》的庾敳本传却记载：敳有重名，为搢绅所推，而聚敛积实，谈者讥之。都官从事温峤奏之，敳更器峤，目峤森森如千丈松，虽磊砢多节，施之大厦，有栋梁之用。

现在的问题出来了：那就是——这句著名的评语到底是庾敳（或者庾顗）评价和峤的？还是评价温峤的？

首先，我们看看是庾敳还是庾顗，查找史书，除了在《晋书·和峤传》中有这个庾顗，没有别的地方还有庾顗这个人，可以认为，庾顗是庾敳之误。

其次，关于这三个人的年龄，庾敳我们从本传中可以推出是公元261年出生到公元311年去世。因为本传中说他是和王衍一起被石勒所杀，享年五十岁。

而温峤我们也可以从本传中推出是公元288年出生，公元329年去世，享年四十二岁。

和峤本传记载，他是元康二年去世的，也就是说和峤早在公元292年就已经去世了。即便同时代过，和峤也是庾敳的老前辈，公元291年就是太子少傅了，而那时候的庾敳才三十岁，和峤是不可能被庾敳品评的，即便被他品评也不可能指名道姓，同时，庾敳出名是比较晚的，直到“八王之乱”的后期，才进入司马越的幕府，参太傅军事，转为军咨祭酒（参谋长）。

最后，参见《晋书·温峤传》记载：年十七，州郡辟召，皆不就。司隶命为都官从事。散骑常侍庾敳有重名，而颇聚敛，峤举奏之，京都振肃。温峤由是知名，

对照温峤传和庾敳传互相引证，可知，庾敳品名的是温峤，而非和峤。和峤是和庾敳的父亲庾峻为同辈人，也不会因为一个后辈的品名而知名。

《晋书》同一本书，竟然把和峤和温峤弄混，也真是太不应该了。所以说，关于和峤什么森森如千丈松的说法，是没有的。——虽然《晋书》和《世说新

语》是那么记载的，全是弄错了：庾敳说的是温峤。对此，前代的学者也做过研究。如程炎震说："王观国学林卷三曰：'晋书和峤传："峤迁颍川太守，太傅从事中郎庾敳见而叹曰"云云，又庾敳传曰："颢有重名，而聚敛积实，都官从事温峤奏之，敳更器峤"云云，两传所载，一以为和峤，一以为温峤，必有一失。今按庾敳参东海王越太傅军事，自惠、怀以来，敳仕渐显，正与温峤同时。而温峤传亦曰峤举奏庾敳。以此知所誉者乃温峤，非和峤也。和峤早显，与张华同佐武帝，又在前矣。'炎震曰：王说是也。敳为峻之第三子。和峤于武帝时已与峻及纯同官，于敳为先达。就令为之题目，亦当如王戎之称太保，谢安之叹伯道，不得抑扬其词也。若非晋书两载，无以证临川之误矣。"

而真实的和峤却更为入世，他念念不忘的一直是司马衷能否担当起帝国的重任。他也因为对司马炎说的那句太子"有可能不了陛下家事"的话，而让我们记住，也让贾南风记住。等到司马衷继位以后，改元元康，和峤那时候被任命为太子少傅，跟着太子司马遹朝见司马衷，贾南风让司马衷问和峤："你过去说我不了我父亲的家事，今天你看怎么样？"和峤回答："过去我侍奉先帝，这话我确实说过。我的话落空了，那是国家的福分。我不敢逃避我的罪过！"（臣昔事先帝，曾有斯言。言之不效，国之福也。臣敢逃其罪乎！）

其实，和峤的话是完全应验了。

一三三　慕容再叛

太康六年（公元285年），被拥立为慕容部落首领的慕容廆，又一次想到了自己的父亲慕容涉归与宇文部落的仇恨，他也又一次的像他父亲那样向晋王朝请求支持，晋王朝也是又一次地严词予以拒绝。而慕容廆也又一次竖起了与晋王朝对立的大旗。

对照《晋书·武帝纪、扶余传，慕容廆载记》《资治通鉴》《华阳国志》等书，虽然还有矛盾之处，比如，《晋书·武帝纪》在太康六年并无慕容廆进攻的记载；只在太康七年，记载的进攻辽东等等。综合史料，大致的经过也许是这样的：

当时的护东夷校尉是鲜于婴。鲜于婴此人我们无从知道细节，只是在《华阳国志》中记载，鲜于婴曾经是巴西太守吴静手下的卫将（军司），因为揭发太守未能很好地安抚地方，而接替了太守的职位，等到泰始五年，因为益州管辖范围太大，晋朝政府把益州的南中四郡单独划分出来，设立了宁州，鲜于婴被任命为宁州的最高长官（刺史），再到咸宁五年，尚书令卫瓘上书司马炎减少冗官合并州县，再到太康五年（也就是慕容廆起兵的头一年），又取消了宁州的建制，设立南夷府，由李毅作为南夷校尉。也极可能是在此时，鲜于婴来从西南调到了东北。

慕容廆在恼怒之下遂攻击了辽西郡（今河北省卢龙县），杀戮、俘虏汉人很多。司马炎命鲜于婴率领幽州政府军讨伐慕容廆，在肥如（今河北省迁安市东北，卢龙县西北）决战，把慕容廆打得大败。

正面进攻捞不到便宜，慕容廆又把目光转向了位于他东北方向的晋朝藩属扶余王国（大兴安岭东东北平原）。

扶余族是秽貊族的一个分支，是历史上东北地区第一个建立政权的古代民族，在汉魏时期是东北地区强国，共有八万户，范围大致为：东在今张广才岭与挹娄接壤，西至今吉林省双辽县至白城市一线与鲜卑相邻，北达小兴安岭以南的松嫩平原，南抵辽宁开原县北，中心地区则位于今吉林农安县境。高句丽和汉水以南的百济都是扶余贵族建立的，因此，百济被人成为南扶余。高句丽是其始祖跑到卒本川以后建立的，因此，开始的时候，也被称作卒本扶余。扶余族人喜欢白色，平时穿白衣服，住半地穴式的木屋，婚姻为一夫一妻，但有“兄死妻嫂”习俗。

也许是鲜于婴想把慕容廆这股祸水从扶余再引向高句丽，也许由于他想坐收渔人之利，也许是他想着扶余不至于那么不经打，反正是护东夷校尉鲜于婴没有发兵救援扶余。结果扶余首都被攻破，扶余王自杀，皇室子弟流亡到东面的沃沮（今朝鲜半岛东北部）。慕容廆把扶余的国都铲平，并在返军途中，掠走扶余万余人，大致占到扶余国人口的六分之一，从此，扶余元气大伤。

司马炎听到这个消息以后，下诏：扶余国王一直遵守忠孝之道，现在竟然被凶残的敌人袭击破灭，我很悲伤。如果他们的皇室子孙和剩下的国民足以复国，那么，要帮助他们，让他们能够立国。

于是，大臣们上书司马炎说，鲜于婴没有救援扶余，是没有谋略。于是，把鲜于婴免职，以何龛代替。

第二年夏天，慕容廆攻击辽东郡（今辽宁省辽阳市）。故扶余王国国王依虑的儿子依罗，想率领残存的部众，返回故土，请求东夷校尉何龛支援，何龛命督护贾沈率军护送。慕容廆命他的将领孙丁在半途阻截；贾沈奋勇力战，斩了孙丁，慕容廆又一次在和晋军交战中失败。扶余王国得以复国。

接连被晋国击败，慕容廆对手下的部众说：“从我的父亲以来就一直尊奉中国，并且，中国和我们之间想法不同，强弱差别很大，我们怎么能和大晋争长？为什么不和晋朝和好，而这样下去伤害我们的百姓呢！”

到太康十年，在慕容廆反叛四年以后，终于投降，被司马炎封为鲜卑都督。和好以后，慕容廆穿着便服去东夷府拜见何龛，就像同朝为官的士大夫们一样，但是，何龛存有戒心，严兵引见，慕容廆一看，也不见了，也换了一身戎装才进门。有人问为什么，慕容廆回答：“主人就不以礼相待，我作为客人又能怎么样呢！”弄得何龛很不好意思。

当时的鲜卑宇文部落和段氏部落都很强，经常侵略慕容廆，为此，慕容廆一方面投顺晋朝，免去了被从南面打击的危险；另一方面，尽量讨好宇文部和段部，娶段部的单于段阶的女儿做自己的老婆，并生下了三个儿子慕容皝、慕容仁和慕容昭。除此之外，慕容廆还采取了两条策略，一是对扶余人仍然进行骚扰，掳掠扶余人，并把他们卖到中原换钱——真是柿子捡软的捏啊！致使晋廷不得不下令司、冀二州，禁止买卖扶余人口，对于卖到中原的扶余人由政府出钱从买主手里再买回来，遣返扶余国。二是在公元289年，离开居住棘城，前往西北方的青山（今辽宁省朝阳市大青山）。因为棘城与青山都位于昌黎郡徒河县（今辽宁省锦州市），所以，慕容氏又被称作“徒河人”。

大约是在慕容廆把部落迁移到青山以后，一次，他庶兄慕容吐谷浑部落的马和慕容廆部落的马打架，慕容廆有点急躁，脱口而出说：“父亲给我们分得很清楚，为什么不离开得远远的，却挨着让马打架！”慕容吐谷浑说：“马不过是个牲口，打架很正常，有什么大惊小怪的，至于迁怒于人嘛！让我离开，那很容易，我肯定要离你万里之遥！”当即，慕容吐谷浑就带着部众向西而去。慕容廆看到哥哥真的远去了，一下子后悔起来，赶忙派遣自己的内务官史那楼冯还有父亲时候的部落老人，骑着马往西狂追而去。追上慕容吐谷浑以后，慕容吐谷浑说：“父亲曾经说过，一个算命的说将有两个儿子会建立大功，后代会很昌盛。我只不过是卑贱的庶子，理所应当的不可能在一起都尊贵，今天因为斗马这件小事而分别，难道不是上天的意思嘛！如果你们不相信我的话，你们试着把我的马往回赶，如果马能听从你们的话往东回的话，那我就跟着你们回去。” 史那楼冯派跟从的两千余骑，围着慕容吐谷浑的马群，往回赶，但是，马群往东走了几百步，又都嘶叫悲鸣着，往西走。史那楼冯的人就这样来回赶了十几次，还是不行。最后，史那楼冯跪在慕容吐谷浑的面前，含泪说道：“这不是人力所能办到的啊。”于是，慕容吐谷浑率众西去。

悲莫悲于生别离。

慕容廆作下《阿干之歌》：“阿干西，我心悲，阿干欲归马不归。阿干身苦寒，辞我棘土往白兰。我见落日不见阿干，嗟嗟！人生能有几阿干！”以此来怀念自己的哥哥，终其一生，常常吟唱。——阿干，在鲜卑语言中就是哥哥的意思，应为哥哥之歌。

慕容吐谷浑对自己的手下说：“我们兄弟二人以后都可以建立国家，不过，我弟弟到他的玄孙辈们，建立国家只能延续百年，而我们估计到我玄孙以后，才能昌盛吧！”吐谷浑开始的时候在阴山附近，后来，在永嘉之乱中渡过陇西，占有西零以西甘松直到白兰，方圆几千里的土地，到慕容吐谷浑的孙子慕容叶延的时候，为了纪念自己的爷爷，慕容叶延把吐谷浑作为部落的姓氏，从此，吐谷浑历经南北朝一直到唐朝，唐初，吐谷浑累为边患，公元635年，被唐朝击败，从此，吐谷浑分成东西二部。西部由老王的儿子达延芒结波率领，居鄯善，后降伏吐蕃，吐蕃称作“阿柴”或“阿辖”。东部由老王的长子慕容顺率领，居伏俟城，唐朝封为西平郡王。吐谷浑一直到公元663年被吐蕃（而有人说吐蕃就是鲜卑拓跋或者秃发的音，是鲜卑的拓跋部落和当地的胡羌结合的种族）所灭。

写到这里，不能不想到鲜卑的另一个部落拓跋部，秃发树机能的老爷匹孤也是拓跋家的庶子，然后带着部众往西，来到六盘山下，而在东部的拓跋部后来建立了北魏，河西的秃发部经历了以后的很多磨难，最后，还是回归到了拓跋的大家族里。但是吐谷浑走得更西，他的后代没有能和自己弟弟的后代建立起的一系列国家走在一起，不过，却独立发展了三百多年。

探讨这些个奇妙的民族发展史，有些时候，不能不感到神奇。

一三四　武帝山崩

我们说过，在齐王去世前后，司马炎主要倚重了两股势力：

一是三杨，二是汝南王司马亮。

其实，司马炎还倚重一些老臣作为二者之间的润滑剂，比如山涛、卫瓘、魏舒等人，但是，到了太康末年，山涛、荀勖、魏舒等人相继谢世，卫瓘因为儿子卫宣与公主离婚而逊位，朝中权力结构出现了二元格局。

而此时的司马炎因为“极意声色”又一次得了重病，华表的儿子华峤等近臣委婉地劝谏司马炎要保护好自己的身体，别光接触女人。说得司马炎也有点不好意思，强撑着回答说，你们别操心了，我自己已经注意了，会照顾好自己的。（“辄自消息，无所为虑。”《晋书·华峤传》）

话虽这样说，司马炎不得不考虑一下后事了，他采纳了王济的堂兄王佑的建议，同时，他又听信了杨骏的谗言，想把声望较高的叔叔司马亮排挤出朝廷，于是在太康十年十一月，进行大规模的封王行动。

一是，任命叔叔汝南王司马亮为侍中、大司马、大都督、假黄钺，都督豫州诸军事，出镇许昌，加轩悬之乐，六佾之舞。

二是，改封太子司马衷的同母弟南阳王司马柬为秦王，异母弟始平王司马玮为楚王，濮阳王司马允为淮南王。

三是，另立司马衷的异母弟司马乂为长沙王，司马颖为成都王，司马晏为吴王，司马炽为豫章王，司马演为代王，皇孙司马遹为广陵王。

四是，另立司马允的儿子司马迪为汉王，司马玮的儿子司马仪为毗陵王，司马亮的次子司马羕为西阳公。

五是，迁徙扶风王司马畅（司马炎的叔叔、与司马亮同父同母弟弟的司马骏之子）为顺阳王，司马畅的弟弟司马歆为新野公，琅邪王司马觐（他是司马炎的叔叔、与司马亮同父同母弟弟琅邪王司马伷的长子，其子为东晋开国皇帝司马睿）的弟弟司马澹为东武公，司马繇为东安公，司马漼为广陵公，司马卷为东莞公。

从以上的安排可以看出，主要是增加太子司马衷弟弟们的势力，至于对于司马骏和司马伷儿子们的分封，还是基于两个老人遗嘱的要求，请求推恩把自己的原有封国分别封给各自的几个儿子，无关政局。

但是，司马炎虽然排挤出司马亮，削弱旁支王族的势力，提高了司马衷兄弟们的势力，这既是防备诸王，也是防备杨骏，更是防备贾南风，因为，在司马炎看来，贾南风很恶毒，并且，皇孙司马遹不是贾南风亲生，生怕贾南风对司马遹不利。

同时，他又担心在京师杨骏势力会一支独大，又以王佑为北军中侯，掌管禁军，保护未来的皇帝。并任命王浑为司徒。

转眼过年，到了公元290年，改元太熙（我们过去说过司马炎用了三个年号，其实是不确切的，加上太熙，一共是四个，不过太熙年号，司马炎只用了四个月就去世了。），就在司马亮还没有动身离开京师，司马炎的病情突然之间就加重了。

当时，侍中、车骑将军杨骏一个人在宫中侍奉司马炎，不让其他的大臣们近前，为了保密其间，杨骏把司马炎身边的人全部换走，换成了自己的心腹。

司马炎在病中醒来，发现自己身边的人都是陌生的面孔，看到杨骏，立即明白了原委，他严肃地对杨骏说："你怎么敢这样！"

司马炎有些后悔听信了杨骏的话把司马亮赶走，如今自己竟然被杨骏所左右，他命令中书下诏，让司马亮觐见，并考虑选择朝中有威望的重臣和杨骏一起辅佐未来的皇帝司马衷。

中书写好了诏书，杨骏尾随而来，问秘书们索要诏书看看，小秘书不敢得罪杨骏，就把写好的诏书拿出来让杨骏看。

谁知道，这个杨骏无招胜有招，一看就把诏书揣在怀里，耍起了流氓，撒丫子就跑没影了，弄得小秘书满宫廷找不着他。

中书监华歆之孙、华表之子华廙担心出事，东找西找，终于找到了杨骏，问他索要，这杨骏耍赖，就是不给诏书——不会再写！！！

而就在杨骏和华廙躲猫猫的时候，司马炎又进入了昏迷状态，皇后杨芷（司马炎已经不想再见到杨骏了）跑到司马炎身边，说请您任命杨骏做辅政大臣吧。

司马炎不知道外面的情况——兴许杨骏已经控制了局势，再加上自己已经心有余而力不足了，只好微微地点了点头——也许这点头根本没有一点意义。

于是，皇后杨芷马不停蹄地把中书监华廙和中书令何劭（何曾之子，日吃两万的那个悠游自足、不贪权势的公子哥），说是司马炎的意思，要任命杨骏为辅政大臣，具体官职为：太尉、太子太傅、假节、都督中外诸军事、侍中、录尚书事、领前将军。设置参军六人，步兵三千人，骑兵一千人，迁移到前卫将军杨珧过去的府邸。如果在殿中睡觉，差遣左右二卫三部中的司马各二十名，殿中都尉司马十名，共一百一十名，可以让杨骏领兵进出宫廷。

皇后这样说了，两人没法，只好重新起草诏书。

诏书起草好，皇后和华廙、何劭三个人把诏书拿给司马炎看，司马炎瞪着双眼，嘴里却说不出话来——其实，我怀疑司马炎什么也没看到。

于是，朝廷下令司马亮尽快离开京师去许昌上任。

等司马炎头脑清醒的时候，问身边的人："汝南王司马亮来了没？"

身边的人回答说，没有。

司马炎再也没说一句话，随即进入持续的昏迷状态。

又过了两天，司马炎就死去了。

对于司马炎，很多人以拉羊车巡幸和继承父祖基业为词，将其描绘成昏君模样。其实，这是不公正的，宫廷的荒淫无耻，历代皆是，不足为奇。唐太宗、唐玄宗分别开创了贞观之治和开元盛世，而被后人所称道，感情上人们总不由自主地把他们归为明君，而人们却忘记了晋武帝也开创了太康之治。回过头来看，太宗、玄宗个人生活又比晋武帝好出多少呢？太宗的事情很多了，不多说了；而玄宗在杨贵妃以前，也好不了多少。据明蒋一葵的《尧山堂外纪》记载："帝每后宫春宴，使妃嫔各插艳花，亲捉粉蝶放之，蝶止者幸焉。"香艳的味道比起羊车巡幸有过之而无不及。

一三五 刘渊崛起（一）

我们暂且把一团乱麻的晋朝宫廷放在一边，说一说，与司马炎的去世形成鲜明对比的正冉冉升起的一个人——刘渊。

刘渊，字元海，山西新兴匈奴人。他的血统如何呢？

根据《晋书·刘元海载记》记载："（南匈奴单于）于扶罗死，弟呼厨泉立，以于扶罗子豹为左贤王，即元海（《晋书》系唐人所作，为避唐高祖李渊的讳而称刘渊的字）之父也。"从这里记载，似乎刘渊是南匈奴单于的嫡系无疑，——此时已经不存在北匈奴，南匈奴单于也就是指中国境内的匈奴单于的嫡系。

然而，正是《晋书》的这一记载，却引起了后世学者的争议，甚至有学者以为《晋书》的这段关于刘渊身世的记载极有可能是前赵史官的伪托。因为，学者们经过考证，认定刘渊属于屠各匈奴，也就是说是属于并州屠各种，而不属于南匈奴单于的嫡系。

还有其他一些令人生疑的地方：从魏晋政府任命刘豹、刘渊的一系列官职开始，就让人觉得怪怪的。泰始十年后刘豹死，刘渊代为左部帅；太康十年（公元289年），刘渊改任北部都尉；永兴元年（公元304年），成都王颖拜刘渊为北单于。唐长孺先生在他的《魏晋杂胡考》上就说："此时早已没有北匈奴，何来北单于，且南单于此时也已虚位，假使刘渊为南单于嫡裔，为什么不叫他当南单于。"唐先生由此认定："刘渊本非南匈奴之族……实是北部屠各人，领北部都尉，所以任之为北单于。"同时，人们对于如果刘豹是去卑的兄弟的话，那么他一个人改姓刘，而他的兄弟却是去卑，也感到困惑。例如，在沈起炜先生所著的《细说两晋南北朝》一书中，就称：刘豹似是第一个有史为据的采用汉姓的匈奴人。如今，关于刘渊的屠各种，似乎已经得到了史学界的认可，白寿彝先生主编的《中国通史》（卷五第二百四十六页）也称，刘渊所属的屠各种云云。

那么，问题随之而来，屠各种是不是南匈奴的一支？对此，学者们莫衷一是。而相当一部分学者认为不是，而在秃发树机能反叛以后，叛逃出塞的中部帅刘猛则是南单于的嫡系。至于刘渊的父亲刘豹则是并州屠各，并州屠各保持了较多的匈奴传统，在南匈奴于扶罗一支被中原政权逐渐汉化的同时，也逐渐失去了对匈奴各部的控制力，从而，使得并州屠各刘豹在嘉平年间兼并五部后，成为该地区政治上的主宰者。

疑点还有很多。

比如：唐长孺先生说:“《载记》称其父刘豹之死在秃发树机能起兵反晋之后，也就是在泰始十年之后，而其为左贤王乃在呼厨泉始立之时，也即是汉兴平二年（公元195年），从这一年到泰始十年（公元195—公元274年）有八十年之久，假使刘豹以二十岁左右为左贤王，则死时将在百岁左右，而刘渊生于魏嘉平中（公元249—公元253年），则刘豹生他时年龄超过了七十岁，有点不近情理。”

又如：《魏书》卷一《序记》云:“匈奴别种刘渊反于离石，自号汉王。”唐长孺说:“按照当时习惯用语，所谓‘别部’‘别种’乃是附属于一个主要部族的其他部族或部落，魏收称刘渊为匈奴别种就说明其非南单于一族，结合《魏书》卷二十三《魏操传》所载操所著的《颂德碑》称刘渊为屠各匈奴，就可知道与刘渊同时的近邻拓跋族内很清楚刘渊乃是屠各族。”（唐长孺:《魏晋杂胡考》，《魏晋南北朝史论丛》，第三百九十九页）

因此，学者们大胆推测，在魏晋时期，由于南匈奴嫡系受到中央严密的控制而日渐式微，而并州屠各匈奴逐渐取得了对匈奴各部的实际控制权，并最终由刘渊的父亲刘豹统一了匈奴各部，为了抬高自己的贵族身份，刘豹以刘为姓，谎称自己是正宗的汉朝外甥，同时，与南单于嫡系交易，伪造了是南匈奴嫡系的血统，用来提高自己对匈奴各部的号召力。

一三六　刘渊崛起（二）

刘渊的身世之谜，暂且让学者们继续争论。

刘渊妈妈呼延氏，在曹魏嘉平中去龙门求子，看到黄河中跃出一条顶上有两只角的大鱼，在祭品放置的地方徘徊很久才走。晚上的时候，呼延氏做了一个梦，梦见白天见到的那条大鱼变成了一个人，左手拿了一个半个鸡蛋大的东西，对自己说："这是太阳之精，服之生贵子。"从此以后，过了十三个月，生下了刘渊，刘渊的左手上有个"渊"字，所以，取了这个名字。——此种帝王神话，我们屡见不鲜了，姑妄听之也罢。

不过，刘渊单就相貌上说，就不同凡响。据史书记载，刘渊"姿仪魁伟，身长八尺四寸，须长三尺余，当心有赤毫毛三根，长三尺六寸"。按照现在的标准，身高将近两米，七十多厘米长的胡子，心口窝处还有三根七八十厘米长的红毫毛！不仅如此，而且还能文能武，臂力过人，射箭百发百中。

年幼的时候，刘渊跟着上党学者崔游学习，学习《毛诗》《京氏易》《马氏尚书》，特别喜欢读《春秋左氏传》和《孙吴兵法》，几乎能把这两部书背诵下来，其他的书，比如，《史记》《汉书》、诸子百家的文章，也都遍读。他曾经对自己的同学朱纪、范隆说："我每每读《汉书》列传的时候，常常鄙视随何、陆贾没有武艺，而周勃、灌婴没有文采。开创大业，全靠人来做，哪怕有一样东西如果不明白的话，那就是君子的耻辱。随何、陆贾遇到汉高祖而不能建立封侯之业，周勃、灌婴身处汉文帝的和平年代又不能使文化繁荣，真是可惜的啊！"有的术士看到刘渊，都十分惊诧，以为此人的相貌见所未见。太原王家，从王浑的爸爸王昶开始就一直善待刘渊，直到王济都和他交好。

还是在司马昭当政的时候，刘渊就作为人质待在洛阳，等到司马炎即位以后，王浑曾经向司马炎推荐刘渊，司马炎见到刘渊以后，很高兴，对王济说："刘渊这个人从容貌上，还是从见识上，即使由余（秦穆公的上卿）和金日磾（匈奴休屠王太子，辅佐汉武帝，忠心耿耿，武帝死后和霍光一起被任命为辅政大臣。）也比不过啊！"当时，司马炎正为平吴的事情操心，王济趁机进言说："刘渊的容貌见识，确实和你说的一样，但是，他的文武才干却比那二人要强很多的，如果您让刘渊去平定东南，肯定没问题。"司马炎点头称善。但是，孔恂、杨珧告诫司马炎说："刘渊的才能，当今恐怕无人能比，陛下您如果给他的人手少了，不足成事；给的人多了，平定了吴国以后，恐怕他就不会回来了。非我族类，其心必异。让他统领他自己的部众，我就已经替陛下寒心了，如果您再让他拥有长江天险的话，那不是太不应该了嘛！"听到这里，司马炎不说话了。

到秃发树机能闹腾最欢的时候，司马炎问还能派谁去当将帅。这次，王浑家不再出头了，同是并州人的李憙建议说："陛下如果能把匈奴五部之众征集起来，加刘渊一将军之号，让他带兵西去，秃发树机能一定能很快被平定。"

孔恂又一次在旁边泼凉水："李公您说的，恐怕是没有把灭寇的道理参透啊。"

李憙勃然大怒说："以匈奴兵的强悍，加上刘渊又明习兵法，怎么能不成功！"

孔恂淡淡地说："刘渊如果能平了凉州，斩了秃发树机能，吾恐怕凉州的灾难才刚刚开始啊。刘渊就像是蛟龙，一旦得云雨，就不再是池塘中的玩物了。"

刘渊听说以后，正巧王颀（曾受毌丘俭之命平灭高句丽）的孙子大侠王弥从洛阳往东回老家，刘渊设宴送别。宴席上，刘渊哭着对王弥说："王浑、李憙因为是老乡是我的知己，每每向皇帝推荐，可是谗言也随之而来，这真不是我愿意看到的啊。这样下去不仅对我没什么好处，反而有害。吾本来就不想当官，这一点只有你知道，恐怕以后我要死在洛阳了啊，从此和您永别了。"当时，情绪激动，扬声长啸，众人为之流泪。当时齐王司马攸也在附近喝酒，听到这边喧哗，派人来看，见刘渊在这里聚众，回去以后，对司马炎说："陛下不除掉刘渊，臣恐怕并州不得长久的安宁。"王浑劝司马炎说："刘渊是个厚道人，我王浑可以担保。并且，现在我们要对少数民族显示宽大，怎么能杀了人家的人质呢？"

司马炎同意了王浑的意见。

正巧刘渊的父亲刘豹死了，司马炎不仅没有杀掉刘渊，而且还以刘渊代替他父亲为匈奴左部帅。

作为安抚胡人的一项措施，同时也是对自己后事的一项安排，司马炎除了拜慕容廆为鲜卑都尉以外，在太康十年，他把刘渊也拜为匈奴的北部都尉，确立了刘渊在北部匈奴各部的最高统治权。刘渊上任以后，开始进一步加强对五部的控制和拉拢，不仅匈奴部落的贵族都聚集到门下，而且，河北等地的人士也纷纷投靠。等到司马炎死后，杨骏辅政，为了拉拢刘渊，更加刘渊为建威将军、五部大都督，封汉光乡侯，从而明确了刘渊在整个匈奴部落的统治权。

第七部 贾郭时代

一三七　杨骏专权（一）

通过投机取巧得来晋国最高权力的杨骏，神经一直高度紧张。

这个看似美妙的权力，得到以后，突然之间变得并不十分美妙，他感到了无数双眼睛在时刻盯着自己，叫人浑身不舒服，尤其是最具人望的汝南王司马亮还没有离开京师。

司马炎的第四个年号太熙刚用了四个月，就死去了，在司马炎去世的当天，皇太子司马衷就继位了，宣布大赦天下，并且改元为永熙，尊杨芷为皇太后，立贾南风为皇后。

在司马炎死、司马衷刚继位的关键时刻，杨骏就住在皇宫的太极殿里，守着从含章殿抬来的司马炎的尸体，将要入殓的时候，司马炎的小老婆部队都从后宫出来，搞告别仪式，按照规矩，你作为臣子，怎么说皇帝的嫔妃也是你的主子啊，但是，不知道这个杨骏压根不懂规矩，还是这家伙担心生变，一直就不下殿回避，并且让百余人的侍卫也在殿中保卫自己。

听到皇帝驾崩的消息，汝南王司马亮生怕杨骏会杀了自己，以致对外宣称自己染病了，不敢进宫吊丧。在皇宫的正门大司马门外（另一说：在大司马府的府门外）大哭尽礼，并且上书惠帝要求等参加完司马炎的葬礼以后，再让自己回许昌上任。

司马亮的这种想法自然引起了杨骏的高度警惕，他在以皇帝的名义命令太子太傅石鉴（那个和杜预相斗，喜欢谎报战功的老头）和自己的外甥中护军张劭领兵在洛阳城北督造峻阳陵的同时，又一次督促汝南王司马亮离开京师。原因也可以理解：本来杨骏在朝中的根基就不牢固，而且，声望也不高，这次又是仓促之间取得了最高权力，他生怕司马亮在洛阳再引发出什么乱子来，他需要时间来慢慢培植自己的势力。

而司马亮也不像自己已经死去的两个弟弟司马伷和司马骏那样有本事，只不过此时他是司马宗室中最亲最长的人而已。他历来胆小怕事，这次杨骏成为最高执政，明显的他把自己作为了最大的对手，司马亮家也不敢回了，干脆跑到了城外留宿在军营里了。

然而，司马亮的这一举动却吓坏了杨骏，有人对杨骏说，司马亮很有可能要讨伐你，如果是好好的，你不住在城里，住在荒郊野外做什么？

杨骏心惊胆战地对自己的女儿杨芷说明情况，让杨芷命令司马衷下诏给在洛阳北边营建陵地的石鉴和张劭，率领陵兵讨伐司马亮。

张劭是杨骏的外甥，使者见到张劭以后，张劭立马带着自己的兵就找到石鉴，让石鉴和自己一起去讨伐司马亮；姜还是老的辣，此时的石鉴倒很沉着冷静，他说别忙，先派人去司马亮那儿看看再说，就是拒绝发兵。

而与此同时，司马亮也通过耳目得到了“皇帝”要讨伐自己的消息，他征求廷尉何勖的意见。何勖说：“现在，无论政府跟民间，都以你马首是瞻，你为什么不去攻击别人，反而害怕被别人攻击呢？”司马亮本来就胆小，他想了半天，也摸不准自己起兵，会有多大胜算，干脆三十六计走为上吧，于是，连夜奔向自己的封地许昌。

听到司马亮离开了洛阳，杨骏这才长长地舒了一口气。

在他看来，终于避免了权力交接之初有可能发生的一次危机了。

杨骏的三弟杨济（就是那个和王浑的儿子王济齐名，并都在司马炎面前射杀猛兽的那个）和外甥、河南尹李斌，都劝杨骏把司马亮留下来，因为他们知道，司马炎为了巩固皇室，分封了诸侯王，各个诸侯王都有重兵，而如今司马亮就是皇室的旗帜，你把司马亮赶走，就像过去赶走了齐王司马攸一样，是犯众怒的，而你杨家本身的势力又不大，后果将十分严重。

但是，杨骏拒不接受，并开始对他们两个疏远起来。杨济无奈对尚书左丞傅咸（傅玄之子）说：“我哥如果征召司马亮回京，然后自己辞职退避，杨家还有可能保全。”傅咸说：“皇家跟皇后家，和平共存，互相牵制，家国都会平安。只要征召司马亮回京，共同辅佐君王就够了，也不需要逃避啊。”

杨济见到侍中石崇问：“现在的人心所向？”石崇说：“你哥哥执政，疏远宗室，应该和大家一起合作。”杨济请求石崇去规劝杨骏，但是，杨骏仍不接受。

你们难道还想让我刚刚松弛下来的神经再紧张下去嘛！

一三八　杨骏专权（二）

朝中似乎全在杨骏的掌控之中。

在五月把司马炎安葬以后，杨骏做了以下几件事情。

第一件，是改元。其实这件事从司马炎死的时候，杨骏就做出来了。根据《春秋》礼法的规定，老皇帝死，新皇帝继位，在本年度还要使用老皇帝的年号，等到第二年才能改元，以示对老皇帝的尊重。但是杨骏是一个没文化的人，一看司马炎死了，就立即吵着要改元，大赦，在他看来，改元就代表着新生，新皇帝继位，那不改元算什么？这一没文化的举动，在当时所引起大家内心的鄙夷可想而知。

第二件，给百官加官晋爵，笼络人心。杨骏也知道自己既不是名士，又没多少执政经验，突然之间独揽朝纲，肯定有人不服。在杨骏看来，用这就能收买到人心——不过，一个高位者不是凭自己的本事，而是靠这种小儿科的伎俩，收买到的也只是无能者的心，而不是有能者的心。

杨骏的这一举动让有识之士感到做得没文化。左军将军傅祇（傅嘏的儿子）就写信给杨骏说："从来没有君王刚死，臣属就论功行赏的怪事。"散骑常侍石崇、散骑侍郎何攀（就是那个王濬的参军）也上书司马衷说："这次赏赐太过了，比泰始司马炎上台以及平吴统一天下都厚，不妥当。"但是，杨骏不听，于是对于全国的所有官吏都晋升一级！对于参加司马炎葬礼的都晋升两级！二千石的官员都加爵位为关内侯！免除一年的田赋捐税。

除此之外，杨骏也没忘记并州的刘渊，在太熙元年的十月，他加封刘渊为建威将军，匈奴五部大都督，使刘渊正式成为全体匈奴人的最高领袖。

第三件，给自己加官并搬家。让司马衷下诏封自己为太傅、大都督、假黄钺，总录朝政，百官都得给自己汇报。同时，把自己的家搬到曹爽的故宅，根据后人考证，当时曹爽的故宅在太仓和武库南边，宫城之内，建始殿的东边。杨骏的打算是，自己住在皇帝身边，便于控制朝廷，以免宫内贾南风有什么不利举动。

第四件，在皇帝身边安插自己的人。为了防止贾南风干政，杨骏规定，凡是有诏书的，都必须在司马衷看后，再交给皇太后杨芷审核，然后才能发布。同时，杨骏还把自己的外甥段广任命为散骑常侍，随时跟随司马衷，掌管帝国的机密文件；任命自己的另一个外甥张劭为中护军，掌管着禁兵；任命自己的亲信刘豫为左军将军。但是，晋朝禁军编制十分复杂，杨骏在短时间内，还没有能力把自己的势力渗透到全部的禁军，很多禁军将领都是名臣子弟，一时间也难以清除，如果强行清除的话，将要产生更大的骚动和不满。比如，右军将军就是裴秀的儿子裴頠，这个裴頠和贾家是亲戚，一时半会还不便撼动；再如，《晋书·东海王越传》记载："（司马越）历左卫将军，加侍中。讨杨骏有功……"表明杨骏专政时左卫将军也是由宗室东海王越担任的，司马越是司马懿的弟弟司马馗的孙子，与司马伷的儿子司马繇曾经陪着司马衷读书，司马衷继位以后，司马越做了左卫将军，司马繇做了散骑常侍，这两人属于司马衷的亲信，也不好动。还有后军将军荀悝，大约也是贾充的忠实追随着荀勖家的人。其实，杨骏通过努力，自己所能控制的禁卫军也只是宿卫宫城以外的中护军和东宫部队，而对于殿中禁军控制力十分有限，从杨骏在殿中还戒备森严地保护自己这一举动也可见一斑。——如果真是这样的话，我们就会产生这样的担心，那就是，杨骏你在没有完全掌控禁军的时候，就冒冒失失地把家搬到宫城之内，就是一个极大的失策，冒着很大的风险，而事实证明，杨骏的这个失策将直接导致自己和自己的家族所有的成员人头落地。

第五件，斥出王佑。根据《晋书·王峤传》的记载："父佑，以才智称，为杨骏心腹。骏之排汝南王亮、退卫瓘，皆佑之谋也。位至北军中侯。"从王佑为司马炎建议斥出司马亮一事上看，王佑似乎能够认定是杨骏的人；但是，从加封司马炎的其他皇子为王这一点上看，似乎又感觉王佑又不完全是杨骏的同党。晋书对此语焉不详，大约在杨骏和司马亮角力的时候，王佑比较倾向于杨骏，但当司马亮被斥出洛阳以后，在面对杨骏和贾南风的时候，由于太原王家与贾家千丝万缕的关系，（裴楷是王浑的女婿，而裴家与贾家是亲戚关系）王佑态度暧昧。

这立即引起了杨骏弟弟杨济的不安，请求杨骏把王佑打发掉。对于王佑被斥出，晋书也没有过多交代，只是在《晋书·杨济传》中说了一句："骏斥出王佑为河东太守，建立皇储，皆济谋也。"斥出王佑在当时应该引起了高门大族的普遍反感，因为北军中侯这样一个职位非同小可，统管着禁军，再加上此前杨骏在禁军中不断安插自己的亲信，都使得司马皇族和晋朝大臣们对杨骏的居心产生了合理的怀疑，也使得深居后宫，但眼睛紧盯外面的贾南风感到脊背上西北风劲吹。

第六件，建立皇储。这更是一步刺入贾南风心窝子里的一把尖刀。贾南风作为皇后，当然希望自己的亲生孩子能够被册立为太子，如果将来不是自己的孩子做了皇帝，那么自己的后半生将失去一切可能到来的富贵和保障。杨骏的这一招也实在是太毒辣了。难道我贾南风以后就生不下孩子了吗？一旦皇后生下了嫡长子，那么你现在立的太子又是什么呢？到时候，嫡长子不是太子，你司马遹一个庶长子却做皇帝？关键是，你杨骏太看不起人了，你就那么小看我的肚子？真是欺人太甚！但是，杨骏没有过多地想贾南风的感受，在他看来，司马炎之所以立司马衷做皇帝，主要还是看在皇孙司马遹的面子上，你司马衷和贾南风不过是一对过渡皇帝和皇后，能叫你们做一天皇帝皇后就不错了；并且，贾南风恶名在外，现在立司马遹做太子的话，也许能让你贾南风本分一些吧。于是，在永熙元年八月二十六日，（也是太熙元年），杨骏就迫不及待地立广陵王司马遹为皇太子。并任命总立法长何劭当太子太师（太子三师之一），皇城保安司令（卫尉）裴楷当太子少师（太子三少之一），国务院文官部长（吏部尚书）王戎当太子太傅（太子三师之二），前任祭祀部长（太常）张华当太子少傅（太子三少之二），首都卫戍司令（卫将军）杨济当太子太保（太子三师之三），国务院执行官和峤当太子少保（太子三少之三。以上合称"东宫六傅"）；擢升司马遹娘亲谢玖当淑媛，成为小老婆群中的第五级。

在杨骏看来，此招是一举数得。一是自己有了册立太子之功，为自己的未来提供了可靠的保障；二是给贾南风安上了一个紧箍，时时提醒你注意你自己的未来；三是安排了朝廷中人望很高的老臣们，给他们一个闲差。根据《晋书·张华传》的记载，"以张华为太子少傅，与王戎、裴楷、和峤俱以德望为杨骏所忌，皆不预朝政。"把这些德望很高的大臣拉到东宫，既维护太子的地位，又剥夺了你们的实权，看似给你个辅佐太子的重任，其实呢？谁不明白呢……

恼怒的贾南风无处发泄，只好把怨气都加在了这个低微的屠户女儿谢玖的身上，她把谢玖赶到别的宫殿，不准跟自己的儿子太子司马遹见面。

对于杨骏的一系列做法，不是没有人劝说，不过大家劝说的焦点，还在于劝说杨骏给宗室分权，以免引起众怒上。

曾经在王济葬礼上学驴叫的孙楚，此时已经是冯翊太守，他平素和杨骏关系较好，劝说杨骏："现在宗室亲重，藩王正当年，你现在却对人家心怀猜忌，结党营私，那么灾祸很快就来了啊。"也有很多先知先觉的人们看到杨骏一意孤行，开始自觉地远离杨骏，据《晋书·杨骏传》的记载，杨骏的姑表兄弟弘训少府蒯钦，从小和杨骏一起长大，就故意屡次冒犯杨骏，说出的话语十分直率，别人都替蒯钦担心。蒯钦说："杨骏虽然昏庸，仍然知道不可以妄杀无罪之人。他最多不过跟我疏远而已。我能跳出他的是非圈，才可以逃出灾祸。不然的话，就会跟他一起灭族。"——多聪明的人！不过是让杨骏的政敌看，我蒯钦虽然和他杨骏关系亲密，但是，我是忠于皇室的。据《襄阳耆旧日记》记载："钦从祖祺妇，即诸葛孔明之大姊也。"即蒯祺是诸葛亮的大姐夫。西晋时的蒯钦，就是诸葛亮大姐夫蒯祺的侄孙啦，估计此人的脑袋也沾了点诸葛亮的灵气吧。

杨骏延聘匈奴东部（今山西省汾阳市）人王彰当司马，王彰逃避，别人问他原因，他说："从古到今，一家出了两个皇后，没有不失败的。何况杨骏亲近小人，疏远正直，独揽大权，兴之所至，想干什么，就干什么，失败就在眼前。我逃到海外躲他，还怕灾难降临呢，怎会接受他的邀请。而且，武皇帝没有想到国家百年大计，继承人没有能力管理国家，辅佐大臣又不行，天下动乱，立等就要到了！"

是吗？我们走着瞧吧……

一三九　山雨欲来

杨骏招招制敌，贾南风有点坐不住了。

杨骏曾经和贾南风（小名：旹）配合得很默契。曾几何时，是杨家的坚持，才使得司马炎勉强同意了迎娶贾家的女儿，可以说，没有杨家就没有今天的皇后贾南风。当时，是杨家和贾家的蜜月期，固然有相互利用的因素，但是，双方毕竟是走得很近。又曾几何时，贾家的台柱子贾充倒了，而杨家的太子也在风雨中飘摇，他们用尽心机，在排挤齐王上，步调惊人地一致。

时移世易。

贾南风心中真正与杨家的裂痕是在杨艳死后。杨艳，那是正儿八经的婆婆，又是司马衷的亲妈，自己的妈妈郭槐为了让自己进宫，在杨艳面前不知说了多少好话，所以，对于杨艳，贾南风倒也没啥说的。而杨芷呢，和贾南风的年龄不相上下，在杨芷进宫以后，她毕竟只是司马衷的表姨，对贾南风来说，更是没有什么恩遇，不过，有司马炎在，宫廷的礼数贾南风还是要的。

然而，一件事情，却导致了贾南风对杨芷的怨恨。

贾南风的性格完全就是年轻时候郭槐的翻版——嫉妒异常。这一点不幸被司马炎言中，司马炎曾经说，贾家的种子既妒忌、个子又矮、皮肤又黑。郭槐曾经因为看到贾充与乳母怀中的儿子逗乐，而鞭杀两个乳母，致使贾充绝后。可想而知，有如此彪悍妈妈的影响，能耳濡目染出何等英雄的女儿。

过去，我们说过，贾南风自己生不出孩子，看见别人肚子大就来气。她曾经亲手杀了几个人，（可能包括太子侍妾、婢女，也许还有太监。）也曾经用戟奋力抛向怀孕的太子侍妾，怀孕的妈妈被锋利的戟刃刺伤，孩子随着母亲倒地而落地。当时，晋国在宫城的西北面已经修好了三座小城，地势较高，取名叫金墉城，司马炎听说以后，勃然大怒，决心要废掉贾南风。——想想张春华你奶奶，不也是小小年纪就亲自操刀杀人嘛，你生什么气呢？司马家的老婆怎么都这样凶悍？

杨芷真是个好婆娘，她一直想着贾南风是自己的表姐选择的儿媳妇，表姐一定有她的道理，她对司马炎说："贾充对于国家有过大功劳，即使他的后代犯了错误也是要宽恕的啊，贾南风又是他的亲女儿，现在她还年轻，正是女人好妒忌的年龄，我们不能因为贾南风的一点小过错，就忘记了贾充一家对我们的大德啊。"一面劝谏司马炎，回过头来，又开导贾南风，杨芷一直以为贾南风就是自己的儿媳妇，开导一下她不是很正常的嘛，可是，贾南风的心里只有一个婆婆，那不是你，而是你表姐杨艳，就是你杨芷本人也只是续弦，哪配教训我！而且太子妃贾南风还比杨芷大两岁，一个小自己两岁的婆婆教训自己，那该是什么滋味呢？

一个从来教训别人的人，是没有办法接受教训的。

当第一次尝到被教训的滋味的时候，她不知道有些教训并非恶意，而来自关心。贾南风听了杨芷的教训，却以为司马炎恼怒的根源在于杨芷说了她的坏话，甚至于怀疑司马炎知道这件事也是杨芷传的闲话！

这个误会永远是一个死结，没有办法解开，杨芷也根本不会知道，她只知道贾南风从此以后，对自己的礼数越来越不周到，也不经意间感到了来自贾南风那怨恨的目光。不知不觉中，相互之间的距离越来越远了。

在司马炎去世的时候，贾南风以为总算熬出了头，老公司马衷也已经三十一岁了，而自己已经三十三岁了，真可以享受一下做皇后的滋味了，但是，杨芷和杨骏死乞白赖地在司马炎手里骗得了第一执政的权力，使自己的美梦再一次地破灭了。天底下竟然有这等事？竟然给一个三十一岁的皇帝找太傅，找辅政大臣！不是向天下人说我老公是傻瓜嘛！

是可忍孰不可忍！

杨骏不是没听到杨芷说起贾南风的态度，也不是不知道贾南风的阴狠，所以，才采取了那一系列的自保措施。

然而，这些措施，对于贾南风来说，无疑就是一把把架在脖子上的利刃。

而此时，杨骏的手已经伸向了宫城外的禁军，他还要伸向宫城以内直至殿上的禁军将领们，王佑的被调离就是一个明确的信号。

贾南风必须要行动了。

但是，一个深居后宫的女人又能怎么样呢？

她感到了浑身不自在，那是来自杨骏咄咄逼人的压力，你杨骏能让皇后，或者皇帝浑身不自在，不是要谋反还是什么！

只有诬陷他要谋反，才能名正言顺。那么，只有利用自己的傻子老公了，但是，老公被杨骏的人看得紧紧的，老公的诏书必须要杨芷审核才能生效，显然，让老公下发诏书号令天下讨伐杨骏是不可能的。只有暗中计划，让诸王进京讨贼。

贾南风首先找到了自己的亲信宦官董猛，让他物色能够出宫的人选，分赴各地，与诸王联络。

董猛带着这样一个绝密的任务，开始在自己的周围物色堪当重任的人物。

也就是在这个历史进程中的关键时刻，我们又不得不说一个小人物，那就是殿中中郎孟观。

内廷禁军中的最高领导是北军中侯，下面是左右卫将军，再下面是殿中将军等，而殿中中郎是属于殿中将军管辖的下级军官，掌管虎贲一百名。《晋书·职官志》有殿中中郎，其地位介于殿中将军与殿中校尉之间。《通典》卷三六《职官十八·秩品一》所载魏官品，第六品有殿内将军、殿内典兵，第七品有殿中中郎将、校尉，第八品有殿中都尉、司马及殿中羽林郎。同书卷三七《职官十九·秩品二》所载晋官品，第六品有殿中将军，第七品有殿中监，第八品有羽林郎。《晋书》卷二五《舆服志》载《中朝大驾卤簿》中有“典兵中郎”，可能就是殿内典兵，孟观、李肇所任为此职的可能性更大。

孟观，字叔时，是渤海东光人，没有什么显赫的家世。我们甚至不知道他的父亲叫什么，是做什么的。史书上只记载，孟观还懂点天文，投军以后，逐渐被升为禁军的殿中中郎。一个小小的殿中中郎和一国的首席执政官能有什么过节呢？看看《晋书·杨骏传》的说法是：“殿中中郎孟观、李肇，素不为骏所礼，阴构骏将图社稷。”试想，一个国家的第一大臣，还能如何礼敬一个营级干部呢？这个说法似乎有点牵强。

其实，由于司马氏得位不正，晋朝的社会风气并不咋地，有奶便是娘的问题十分突出，忠义节气在大多数热衷仕进的人眼里都不值得一提。再加上，九品中正制度在选人用人中的走样，使得普通人很难爬上高位，也助长了人们喜乱乐祸、从中捞取好处的侥幸心理。而如今，当权的杨骏虎视眈眈地要淘汰禁军将领，我们不难想象王佑的被调离和近期一连串的禁军人事调整，在禁军将领们的内心会产生什么样的波动，现在，当今皇后亲自有求于自己，不正是一个出头的绝妙时机吗？这不是天上掉下来的馅饼，又是什么呢？——这也许就是孟观等人全力协助贾南风的真实心态吧。

同为殿中中郎的孟观、李肇立即加入了密谋。根据贾南风的指令，就是要想办法废掉杨芷，拿下杨骏。大家首先想到的是大司马、汝南王司马亮，一则是因为他是宗室的一面旗帜，如果司马亮能够出马，号召力会很大，政变成功的把握也很大；二则，司马亮和杨骏的矛盾，是人人皆知的事情，要求司马亮讨伐杨骏成功的可能性也比较大。于是，贾南风派遣李肇神不知鬼不觉地离开了洛阳，飞马来到许昌。贾南风的分析当然是有道理的，但是，她忽略了一个关键的因素，那就是司马亮的性格。一向胆小怕事的司马亮听了李肇关于杨骏企图造反的报告，也许是出于老谋深算，秉承不做“始作俑者”的原则，也许压根不相信政变能够成功，也许根本就是胆小，不如在许昌好好地做自己的王爷，司马亮说了自己听了都没底气的好听话：“杨骏凶暴，死亡的日子也不远了，不足担心他。”

他杨骏很快自己就死了？你是算命先生？

其实，司马亮何尝不知道，杨骏也根本不会造反，自己的女儿是皇太后，自己迫不及待地立下皇太子司马遹，还为司马遹挑选了在当时所能选到的重量级人物做东宫辅佐，他杨骏本人又没有儿子，他造哪门子反呢？造自己的女儿反？

笑话！全是你贾南风在作祟。

没有完成使命的李肇垂头丧气，留也不是，回也不能，想到贾南风的狠毒，李肇担心，如果自己办不成此事，贾后极有可能担心消息走漏而杀人灭口，想到这里，他不禁浑身发冷。

左思右想，李肇想到了南边不远的楚王司马玮，楚王是当今皇帝的弟弟，年龄才二十岁，比司马亮年轻，也比司马亮血亲近，也许能成，碰碰运气吧。

谁知，到了荆州，李肇说明来意之后，性格直爽开朗、果断刚烈的司马玮满口答应，并订下了入朝以后相机诛杀杨骏的计划。

一四〇　诛杀杨骏

转眼到了新年，屈指算来，杨骏已经执政了近八个月了。

在经历了短暂的风波以后，政局走向平稳，杨骏也慢慢变得颐指气使起来。公元291年的新年，杨骏终于采纳了有识之士的建议，又让司马衷下诏，对去年司马炎死后就改元的做法委婉地予以了改正，改正的办法就是再改元……

晕，于是，公元291年正式改元永平。

也就是说，公元290年两个年号：前四个月是太熙，那是司马炎的。——盐太稀不就玩淡（完蛋）了吗？一笑。后八个月是永熙，还是稀啊。那是司马衷的。

紧接着，杨骏让司马衷下诏，命令诸王不得回到洛阳参加春节扫墓——用意当然十分清楚了，杨骏担心诸侯王扎堆在一起，怕出事。

公元291年的一月总算是平稳度过。新年来临，大家都还沉浸在喜庆的气氛中。

到了二月，一个更好的消息又传到了杨骏的耳朵里了，楚王司马玮和淮南王司马允双双请求入朝。他们两个表面上的理由是来洛阳奔丧，朝廷刚刚下了不让诸王回洛阳奔丧的命令，那为什么单独允许这两个王来朝呢？其实，真实的情况也许是：司马玮联络了诸王都纷纷上书前来奔丧，杨骏在权衡左右以后，下令只让司马玮和司马允前来，而让皇帝下诏命令诸王不得来洛阳。不过，根据《晋书·长沙王乂传》的记载，“会楚王玮奔丧，诸王皆近路迎之，乂独至陵所，号恸以俟玮。”似乎诸王并不全听杨骏的话，在楚王司马玮和淮南王司马允来洛阳的时候，其他大的王也都来到了洛阳。

司马玮，字彦度，是司马炎的第五个儿子，与长沙王司马乂都是宁美人生的，属于司马炎诸子中年龄较大的。

而司马允，字钦度，母亲是李夫人，他还有一个同母弟弟司马晏——就是那个色痨。司马允现年十八岁，也是比较英武的。

把诸王赶到地方，当然是为了防止京师诸王势力强大，分而治之。但是，当京师的政局逐渐予以稳定，杨骏又担心诸王在地方上慢慢坐大，难以控制，如果是一个平庸或者一个谦和的人倒也没关系，但是遇到一个好勇斗狠的王留在地方，真还不如放在自己眼皮底下看着稳妥，而司马玮就是这样一个人。杨骏平时就担心此人，害怕司马玮会发动叛乱，不过，单独把他召回吧，又担心他不高兴，反而会激起事变来。正在左右为难之际，司马玮竟然主动要入朝！

这不是天遂人愿嘛？

事实证明，天遂人愿的时候很少。常言道，人生不如意事常十之八九，哪有那么多好事呢？

一些看似好事的事情，也许就是你的敌人顺着你的意思，挖空心思给你布置的陷阱而已。

杨骏没有参透这一层，没在自己的脑子多问几个为什么。于是，他兴高采烈地立即批准了司马玮、司马允的请求。于是，司马玮、司马允带着各自的僚属随从和部队浩浩荡荡地来到了洛阳。

贾南风一直没出头，而是在幕后运作。司马玮来到京城以后，由孟观、李肇等人负责联络工作。

当一切都准备就绪，三月八日夜里，孟观和李肇向司马衷报告：杨骏谋反啦，并说了很多诬陷杨骏的坏话，让司马衷下诏，撤销杨骏的一切职务，只保留杨骏临晋侯的爵位。——两个中下级的近卫军将领竟然诬陷当朝的第一等大臣，这已经匪夷所思了，而司马衷竟然也下诏这样做了，这更加匪夷所思！

这是《晋书·杨骏传》的记载，《资治通鉴》一字不差地引用了《晋书·杨骏传》的说法，但是，即使司马衷是一个大白痴，也让人感觉事情有点突兀。

不过，再看看《晋书·孟观传》，我们才了解到，司马衷之所以听信了孟观、李肇的话，那么麻利下诏的真实原因。《晋书·孟观传》有一段十分重要的记载："贾后悖妇姑之礼，阴欲诛杨骏而废太后，因骏专权，数言之于帝，又使人讽观。"也就是说，在此之前，贾南风已经在司马衷面前多次说到杨骏的专权跋扈，肯定也说到了杨骏有可能要谋反，吹足了枕头风。如今，两个禁卫军的将领不过是以一个臣子的身份，举出杨骏谋反的所谓的“证据”，以验证贾皇后的说法而已。孟观和李肇选择深夜禀报，也是有原因的：深夜宫里没了外朝的大臣，皇帝无从和人商量，论证此事。事情紧急，由不得司马衷召集群臣，只能在惊吓中同意了二人的意见。

诏书一旦拿到，贾皇后暗中早已安排停当的禁卫军将领们立即调集了内廷部队。由楚王司马玮带领部队驻守司马门（皇宫的外门），负责保护皇帝；东安公司马繇（琅邪王司马伷第三子）屯兵云龙门，总统诸军，又率领四百殿中兵负责包围杨骏府，担任攻入府中的任务；司马允的国相刘颂（就是那个陈矫的岳父，对王浑和王濬评理不公的前最高法院院长）带兵也驻守殿中，并命令弓箭部队在皇宫的高楼上居高临下向杨骏府中射箭。

宫中熙熙攘攘的声音也惊醒了负责服侍司马衷的散骑常侍、杨骏的外甥段广，他跪在司马衷的面前，苦苦哀求说：“杨骏受先帝的大恩，他是竭尽忠心来辅佐陛下您啊，况且，他自己连个男孩都没有，怎么会谋反啊？请求陛下你好好想一想啊！”

但是，覆水难收，箭已离弦。

司马衷就是不说话。

皇宫内的变故立即传到了杨骏的府里，杨骏还不知道是怎么一回事，他召集能来的官员商议对策，杨骏的属官朱振对杨骏说：“现在大内有变故，那一定是内廷的太监们给贾皇后献计，将要加害于您。应该把云龙门烧掉，来显示我们不妥协的决心和勇气，向他们示威，要求查出肇事者，打开万春门，引出东宫卫兵和皇宫外面的部队，您自己拥护着太子一起攻进宫中，索取奸人。如果这样的话，宫中肯定会十分恐惧，皇帝一定会把奸人斩首送给您，只有这样，才能免除灾难！”

谁知道，这个杨骏和那个司马亮一样，都是胆小如鼠之人，他听了朱振的话，半天犹豫不决，喃喃自语：“那云龙门可是曹魏明帝的时候修的，花费巨大，为什么要烧掉呢？多可惜！”杨骏之所以这样说，一则是他胆怯，二则是他糊涂，三则的确还不清楚里面是咋回事。

因为，当时的云龙门（宫城的正门）关闭了，东安公司马繇的兵屯驻在云龙门，内外消息不通。

皇太后杨芷让人在帛书上写道：“救杨太傅的有赏！”然后，把帛书绑在箭上，射到城外，太后把救自己爸爸的希望寄托在驻扎在城外的部队身上，但是，不说城外的部队能不能收到，即使收到，这种事前没有商量，临时起意的号召，效果也是极其渺茫的。反而，让贾南风拿到了把柄，说："太后和太傅合谋谋反！"把太后杨芷也软禁起来了。

曾经多次劝说杨骏与宗室合作的傅祇其实已经清楚是咋回事了，他假装对杨骏说："我和尚书武茂一起去云龙门察看皇帝的意思。"说完，就对杨骏作了个揖就下台阶往外走。武茂不灵性，还在那坐着呢，傅祇回过头来对武茂说："你不是太子的臣子吗？现在皇帝下落不明，你怎么能在这里安稳地坐着！"武茂赶紧慌慌张张地跟着傅祇跑出了杨骏府，傅祇边跑边招呼着大家一起离开，于是，杨骏府中的大臣们是一哄而散，把杨骏军心全部瓦解。

等一会儿，宫中的兵在司马繇、孟观等人的带领下，冲出皇宫，把杨骏府包围，开始放火烧杨骏的府邸，同时，皇宫阁楼上的弓箭手，向杨骏府中放箭，杨骏府中的兵并不是太多，经过这一通箭，已是一片混乱。本来，司马衷的诏书上只是罢免杨骏的官职，并没有说要杀死杨骏，但是，孟观已经提前得到了贾南风的密旨，不仅要把杨骏杀死，而且要诛灭杨骏极其亲戚和同党的三族。孟观把贾皇后的密旨吩咐给了楚王司马玮和东安公司马繇，并且添油加醋地诬陷杨骏等人。

于是，当宫中的禁卫军攻进杨骏府邸之后，已经不再是宣诏行动了，而是开始了大规模的屠杀。在杀完杨骏府中的亲属以后，又去杨骏同党的家中，同样的大开杀戒。杨骏逃到马厩里，被乱兵用戟杀死，当天晚上，一共杀死了几千人。比如，玉人裴楷的二儿子裴瓒因为是杨骏的女婿，也被乱兵杀死；而裴楷本人也被抓进牢里，等候问斩。

贾南风心细如发，还命令李肇把杨骏府邸中的所有藏书和书信全部烧毁，害怕一旦天亮以后，搜出了司马炎留给杨骏的辅政诏书，到时候，虽然木已成舟，没什么，但是，却也会造成政治上的被动。

于攻击杨骏府邸几乎同时，太子所在的东宫，有人来杨骏三弟杨济（曾经威猛异常）的家中召唤杨济，此时，裴楷还没被逮捕，杨济问裴楷："现在，我能去哪？"也不知道裴楷是装糊涂，还是怎么的，他对杨济说："你是太子太傅，应该去太子那里。"因为杨济以前是征北将军，一直在部队工作，所以，即使现在不担任军职了，可是，部队里还有四百多个关中的壮士，个个是百里挑一，武艺高强，听说宫中要杀杨骏亲戚，都要来保护杨济，但是，一听杨济去了太子宫，都没了办法。

当夜，杨骏的同党左军将军刘豫找到同僚右军将军裴頠（裴秀之子，裴楷侄子，王戎女婿，贾南风的母亲郭槐是裴頠的从母？）问："杨太傅在哪里？"裴頠欺骗他说："我刚才在宫城西掖门碰到他，坐着一辆小车，带着两个人从西门出去了。"刘豫接着问："我该怎么办？"裴頠说："你应该去最高法院自首。"这刘豫也很听话，扔下部队，就去自首去了。裴頠接着就接管了左军，屯兵万春门（宫城的东门）。

一夜无眠。

清除杨骏同党的活动，里面当然掺杂了公报私仇的成分，很多人都加入到把平素自己讨厌的人，或者自己的仇人诬陷为杨骏的同党的风潮中。孟观等人把杨骏的弟弟杨珧、杨济，杨骏的外甥段广、张劭、李斌，同党刘豫、散骑常侍杨邈、中书令蒋俊逮捕。

尚书左仆射荀恺（荀彧的曾孙）因为想和名士尚书武茂结交，但是被拒绝，同时，又和玉人裴楷不和，就说武茂是杨骏的同党，又说裴楷和杨骏是亲家，因此，把武茂和裴楷也都抓了起来。因为东安公司马繇的母亲是诸葛诞的女儿，而诸葛诞在寿春第三叛中曾经杀了文鸯的父亲文钦，司马繇为了斩草除根，以免文鸯报杀父之仇，趁此机会，浑水摸鱼，带兵先把在平定秃发树机能叛乱中立了大功、此时担任东夷校尉的无敌将文鸯及其全家杀死！

裴楷虽然和杨骏是亲家，但是，名士裴楷从来看不起杨骏，杨骏也从来和裴楷不和，因此，在傅祇营救下，被赦免。贾南风还想把杨骏府中的官吏也都逮捕，傅祇说："在高平陵事变中，鲁芝是曹爽的司马，他打开城门去追随曹爽，司马懿对此很赞赏，还在事后升他为青州刺史。杨骏的僚佐不可加罚。"贾南风听听也对，就算了。

被杀的时候，杨骏的弟弟杨珧对行刑官说："我过去在杨芷被选为皇后的时候，就曾经对先帝司马炎说过，以后我哥哥们家出事的话，没我的事，先帝也都同意了，并在石头书函里保存着，不相信你们问张华，他知道。"又是哭又是闹的，大臣们以为应该比照钟会的哥哥钟毓提前对司马昭说过钟会以后犯事别株连他这个先例，予以赦免。但是贾家当然看不得杨珧还活着，不断催促行刑。在刀斧手砍头的时候，杨珧还不老实，动来动去，哭天抢地，结果本来对着脖子的刀，却砍在了杨珧的头上，把头切下了一半！——怎一个惨字了得！！！

而就在如此恐怖的气氛中，仍然出现了一个类似收了王经、钟会尸体的向雄的义士——阎缵。阎缵，是阎圃的孙子，阎圃曾经是张鲁的功曹，劝说张鲁投降曹操。阎缵曾经是杨骏的舍人，杨骏上台后，任命阎缵为安复县令。当听到杨骏被诛，阎缵弃官回到洛阳，找到杨骏原来的主簿潘岳、掾崔基等，商量埋葬杨骏的尸体，潘、崔二人害怕，就推阎缵为主。等到挖好了坟墓，有人向东武公司马澹报告，司马澹想向朝廷上表诛杀主谋的人。这个消息传来，潘、崔以及其他人都吓得魂飞魄散，瞬间消失，而只剩下阎缵用自己的家财把杨骏妥善埋葬以后，才从容离去。

一四一　诛杨余波

检讨诛杀杨骏的全过程，绝对不是史书上介绍得那么简单。

整个过程干脆利落，环环相扣，的确显示出了贾南风发动政变的高超技巧。

一是，选择外援。贾南风深知，杨骏排斥汝南王司马亮已经招致了宗室的不满，如果顺势诬陷杨骏企图谋反，宗室诸王应该会支持推倒杨骏。以汝南王司马亮的年龄和辈分，他在皇室中说话的分量最重。于是，贾南风首先想到的是他。事与愿违，司马亮胆小如鼠，只会说大话，掩盖自己的无能。依靠司马亮推倒杨骏的计划落了空。谁知峰回路转，楚王司马玮年轻气盛，野心勃勃，竟然满口答应，并约上了淮南王司马允参加，使得政变计划得以实施。那么，贾南风为什么要联络诸王呢？因为，虽然杨骏的手还没有完全插入内廷禁军，但是，如果杨骏真的横下心来兵戎相见的话，仅仅依靠内廷的武力，胜负实在难料。联络诸王，一则是借重诸王随身带来护驾的兵力；二则，更重要的是表明一种政治实力，用来震慑骑墙的大臣们。那么，贾南风为什么不选择与司马衷同父同母的兄弟秦王司马柬呢？在我们看来，司马衷与司马柬的关系，恰恰就像他们的父亲司马炎和他们的亲叔叔齐王司马攸一样，虽然是至亲，但是，司马柬的声望远远高于司马衷，在贾南风看来，司马柬并非司马衷皇位的有力支持者，而是有力的竞争者。怎能让其知晓啊？

二是，深居幕后。在整个运作过程中，贾南风一直深处幕后，所有的计划都是通过孟观等三个下层人物传达。这样，即使政变失败，有司马衷在自己前面挡着，贾南风完全可以舍卒保车，杀死孟观等人灭口。即使在发动政变前夕，贾南风也是让孟观等人启奏司马衷杨骏谋反，贾南风似乎根本没有参与此事，而实际上是，贾南风早已经在司马衷耳朵里吹了N遍的枕头风了。

三是，联络大臣。史书没有详细记载孟观等人具体联络了朝中哪些大臣，但是，从以后事情发展过程中的一些细节，似乎能够看出贾南风指使孟观等人联络了朝中的一些亲信，同时，可以说，在皇帝身边的人基本上都参与了政变的策划和实施。比如，根据《晋书·何攀传》的记载：当时身为散骑常侍的何攀“以豫诛杨骏功，封西城侯，邑万户……”可以看出，参与诛杀杨骏计划的人员是很多的。还有，作为贾家的亲戚，又是掌管禁军的右卫将军裴頠，从其对刘豫说的话和在刘豫到廷尉自首以后，贾南风就立即任命他接管左卫将军，统管左右卫这一举动中，都可以看出事前裴頠也是应该知道政变计划的；这甚至包括裴頠的叔叔裴楷。在那种情况下，也许是裴楷主动出现在杨济的视线内，当杨济问到应该如何办的时候，裴楷轻松地就说服杨济去了东宫。另外，按照贾南风斩草除根的做法和阴狠的心态，以裴楷和杨骏的姻亲关系，如果傅祗没有充分的证据说明裴楷是这次计划的外围人员，并立有大功的话，贾南风绝不会轻易地放过裴楷。因为，裴楷在贾充生前给他添过不少堵，他曾对武帝说过：“陛下受命，四海承风，所以未比德于尧舜者，但以贾充之徒尚在朝耳。方宜引天下贤人，与弘正道，不宜示人以私。”等等。还有，在洛阳的宗室重臣，贾南风也都事先进行了布置，比如，《晋书·司马晃传》记载：“将诛杨骏，以晃领护军，屯东掖门。”由此可知，贾南风依靠的是掌握兵权的皇室诸王，利用的是他们对杨骏专权的不满情绪，组织起对杨骏的围剿。

四是，政变时机。贾南风把发动的时机选择在了夜里，更增加了政变的突然性和隐蔽性。在夜晚，被袭击的人反应迟钝，头脑不清醒，难以很快做出正确的决断，而被鼓动起来的人也是如此，更容易服从，也使得政变更容易成功。

五是，政变步骤。优秀的拳击手，首先想到的不是如何很快地打倒对手，而是要保证自己不被击倒。只有在保存自己的前提下所赢得的胜利，才能称作全胜。在政变刚刚发起的时候，贾南风并没有一开始就盲目出击，而是关闭宫门，由司马允的国相刘颂、楚王司马玮等人保卫好各个宫门，一则把杨骏关在宫城中；二则是为了防备杨骏鱼死网破，拼死一搏。

六是，知己知彼。《晋书·杨骏传》上有一句耐人寻味的话，这句话是这样说的：“侍中傅祗夜白骏，请与武茂俱入云龙门观察事势……”傅祗晚上不是无缘无故不回家，就下榻在杨骏府邸上的。“夜白”二字，很容易让人想到，事情发生以后，傅祗匆匆忙忙来到杨骏家中，参与杨骏对政变的应对讨论。那么，是杨骏主动叫傅祗来的？还是他自己来的呢？武茂也许是被杨骏招来的，而傅祗呢？我们不知道。其实，傅祗还有傅祗的堂弟傅咸（傅玄之子）早就看不惯杨骏的一系列做法，也早已惹得杨骏讨厌，被视为外人了。如果不是杨骏叫来，那又是谁在这个当口派他来的呢？从以后傅祗的所作所为，我们似乎可以大胆推测：在贾南风封闭宫门，做好军事调动以后，因为她还不知道杨骏那里的底细，就派遣傅祗以一个不知情的人士身份前往杨骏府中打探！傅祗不仅探明了杨骏的意图，而且，在借故成功逃离杨府的时候，还招呼其他在座的大臣们一哄而散，把有可能为杨骏出谋划策的人们（如武茂）都吓跑，瓦解了杨骏一方的军心。从事后傅祗被重赏（先封郡公八千户，因傅祗坚决不受，减半封为灵川县公，食邑一千八百户，剩下的二千二百户封给傅祗的小儿子傅畅）这一点上来看，如果傅祗仅仅因为自己成功逃离了杨府这件事，是绝对不可能受到如此重赏的。——因为，整个事变的主角东安公司马繇才被封为郡公，食邑两万户。

七是，果断斩杀。在傅祗逃离杨府以后，贾南风知道了杨骏一方惶惶不可终日、无计可施的真实情况，就迅速展开了对杨骏的总攻，派兵包围了杨府，并在宫内高楼上射箭压制杨府卫士组织有效的反攻，掩护围府部队放火烧门，最后攻入杨府，斩杀杨骏。在扫清杨府以后，一鼓作气，将杨骏所有亲党全部逮捕或者斩杀。

一夜的血腥屠杀结束了。

杨芷毕竟是名分上自己的母亲，司马衷也不敢随便把母亲怎么样，在得知杨骏已死以后，司马衷（也可以说是贾南风）命令后军将军荀悝把皇太后杨芷关押在永宁宫，此时，杨府已成废墟，特别允许先饶杨芷的母亲庞氏一命，把庞氏和杨芷关在了一起。

于是，就有大臣上书司马衷，说："皇太后图谋危害社稷，飞箭传书，招募将士，与杨骏是同恶相济……应该召开全体大臣商量怎么处置。……应该把杨芷废为老百姓。"

朝会司马衷召集群臣商议如何处置皇太后杨芷。张华说：杨芷并没得罪司马炎，他们还是夫妻，应该称为武帝皇后，养起来。

下邳王司马晃等说：杨芷图谋危害社稷，不应该再和武帝司马炎相提并论，应该废为老百姓，关在金墉城。

最后，形成大臣们的统一意见：废太后为老百姓，不过，对她的待遇要从优。

司马衷（贾南风）还忸怩作态一番，不同意。贾南风真会演双簧，这里下诏不同意，那边又让大臣们固执地坚持原来的意见。反复几回，最后皇帝同意了。这时候，摇尾系统又开始说：过去杨芷是太后，没杀她母亲是为了宽慰太后的心，现在她已经不是太后了，当然不必要再宽慰她心了，应该把她母亲斩首。

真是环环相扣啊！贾南风又反复作态数次，最后还是同意了。

当看到士兵们把自己的母亲从自己眼前拖走杀死的时候，杨芷简直就要疯了。她紧紧地抱着自己的母亲，撕心裂肺地大哭，完全没有了太后的礼仪，也没有了昔日温婉的仪态，她把自己的头发截断，对贾南风上书苦苦哀求她能保全自己母亲的生命，甚至于对贾南风上书的时候自称为“妾”，即使如此，贾南风也根本不予理睬。

本来大臣们有所谓的对于杨芷待遇要从优的话，但是，到了第二年的二月，贾南风把杨芷身边的十余个婢女全部撤走，只剩下杨芷一个人被关押在金墉城内，断绝了饮食，杨芷在经过了八天的饥饿以后，被活活饿死，死时年仅三十四岁。杨芷死后，贾南风害怕杨芷的灵魂到天帝那里投诉，在尸体入殓的时候，“覆而殓之，”个人理解，此处还不是在脸上覆盖什么，因为如果是覆盖什么的话，会说“以……覆脸”，而是将杨芷的身体朝下入殓，并且在身上放置了很多符咒和药物！

诛杀杨骏事件，在整个晋王朝并没有得到平反昭雪。这大约可以看出，对于杨骏的专权跋扈，即使是后来的司马皇族也是不认同的。而杨芷在永嘉元年，才恢复了尊号，但是只允许在弘训宫岁时祭祀，直到东晋成帝咸康七年，才把杨芷的神主放到太庙，和司马炎一起被祭祀。

晋朝建立以来，经过了二十五年司马炎的统治，从来没杀过大臣，更不用说宗室，以致很多人抱怨司马炎对待大臣太宽容了。在司马炎去世后不到一年的时间里，晋朝宫廷上下立刻领略到了另外一种统治方法—— 一种恐怖的、血腥的贾南风式的统治。

一四二　庞大家族（一）

以贾南风诛杀杨骏为起点，开始了最为复杂，难记的“八王之乱”。

其实，我私心一直不很赞同历史上用“八王之乱”这个名词。理由是：

一是，大凡我们设计出一个名词，或者抽象出一个概念，目的就是为了便于记忆。而“八王之乱”这个名词的出现，却适得其反。把长达十六年的历史，用这八个王的混战一下子概括，不仅不如我们一点一点地记述起来便于记忆，反而，当我们想起这个名词的时候，使得对那段历史理不出一个清晰的线索。

二是，个人以为，过去的历史学家之所以想出了这个名词，是因为，在《晋书》的第五十九卷把元康以后在历史上较为活跃的八个王编成了一卷。其实，就这一长达十六年的历史过程中，不是一个“八王之乱”就可以涵盖得了的，期间发生了诸多事件。在记述历史的时候，我想，倒不如不用这个名词，而是根据历史不同时段发生的具体事件，设计相应的名词，这样，才方便我们的记忆。比如：诛杀杨骏，诛杀司马玮等。

另外，在我看来，左右这段历史的主导人物涉及晋王朝的宗室，而这就牵扯到庞大的司马氏家族。要想真正厘清其间的人物关系，首先要对司马氏家族有一个全方位的了解。

我尝试着先把西晋时期这个庞大的司马氏家族逐一列出，对于在历史上有所作为的人物，先简单提醒；对于没有什么事迹的人物一笔带过的方法，试图让大家有一个较为完整并且较为清晰的了解。

我们知道司马懿有八个兄弟，司马懿是老二。

大哥司马朗—司马懿—司马洪（过继，原为司马望之子）—司马混—司马滔—司马望（过继，原为司马孚之子）—司马威（司马洪之子，直接继承自己的爷爷）。

老大司马朗这一支，没什么特别要说的事情，只是司马望的孙子司马威，小字阿皮，在赵王司马伦谋逆的时候，还有点小事。

老二司马懿，我们过去说过，他一共有九个儿子：司马师、司马昭、司马干、司马亮、司马伷、司马京、司马骏、司马肜、司马伦。

——司马师——司马攸（过继，原司马昭之子）——司马蕤（过继给辽东王司马定国）。

——司马冏——子司马超、司马冰、司马英后均殁于石勒。

——司马赞（过继给广汉殇王司马广德，六岁死）。

——司马寔（过继给广汉殇王司马广德）。

——司马昭，一共有九个儿子，司马炎、司马攸、司马兆、司马定国、司马广德、司马鉴、司马机、司马永祚、司马延祚，但是，其他的除了早死，就是无名，只有司马炎、司马攸兄弟两人比较知名，其他的不说也罢。

——司马炎，我们也曾经说过，一共又有二十六个男孩子，不过只有司马衷（晋惠帝）、司马柬、司马玮、司马乂、司马允、司马晏、司马遐、司马颖、司马炽（晋怀帝）九个较为著名。

——而司马衷一个儿子，就是谢淑妃给他生的太子司马遹。

——司马柬没有儿子，以弟弟司马允的儿子司马郁为子，后来，和自己的亲父亲司马允一起被杀。

——司马玮儿子司马范，后被石勒所杀。

——司马乂儿子司马硕，后殁于刘聪。

——司马允三个儿子均被司马伦所杀，后以司马冏子、司马超为子，司马冏败后，司马超被幽金墉城，又以司马晏子、司马祥为子，后为刘聪所杀。

——司马晏虽然是司马炎儿子中最蠢的，但是却有四个儿子：大的不知道叫啥，和司马晏一起在洛阳被攻陷的时候被杀；另外三个司马祥、司马邺（就是西晋最后一个皇帝，晋愍帝）、司马固。

——司马遐四子：司马覃、司马籥（音：月）、司马铨、司马端。

——司马颖儿子：司马普、司马廓，均与其父一起被杀。

——司马炽无子。

——司马干，儿子司马永。

——司马亮，五子：长子司马粹（早死）、次子司马矩（贾后杀司马亮的时候，与司马亮一起被杀）、司马羕、司马宗、司马熙。

——司马矩儿子司马祐。

——司马羕，在爸爸司马亮被杀的时候，才八岁，和裴楷一起逃到王浑家，一夜八次换地方，逃避了被杀，后南渡长江。

——司马宗，后南渡江。

——司马熙，后殁于石勒。

——司马伷，四子：司马觐（早死）、司马澹、司马繇、司马漼。

——司马觐儿子司马睿，即晋元帝：东晋的第一个皇帝。

——司马澹、司马繇我们很快就要说到。司马澹儿子司马禧，司马禧儿子司马喆，被石勒所杀。

——司马繇，无子。

——司马漼儿子司马融。

——司马京，早死，无子，以司马昭子司马机为后。

——司马骏，有十个儿子，其中只有司马畅，司马歆最为知名。

——司马畅，在刘聪攻陷洛阳以后，不知道下落。

——司马歆，无子，以司马畅的儿子司马郜为子，永嘉末年，殁于石勒。

——司马肜，无子，以哥哥司马伷儿子司马澹的儿子司马禧为子，与父亲司马澹、自己的儿子司马喆一起殁于石勒。

——司马伦，与儿子一起被司马肜所杀。

以上还仅仅是司马朗和司马懿两家的大概人物，下一节，我们继续说司马懿弟弟们的情况。

一四三　庞大家族（二）

司马懿的三弟，司马孚和他哥哥司马懿一样是个高产父亲，和司马懿一样有九个儿子，精力旺盛的男人一般事业都有成？

司马孚的九个儿子，分别为司马邕、司马望、司马辅、司马翼、司马晃、司马瑰、司马珪、司马衡、司马景。

老大司马邕：死于老司马孚之前，邕子司马崇为世孙，早夭，泰始九年，立崇弟平阳亭侯司马隆为安平王，咸宁三年，又死，司马孚的安平国绝了。

老二司马望：过继给司马朗，司马望有四个儿子：司马弈、司马洪、司马整、司马楙。司马弈和司马整都早亡，就让长孙司马奇继承了司马望的爵位。史书上记载，这个司马奇真是出奇的贪婪，托朝廷的使者去南方给他做生意，结果被发现，剥夺了爵位，让老二司马洪的儿子司马威继承，后来司马威被杀，又恢复了司马奇的继承权。老二司马洪一共有两个儿子：司马威、司马混。老三司马整死后，留下儿子司马迈太康九年，被封为随郡王。老小司马楙为散骑常侍、尚书，善于谄谀，与东安公繇关系很好。

老三司马辅：咸宁三年，为太原王，监并州诸军事。死后，儿子司马弘、孙子司马铄分别继承爵位。

老四司马翼：很早就去世了，以司马邕的一个庶子司马承继承。

老五司马晃：谦虚下士，很有名望。惠帝继位后为车骑将军，加散骑常侍，参与了诛杀杨骏。两个儿子，一个早死，一个有病，只好以哥哥司马辅的第三个儿子司马韡为后。

老六司马瑰：先被封为太原王，死后儿子司马颙立，徙封为河间王，为“八王之乱”其中一王。

老七司马珪：以太原王司马辅的儿子司马缉袭爵，司马缉也死了，又司马颙的儿子司马讼为司马缉的后代。

老八司马衡：早死，无子，以老大司马邕第四子司马敦为嗣。

老八司马景：儿子司马滔继承。

司马懿的四弟司马馗：有三个儿子司马权、司马泰、司马绥。

老大司马权：为北中郎将、都督邺城守诸军事。儿子司马植立。

老二司马泰：代兄司马权督邺城守事，又为镇西将军，领护西戎校尉、假节，代扶风王骏都督关中军事。司马泰是晋朝宗室中少有的谦恭勤俭的人，吃饭穿衣就像老百姓一样，甚至于参加朝会的时候，不认识的，根本不会想到他竟然是王公贵族。和堂兄弟司马晃一样很有声望。司马泰有四个儿子：司马越、司马腾、司马略、司马模。司马腾曾任持节、宁北将军、都督并州诸军事、并州刺史。永嘉初，迁车骑将军，都督邺城守诸军事，镇邺。司马模，永嘉初，转征西大将军、开府、都督秦雍梁益诸军事，代河间王颙镇关中。

老小司马绥：儿子司马虓。

司马懿的五弟司马恂：一个儿子司马遂，又有二子：司马耽、司马缉。

司马懿的六弟司马进：两个儿子司马逊、司马睦，其中司马逊又有二子：司马随、司马承。

司马懿的七弟司马通：三个儿子司马陵、司马顺、司马斌。司马顺在自己的堂侄子司马炎受禅的时候，叹息道："现在做的这事，跟上古时代唐虞的禅让根本不是一回事，还整个禅让的名！"后被流放而死。

司马懿的八弟司马敏史书未见记载。

我们明白了这个庞大的家族和相互之间的复杂关系，虽然现在读起来稍显枯燥，但是在以后的历史进程中，回过头来对照起来看，就会使得我们对相关人物之间的关系有一个立体的认识。

一四四　二相辅政

三月八日“妇女节政变”以后，第二天，贾南风就大赦天下，并且把这一年又改为元康元年。

公元290年和公元291年就这两年，年号叫人眼花缭乱，公元290年司马炎自己改成太熙，太熙了四个月，司马炎就死了，杨骏一看司马炎死了，立马就改成了永熙。大臣们说皇帝刚死不过年就改元不和礼仪，终于到公元291年过了年，杨骏就又一次改元为永平，刚到三月，贾南风妇女节政变就杀了杨骏，贾南风又把年号改为元康。满打满算，杨骏也就专权了十个月，就身首异处！

在这充满了血腥的十天里，司马伷的三儿子东安公司马繇可算是出尽了风头。

史书记载，司马繇之所以能够参加到政变中，是因为当时他是皇帝身边的散骑常侍，此人相貌最大的特点是像关羽一样是美髯，性格也像关羽一样刚毅，有威望；不仅如此，而且还博学多才。既然司马繇是皇帝司马衷身边的人，当然深得皇帝和贾后的信任，所以，在发动政变的时候，既不是资格老的下邳王司马晃，也不是年轻气盛的楚王司马玮，而是一个仅仅为“公”的司马繇指挥全部的部队。这里面当然大有玄机了，归根结底当然还是信任问题了，毕竟诸王属于另立门户的人，不是皇帝身边的人。二则，司马繇地位较低，号召力也不强，并且，只是一个皇帝的侍从，没有自己的军队，让他总统诸军，避免主导政变的人会反戈一击。

当时，司马衷即拜司马繇为右卫将军，直接领射声校尉，加侍中，兼典军大将军。当天，诛杀的和赏赐的共三百多人，全部都是司马繇一个人说了算——当然，既有滥杀的，也有滥赏的，下面的人也因为争功对司马繇颇有微词。

过了十天，即三月十九日，司马衷征召汝南王司马亮当太宰（上三公之一）

和太保（上三公之三）卫瓘同时主管政府机要（录尚书事），掌权辅政，二人均为剑履上殿，入朝不趋——就是说觐见皇帝的时候可以身佩宝剑，并且可以不“趋”，就是进入宫廷以后，不用小步快跑了，只用正常走路就成。——任命秦王司马柬当最高统帅（大将军），东平王司马楙当抚军大将军，楚王司马玮当首都卫戍司令（卫将军）兼中央禁军总监（北军中侯），下邳王司马晃当国务院总理（尚书令），东安公司马繇晋升王爵（东安王），当国务院左执行长（尚书左仆射，《晋书》本传记载为右仆射）。封董猛当武安侯，三位老哥也都封三等侯爵（亭侯）；孟观封为上谷郡公，李肇也被封为郡公，两人都升官为积弩将军。

后世的史学家以后来发生的事情，逆推说贾南风把司马亮和卫瓘推到前台，其目的是为了除掉二人，从而证明贾南风阴险毒辣等等，对此，个人的确不敢认同。虽然本人对贾南风同样厌恶至极。但是，个人认为，贾南风在任命司马亮和卫瓘主政之初，应该不存在要借刀杀人、除掉二人的意思。

这是因为：宫中的积怨和杨骏咄咄逼人的攻势，使得除掉杨骏势在必行。在除去杨骏以后，贾南风的确需要一个德高望重的重臣来稳定人心。这是客观需要。

而在贾南风看来，司马亮和卫瓘都是被杨骏排挤的对象，所以，二人应该，也的确是杨骏的政敌。按照敌人的敌人是朋友的原理，在打倒杨骏以后，任用二人应该是没有问题的；同时，二人可谓硕果仅存的晋朝重臣，在咸宁初年的时候，司马亮就已经被司马炎任命为宗师了，当时，因为宗室庞大，相互之间不相统属，司马炎就让司马亮统一掌管宗室；而卫瓘则是当时庶姓大臣中年龄最长声望最高的人物，以之辅政可起到稳定政局、笼络庶姓朝臣之效，因此，二人一个代表宗室，一个代表庶姓大臣。这是客观的可能性。

从以后的事件发生进程来看，首先要和贾南风作对的是司马繇，然后是一个小人物基于个人利益，而对贾南风报告说司马亮和卫瓘企图要废掉贾南风，才促使贾南风出手。详细情况，我们以后再说。

且不说司马亮如今的高位，仅仅看司马亮原来宗师的职责就是对于宗室“训导观察”，司马亮的到来，让不少一直对司马繇赏赐不公愤愤不平的人找到了诉苦的主。

司马亮解决司马繇赏罚不公的办法，不是重新进行公平的评定，而是为了收买人心，对于诛杀杨骏有功人员在原有的基础上，普遍地又加赏，以致中下级军官晋封侯爵的多达一千零八十一人。在司马亮看来，原来你以为封赏得不够，那我现在给你加封，你不就没意见了吗？其实，大凡不满在于不公，而不在于多少，正可谓“不患寡，而患不均”，在原来的基础上，都还是原样的增加封赏，不但不能解决原来的不公，而且，这种超越规矩的滥赏也使得没参与政变的人员更加失落。

当时，就有人提出异议。总监察官（御史中丞）傅咸写信给司马亮说：“这次因功而升官晋爵的，人数之多，多到震动天地，从古到今，从来没有看到过这种事情。没有功劳而受赏赐，人们谁不喜欢国家发生灾乱？是培养无穷的灾乱之源。这些措施，都是东安公司马繇出的主意。人人都认为，殿下抵达京师后，自会纠正，纠正合乎正道，大家怎么会愤怒？而大家所以愤怒，在于不公平。而今奖赏之滥，比司马繇所做的，更加两倍，没有人不感到失望。”

除了厚赏以外，在司马亮和卫瓘不足一百天的掌权期间，他们还做了以下几件事情。

一是，人事安排。因为秦王司马柬被封为大将军，所以，关中重地应该选择另外一个宗室重臣前去镇守，于是，任命梁王司马肜为征西大将军、都督关西诸军事。从傅咸劝告司马亮的话中，也可以看出，司马亮专权，任用私人，比如傅咸说司马亮：“近来我经过你的门前，戴官帽的人和华丽的车马，塞满大街小巷。……夏侯骏没有一点功劳，竟早地拔葱，突然跃到宫廷供应部长（少府）高位，大家都说：因为他是你的姻亲，所以才有此奇迹。”

二是，废黜司马繇和司马楙。司马繇虽然是司马澹的弟弟，但是，司马澹却各个方面都不如司马繇，论长相，人家司马繇是美髯公，论品行，人家比自己声望高。在家里，父亲司马伷和母亲诸葛太妃也都喜爱司马繇，司马澹的老婆也姓郭，是贾南风的表妹，这郭家的女人都是那样凶悍，对诸葛太妃也不好，所以，父亲母亲就更加喜爱弟弟司马繇了，因此，司马澹对这个弟弟恨之入骨，形同敌人。司马澹看到自己的弟弟在诛杀杨骏运动中表现如此抢眼，越想心里越不是滋味，就多次在司马亮跟前打小报告，说自己的弟弟专权，随意赏罚——这也的确是司马繇的失误之处。开始的时候，胆小怕事的司马亮并不想对司马繇怎么样，因为，当时的司马繇还领着右卫将军，司马亮也不想去碰他。然而，就在此时，司马繇却想废掉贾南风，这不能不说是一个很严重的问题了。于是，司马亮上书皇帝说司马繇一是专行诛杀赏赐，把和自己关系好的司马楙也拉进功臣行列——

司马楙善于献媚，原来是杨骏党羽的，本来是应该被诛杀的；二是在诛杀杨骏中骑墙观望，要求把司马繇和司马楙免官。于是三月二十七日，司马衷下诏把两人免官，免官以后，又借口司马繇在家中口出恶言，遂放逐司马繇到遥远的带方郡（今朝鲜半岛沙里院城）；把司马楙遣返回他的东平封国。

三是建议诸侯王全部都回到封国去（当然不包括自己）。司马亮和卫瓘产生这样的想法也很自然，刚刚经历了大乱的首都，依然驻扎着各自领着亲兵的虎视眈眈的诸王，的确不是什么好事。不过，两人产生这个动议的直接原因，却参杂了不少其他成分，他们最主要的矛头就是对准了在诛杀杨骏中立了大功的司马玮。让我们回过头来看看对于司马玮的任命——领北军中侯！楚王玮因引兵入朝诛骏而由方镇长官一跃而成为禁卫军司令。而这个司马玮却是“少年果锐，多立威刑”，不仅让司马亮、卫瓘，而且也让“朝廷忌之”。于是，司马亮召集众臣在皇帝司马衷面前开会讨论，让所有的诸侯王归国，自然你司马玮也不例外，你的北军中侯自然要被免去。众臣没一个敢出声的，只有卫瓘发言表示赞同，于是会议决定免去司马玮的北军中侯的位置，让临海侯裴楷担任，这把司马玮气得半死——是谁立了大功？没我，有你司马亮吗？这不明摆着过河拆桥嘛！裴楷形同罪犯，差点被杀，现在竟然成了功臣！——玉人裴楷也不敢火中取栗，那么重要的职位，就是不敢接受。

为什么司马亮、卫瓘那么看好裴楷呢？一看《晋书·裴楷传》就一目了然了：“楷长子舆先娶亮女，女适卫瓘子。”也就是说，裴楷的大儿子裴舆娶的司马亮的女儿，两人是儿女亲家；可是裴舆早死，司马亮的女儿又再嫁给了卫瓘的儿子，司马亮和卫瓘又成了儿女亲家，三个人其实是连环亲家。（另有一种翻译：裴舆和司马亮的女儿结婚以后生下女儿，嫁给了卫瓘的儿子，不过，如果这样翻译的话，头一句话里的“先”字就不好解释了，另外，两句中间就应该加上一个“生女”）

在司马玮看来，司马亮和卫瓘你们做得也太过分了。发动政变的时候，你司马亮不敢；等政变成功了，你司马亮抖起来了；你抖起来也不打紧，你冲别人抖去，别在我面前玩火！但是，恼怒归恼怒，司马玮还没想把司马亮和卫瓘怎么样——毕竟人家是爷爷辈的人，既是宗师，又是太宰，我又能怎么样呢？

一四五 诛杀二相（一）

然而，事情因为一个小人物的私心又发生了转机。

当小人物准确地把握住大人物们的心思，就能左右大人物的决定，从而最终影响到历史的进程。而如今，这个人物就是楚王司马玮的舍人岐盛。

此人过去和杨骏关系很好，为杨骏出谋划策，杨骏倒台以后，立即见风使舵，攀上了楚王司马玮。卫瓘曾是杨骏的仇敌，当初，卫瓘被杨骏设计，不仅失去了亲爱的儿子卫宣，还弄得狼狈不堪，惶恐逊位，以杨骏的智力，绝难想出此等隔山打炮般的妙计。想必此计就出自岐盛等人吧？

卫瓘算计了一辈子别人，到老了，竟然栽在后生手里，他能善罢甘休吗？

岐盛也明白，自己必须抱住楚王这个粗腿不放，如果楚王倒台，自己小命也难保。他就和楚王司马玮的长史公孙宏一起劝说司马玮：要摆脱被司马亮和卫瓘鱼肉的命运，那就只有结好皇后贾南风，请求皇后出面留下自己，只要自己有朝廷上的官职，就可以不被发配到封国。

结好女人的办法无非有四种：一是表示忠诚；二是送上财物；三是结好女人身边的人；四是送上肉体。

我们不知道楚王究竟做了些什么工作，从后来贾南风的亲信积弩将军李肇对岐盛和公孙宏言听计从这一点来看，起码楚王做到了第三点，至于另两点，大约也是必备的吧。

在贾南风的干预下，司马衷把原来的太子太傅王戎改任为尚书右仆射，而任命楚王为太子太傅——给司马玮一个虚职，给王戎一个实职——刚狠的让你务虚去，免得你生事，把你留在朝中对于司马亮和卫瓘也是一个制约；把文人王戎拿来从事行政工作，不怕你能怎么样，而且，我们还是亲戚。

这样的安排虽然不能让司马玮十分满意，但是，毕竟自己留在了京师，只要留在京师，就有可能对朝政有所影响，虽然自己不能够再指挥禁卫军，但是自己还有自己的亲兵！

即便如此，岐盛还是听说了卫瓘将要逮捕自己的消息！

怎么办？

事不宜迟，岐盛赶紧找到公孙宏商量，怎么样才能迅速扳倒司马亮和卫瓘？

二人合计了很久，得出的结论是：要想扳倒司马亮和卫瓘，就必须让皇后贾南风出手，利用皇帝才能免去二人的官职。

而要想让贾南风出手，就必须让她最亲近的人向她传播司马亮和卫瓘要谋反的谣言，唯其如此，才能吓着这个身居后宫、权力欲又很强的皇后。

岐盛和公孙宏私下里找到了李肇，对李肇说是奉了司马玮之命，请求通过李肇向皇后密报，司马亮和卫瓘企图行废立之事。

岐盛和公孙宏二人想必也不是一般的人物。

因为，贾南风是知道司马玮是深恨司马亮和卫瓘二人的，叫贾南风相信来自司马玮方面的密报，应该要编出很多所谓的证据的吧？因为，能够说出天衣无缝的谎话，并且，打动被说者内心最为敏感的那一根神经，似乎也是需要一定本事的吧？

总之，二人在贾南风面前竟然说动了贾南风！

在贾南风看来，我没有主动生心要害你们两个，你们凭什么要想先生心害我？

从嫁给司马衷开始，心里一直处于紧张状态、为自己的地位和自己老公的身份时刻担惊受怕的贾南风，对此特别敏感，她想起了卫瓘的拍床之举、想起了司马亮几十天来越来越跋扈的模样、想起了朝中慢慢膨胀的司马亮和卫瓘的势力，她开始相信了岐盛和公孙宏的密报！

在此，我无意为贾南风涂脂抹粉，她还是那样的无耻、丑陋，令人作呕。但是，根据史料的记载，贾南风的确不像有的史学家认为的那样，从立司马亮和卫瓘之初，就已经计划出了第二次政变和以后诛杀司马玮的连环计！

在我看来，她还没那么聪明。

因为，从史料上来看，贾南风决定诛杀司马亮和卫瓘，固然有自己进一步专权的内心动力，但是，她开始并没有主动生心，而是被岐盛和公孙宏所误导的，

《晋书·楚王玮传》记载，贾南风在听了岐盛和公孙宏的谎言以后，“后不之察，”这句话很关键，这句话就说明了，当时，在二人的花言巧语之下，贾皇后并没有看透二人的谎言，而是真的认为司马亮和卫瓘马上要对自己下手了。

一旦决定了去做一件事，就立刻表现出了贾南风思维缜密的特点来。

她又一次选择了夜里发动、又一次躲在幕后、又一次让她的丈夫皇帝司马衷亲手写下诏书、又一次在诏书上留有余地。

公元291年六月的一天晚上，宫中黄门将诏书下达给了司马玮，诏书的内容一定经过了贾南风的再三斟酌：“太宰（司马亮）、太保（卫瓘），打算效法伊尹、霍光。你可宣布诏令，命淮南王（司马允）、长沙王（司马乂）、成都王（司马颖）率军驻屯各宫门。撤销司马亮及卫瓘的全部官职。”

岐盛和公孙宏终于成功了，他们两个两头欺骗，终于促成了皇帝下达了这样的诏书。

可是，并不知情的司马玮对于这项突然而来、将会造成巨变的诏令，深感不安，他认为这件事情非同小可，后果极其严重，而诏书又写得不明不白的，因此，司马玮还打算再行奏报皇帝，加以证实，禁宫来的侍从宦官对司马玮神秘地说：“那样做可能使消息走漏，就不是密诏的本意。”

诏书上还是仅仅写上只是撤销司马亮及卫瓘的全部官职，如果仅仅是这样的话，有必要那么神秘？弄那么大的动静？贾南风依然是“先为不可胜”。让越骑校尉、散骑常侍、车骑将军成都王司马颖，淮南王司马允，步兵校尉、长沙王司马乂分别领兵屯守各个宫门。为什么要这样做？在政变的时候，首先要加强宫廷的防御，对付司马亮和卫瓘可能的反噬，这固然是主要原因，但是，在贾南风看来，司马玮向自己密报司马亮和卫瓘叛乱的消息，（她也不知道司马玮其实并不知情）司马玮就一定可靠？让三王守宫当然也有防备司马玮的意思。

假如当时司马玮坚持问清楚怎么回事呢？仓促之间也没办法问清楚，即使问清楚了，此时，箭在弦上，也不得不发了……岐盛和公孙宏算计得很精！

而司马玮正好也想利用这项密诏公报私仇，遂紧急动员中央禁军（北军——晋朝的中央军只有内军和外军之分，北军就是全部的内军，即禁卫军；外军就是城外的中央军），也许，司马玮也担心自己被贾南风给卖了，仅仅用自己的部队去做这件事，如果被司马亮和卫瓘调动城外的军队反击成功的话，那笑话就大了。于是，为了确保洛阳周边所有的部队都控制在自己的手上，确保其他部队不被司马亮和卫瓘带走，司马玮的确假传了圣旨，自己写下书面命令召集首都城内城外三十六军："上天要祸害晋朝，乱事接连发生，刚刚过去的杨骏之乱，完全是依靠大家齐心协力才得以平定。现在司马亮、卫瓘，阴谋叛逆，他们想废黜皇帝，断绝武帝这一支的继承权。今天，我奉命免掉他们二人的官职，并受命担任全国各军区总司令长官（都督中外诸军），正在岗位上值班的警卫，加强戒备；其他所有武装部队，立即前来指挥部报到，讨伐叛逆。助顺讨逆，是上天保佑的。现在，朝廷悬赏，来等待将士们尽忠报效。我说的这些话，可以对皇天后土发誓！"再假传圣旨让司马亮和卫瓘把各自的官印交出来，然后回到各自的封国，并说："司马亮、卫瓘部属，一概不问，全体解散，各回私宅。如果抗拒诏书，便军法从事。能率领自己的部属投降的，封侯受赏。朕不食言。" 至于说的三十六军应当为晋国中央军的总兵力。（《资治通鉴》胡三省注曰："晋洛城内外三十六军。"）

在集结了晋朝全部的精锐以后，司马玮命公孙宏、李肇率军包围司马亮王府，命自己的弟弟侍中、抚军将军、清河王司马遐去逮捕卫瓘。

一四六 诛杀二相（二）

奉命包围司马亮王府的公孙宏、李肇，迅速率军来到司马亮的王府。

听到外面部队集结，司马亮的帐下督李龙，急向司马亮报告："外边有变，请火速调兵抵抗。"

司马亮不肯——其实，即使按照李龙的建议，调集自己的亲兵也是无能为力的，因为，司马玮包括贾皇后，早已做好了应对反抗的一切准备，你一个王爷的护卫亲兵，能抗拒全部的中央军吗？如果真的反抗，更会给人以口实。转眼之间，公孙宏、李肇军队已包围了王府，士兵们已经攀上院墙，大声呼喊。

司马亮惊骇地说："我没有二心，为什么这样相待，如果有诏书，请把诏书见示！"

公孙宏根本不予理睬，督促军队继续朝府中攻击。

司马亮的秘书长刘准对司马亮说："看他们拒不出示诏书这情形，定是一场奸谋，王府中英雄才俊，多如树林，仍可以一决生死。"

司马亮仍然不肯。

很快地，司马亮就被积弩将军李肇生擒，他叹息说："我一颗赤心，可以剖给天下人看。"

士兵们把司马亮拖到一辆车子底下。

当时，天气炎热，人们怜悯这位老王爷，用扇子给他扇凉，将要到第二天的中午，还没有人敢对他下手。

此时的司马玮掌握着全部的中央部队，可谓权势熏天，他担心日久生变，于是下令："砍下司马亮人头的，赏布一千匹。"

重赏之下必有勇夫。

于是，人们一哄而上，把司马亮的人头砍下，他的人头被抛到宫门北墙外，胡须头发、耳朵鼻子，全部被损毁。他的世子司马矩，也同时被斩首。

杀掉司马亮这一明确的指示，的确出于司马玮之口。

在发动政变那天晚上，司马衷的诏书并无要杀掉司马亮的意思，也许，有贾南风的口谕，所以，才有司马玮想进一步确认之举；也许，司马衷和贾南风根本没指示要杀掉司马亮，而杀掉司马亮的意思真的是出于刚狠的司马玮自己。因为，对于贾南风而言，司马亮、卫瓘不过是其专权的障碍，二人均为朝廷中的人望，将其打压下去其实比杀掉他们要好得多；而对于司马玮来说，情况就不同了，自己已经破了人家的家，双方早就结下了不共戴天之仇，既然如此，那就不如做事做绝，杀掉你算了。

这种推测也仅仅是个人的推测而已，不过，《晋书·贾充附贾模传》有一句不起眼、却很耐人寻味的记载："及楚王玮矫诏害汝南王司马亮、太保卫瓘，诏使模将中驺二百人救之。"

中驺就是殿中骑兵。贾模是贾充的侄子，是贾南风的堂哥，贾充自己没有儿子，因此，贾模和贾充关系很紧密。这句话清楚地记载，在一片混乱中，当时的司马玮的确超出了皇帝皇后预定的计划，不仅把京师全部的军队都弄到自己手下，而且，还企图杀掉司马亮和卫瓘。

在听到这个消息以后，司马衷和贾南风没有其他的办法，匆忙之间，派出殿中的骑兵，让自己的堂哥亲自率领前去营救两位老臣。贾模绝非一般人可比，根据《晋书》卷三十一《后妃上·惠贾皇后传》记载："侍中贾模，后之族兄；右卫郭彰，后之从舅。并以才望居位，与楚王玮、东安王繇分掌朝政。"不仅个人才能很高，而且人望很好，他亲自出马去营救司马亮和卫瓘，我们不能还闭着眼睛说："杀掉司马亮和卫瓘是贾南风的主意！"

而真实的情况极有可能是：

在听到贾模来救的情况下，司马玮急于杀掉司马亮，才说出了砍下司马亮人头赏布一千匹的话来；另外，我们对比诛杀杨骏事件来看，如果杀掉司马亮和卫瓘是出于皇帝、皇后的意思，那么，以贾南风的阴毒，势必要诛灭二人三族，但是，实际情况却是，司马亮和司马亮的世子是在司马玮的重赏之下，被乱兵所杀。同时，《晋书》每当提到此事，均用司马玮"矫诏"二字，也充分说明了杀掉司马亮和卫瓘并非司马衷或者说贾南风的本意，起码当天就这样稀里糊涂地杀掉司马亮，对于最高统治者来说，十分不利。因为，作为最高统治者来说，是掌握着话语权的，贾南风即使想杀掉二人，完全可以在事后通过有关部门举报等等一系列“合法”的程序，冠冕堂皇地诛杀二人，从而使自己的行为披上合法的外衣。

我们没有采信贾南风一开始就有了接连诛杀司马亮和司马玮的通盘打算（不少人所谓的“连环计”），虽然，事态的发展呈现出连环计的走势，但是，以后的一件事，使得我们确信，在政变（在贾南风看来是自卫）中，起码贾南风还没那么高明。这件事我们很快就要说到。

回过头来，继续说那天夜里发生在卫瓘家里的事情。

统率部队逮捕卫瓘的清河王司马遐，当时才十九岁，曾经做过右军将军，现在为抚军将军。此人我们过去说过，长相很好，可惜是个“银样镴枪头”——中看不中用的主，性格懦弱，“无所是非”，根本没什么魄力，也不能很好地控制部队。

最初，卫瓘当司空（最高监察长）时，所属帐下给使荣晦犯法有罪，卫瓘诟骂他，把他逐出了司空府。此人对卫瓘一直怀恨在心，后来，荣晦被安置在右军服役，这次也随着司马遐来收捕卫瓘。

包围卫瓘府的部队没有费多大事就结束了任务，荣晦在外面大叫有诏免掉卫瓘的官职。卫瓘的身边人担心司马遐所带的诏书有假，劝说卫瓘：“根据礼仪和刑法，像您这样的宰相重臣，没有这样子处分的，请求抗拒来人。等到自己上表问清理由，皇帝再回报了，到那时候，即使被杀也不迟啊。”

卫瓘没有答应，而是下令立即打开府门，让士兵们进府。

府门一开，荣晦就领兵进来，宣读诏书，收取卫瓘的印章和作为侍中的特殊标记——貂蝉（玉制装饰品），催促卫瓘出府，并登记卫瓘的儿孙姓名，依次由士兵押解出府，和卫瓘一起关押在东亭道北的园子里。

荣晦为报复过去羞辱，一时之间下令杀掉卫瓘（年七十二岁），并斩卫瓘的三个儿子卫恒、卫岳、卫裔跟孙儿共九人。卫恒的两个儿子卫璪、卫玠，因为有病在医生家住院而得以幸免。卫恒当天晚上出事的时候，从墙洞中爬出，找到嫂子的父亲何劭（何曾之子）问情况，何劭知道事情的缘由却不告诉他，等卫恒回来的时候，士兵们正在卫瓘家的厨房里吃饭，看到卫恒以后，顺势也把卫恒抓住。卫恒和自己的父亲卫瓘一样书法都很好，曾写下《四体书势》等阐述书法艺术。

“散兵不由将。”

无能的司马遐根本禁止不住荣晦。司马遐也因此“为世所尤”。

虽然在这场动乱中，最大的得利者是贾南风，但是，此时司马玮的所作所为的确超出了贾南风的初衷，政变在异常混乱中进行着。

一四七 诛杀楚王

如果《晋书·汝南王亮传》记载无误的话，这场政变持续的时间应该是这样的：晚上皇帝下诏司马玮，司马玮接着召集内外军，开始围攻卫瓘和司马亮的府邸，顺利逮捕二人，此时天色已亮，杀了卫瓘；当天晚上，司马玮想到裴楷曾经被提名担任北军中侯，秘密派人去诛杀裴楷，裴楷带着司马亮八岁的儿子司马羕，一晚上挪八个地方，躲来躲去，最后跑到自己的老丈人王浑家，才幸免于难。到第二天中午，司马玮终于杀了司马亮；第二天下午一直到晚上，部队全部聚集在洛阳城内。

而当时的情况，根据《资治通鉴》的记载是："是时，内外扰乱，朝廷凶惧，不知所出。"

也就是说，事态的发展超出了密谋者的预料，包括贾南风在内，也不知道该怎么收场。因为此时的情况是：

楚王司马玮矫诏已经成为事实：他诛杀了司马亮和卫瓘这两个朝廷的人望，不仅宗室再无一个年龄较大、统领全族的大人物，庶族大臣中也失去了一个望重的重臣——我不想用德高二字形容两人，因为，两人还不配。

同时，司马玮如今成了洛阳城内最有权势的人物，他同样的矫诏成为武装部队最高司令，都督中外诸军。——处理司马亮和卫瓘，根本不需要那么多军队，司马玮如今意欲何为?

而此时，好乱乐祸的岐盛对司马玮说："如今，您应该趁着大权在握，趁机杀了贾模和郭彰一党，诛灭外戚，使王室强盛，安定天下。"《晋书·贾充传》记载：（郭彰）是"贾后从舅也。与贾充素相亲遇，充妻待彰若同生"。

司马玮犹豫未决。

原因很简单：司马玮虽然刚狠，但是一直是功狗，而非猎人。他每次出手，也都是受人指挥，一个习惯于接受命令的人，突然让他转变思维模式，顺利转型为一个发布命令、左右历史走向的人，他一时间还接受不了。

失去了这个千载难逢的时机，也的确可惜；可是，想要利用这个千载难逢的时机，攻入宫中，废掉贾南风，就一定是易如反掌的吗？驻守宫门的三王真的会听命于自己？如果哥哥司马衷站出来说话，外军一哄而散，怎么办？

大凡犹豫一是因为决心，二是因为左右为难。而司马玮的犹豫，则是没有一点心理准备。

在发动政变之前，岐盛和公孙宏并没和自己通气；突然接到诏书，考虑还算周全，没有忘记把外军也弄来；为了泄愤和自保，自己已经乘机杀了司马亮和卫瓘二人，此时，自己突然成了部队的最高统帅，那下一步该怎么走呢？自己此时也不敢立即解兵，如果身边什么也没有，不要说司马亮和卫瓘的亲党一定会反攻倒算，就是皇上、皇后一翻脸，追究起自己的矫诏之罪的话，自己也百口莫辩，死路一条啊！但是，就这样一直拖下去，毕竟不是办法。

“亢龙有悔”也许说的就是这个道理，事物的一种态势不可能一直处于激荡的状态中……中午，贾模领兵去救司马亮，其实已经显示出贾家对自己的举动不满了。

一整夜，人们都在忐忑不安中度过。

这时，天色已亮，另外一个同样无情的阴谋也在同时进行着。

从头天晚上贾南风命令司马玮废黜司马亮和卫瓘，到第二天司马玮成功处治了二人，事情宣告完结。然而，又经过半天一夜，洛阳的局势仍然还处于混乱之中。按理说，你司马玮既然已经完成了任务，就应该复命、解兵，为什么你还拥着重兵？你司马玮难道说真的是想借废黜司马亮、卫瓘，骗取诏书，并趁机杀了二位大人，然后，想独霸朝廷，行于自己不利的事情吗？贾南风不会不这样想。

以司马玮的刚狠无情，他什么事情做不出来？想到这里，估计贾南风不禁会脊背冒汗，但是，她又想不出什么办法。证据之一是《晋书·张华传》的记载：（此时）“内外兵扰，朝廷大恐，计无所出。”

而此时，救命的太子少傅（太子三少之二）张华来了。《资治通鉴》说，张华通过贾南风亲近的宦官董猛，建议贾南风，说：“楚王司马玮一连诛杀二位上公，天下权威将全部到手，身为人主怎么能够平安？最好乘他的权力还没有稳固，指控他擅自杀戮，把他除掉。”张华的建议正合贾南风的心思，她也正打算利用这个机会除掉司马玮这个刚狠的小叔子，因此，对张华的建议，完全同意。——但是，我找不出此种记载的出处。

而《晋书·张华传》的记载与此不同。上面记载，张华看到此种情况以后，向皇帝司马衷建议说：“司马玮矫诏擅自诛杀二位上公，那是因为仓促之间，将士们不明就里，还以为是皇帝的意思，所以，才跟从他。如今，可以拿出解斗的驺虞幡，让外军解散，外军看到驺虞幡，应该会立刻听命解散的。”

结合两处记载，张华当时应该是先说通贾南风，后说服皇帝，并对皇帝说出了平息事变的具体办法。

驺虞幡，是一种上面绣着“驺虞”的长条状旗帜，是晋朝皇帝的符节之一，用来解斗。《诗经·召南·驺虞》上说，驺虞，又名“驺吾”“驺牙”，是古代民间传说中一种奇异的仁兽，长得像老虎，身上有黑色条纹，尾巴比身子还长，性情仁慈，不吞吃有生命的东西，不践踏青草。看到驺虞幡，就说明皇帝要求大家放下武器，不再战斗。清赵翼的《廿二史劄记》卷八记载：“晋制最重驺虞幡，每至危险时，或用以传旨，或用以止兵，见之者辄慴伏而不敢动，亦一朝之令甲也。”有人以为，晋朝其他符节中，还有一种叫白虎幡的旗帜，是用来督战的；也有人以为，白虎幡其实就是驺虞幡，因为唐人避唐朝皇帝李渊的爷爷李虎的讳，而称作白武幡的。曹魏朝有青龙幡、朱雀幡、玄武幡、白虎幡、黄龙幡五，晋朝唯用白虎幡，《晋书》上叫作“驺虞幡”或“白兽幡”，《北齐书》叫作“白武幡”，《隋书》叫作“白兽幡”，《魏书》《宋书》《南齐书》叫作“白虎幡”的，其实都是一样东西。个人赞同后一种观点。

正好天明了，（此时应该是发动政变的第三天的天明，因为，根据《晋书·司马亮传》的记载，司马亮是在发动政变第二天的中午被诛杀的，也就是说，到中午的时候，司马玮还在发号施令，那么，令我们疑惑的是：在杀死司马亮以后，那么长的时间里，司马玮究竟在做些什么？等死吗？）于是，皇帝司马衷开始了行动，他下令派殿中将军王宫手举“驺虞幡”，出宫向司马玮集结起来的部队宣布：“楚王假传圣旨，大家不要受他欺骗。”将士们看到“驺虞幡”出动，大为震动，放下武器，一哄而散。霎时间，司马玮身边将士全部离去，左右侍从卫士也都逃光，他窘困紧张，手足失措，不知道应该如何。

刚才还人声鼎沸的洛阳城，一下子安静了下来。

此时的司马玮身边只剩下一个十四岁的无名小奴，刚才还威风凛凛的司马玮，瞬间变成了孤家寡人，他无计可施，绝望中想到了自己的哥哥秦王司马柬，就让小奴驾着牛车，带着自己往秦王府方向走去。

牛车毕竟没有马快。司马玮的牛车走到半路上，司马衷派遣的使者飞马赶上，命令司马玮回到自己的军营里去——司马玮终于又接到了新的命令了，不过，此时的命令是等死的命令。

他心中重新又有了新的方向，顺从地回到自己的办公室耐心地等待，很快地，等来了法院的法警，把他带走了。

六月十三日，司马衷下诏说："司马玮违反制度，擅自诛杀二位上公父子，又想大规模地诛杀朝廷大臣们，图谋不轨，应予斩首。"于是，诛杀了年仅二十一岁的司马玮。临刑之前，司马玮从怀中拿出皇帝司马衷亲笔写在青纸上的诏书，痛哭流涕，请还是那个刘颂的监斩官过目，说："我有幸是先帝的亲生之子，而竟受到如此这般的冤枉啊！"司马玮请求刘颂代自己向皇帝申诉，刘颂虽然不咋地，但是毕竟不久前还是司马玮弟弟司马允的淮南国相，他也是伤感唏嘘，不能抬头面对这个将死的司马玮。

而整个事变的始作俑者公孙宏和岐盛，不仅没有在这场事变中得到丝毫好处，而且，也与自己的仇人卫瓘同归于尽，被同时屠灭三族。荣晦也因为卫瓘女儿和属下刘繇的上告，而被族诛。

世事真是难料啊，你如果不能有效地左右局势，最好就别先生心……

一四八　贾后专权

从司马炎死后，贾南风似乎踏上了狗屎运，顺利地除去杨骏、司马繇、司马亮、卫瓘、司马玮、杨太后这些重量级人物，如今，身边的人都是贾、郭一党。晋王朝的政局从混乱之中戛然而止，步入稳定，与贾南风在诛杀楚王司马玮以后明智的克制有很大关系，她仅仅诛杀了楚王的两个属下公孙宏、岐盛以及杀掉卫瓘全家的荣晦三人，再未波及任何那天参加行动的任何禁卫军将领或者诸侯王，即便是当天参加行动的楚王司马玮的同母兄弟长沙王司马乂，也仅仅是从大国长沙移封为中等国家常山，改封为常山王，并没有赶尽杀绝。因为，此时的贾南风深知：皇权还在诸侯王和全体军民的心目中还占有着统治地位，这一点从殿中将军王宫手搴驺虞幡，数十万军队一齐放下兵器乖乖回营就可以看出来，因此，贾南风要做的事情是尽快让局势稳定下来，而不是再无端起衅。

历史进入了长达十年的相对平静的元康时代。

这个时代从元康元年（公元291年）贾后专权到永康元年（公元300年）贾南风被杀，期间长达近十年。这就是我不想把司马亮、卫瓘、司马玮之死也归结到所谓的“八王之乱”中去的另外一个原因，把一件十年以前发生的事情和十年以后发生的事情硬拉到一起，并组成一个提起来容易让人混淆的名词，在我看来，真是愚不可及。

过去，政坛上是司马亮、卫瓘为首，司马繇、司马玮、司马柬、贾皇后的族兄贾模、堂舅右卫将军郭彰、妹妹贾午的儿子贾谧、王戎等一起参与决策。如今，司马亮、卫瓘、司马玮被杀，司马繇被流放，晋王朝的权力中枢几乎变成了清一色的贾家人。代表王室的秦王司马柬，因为自己的舅舅杨骏被杀，而显得更加不安，眼看着自己的异母弟弟司马玮被自己的同母哥哥司马衷所杀，他也无能为力，也许，下一个被杀的人就是自己。万般忧愁终于凝结成病，很快地在公元291年的九月，也就是司马玮被杀两个月后，司马柬就郁郁而终了。

如今的贾南风可谓是春风得意。

此时的贾谧和自己的姨母（过继贾充后，又叫姑母）贾皇后商量：张华出身寒微，因其不是高门大族，所以，对于皇室的威胁不大，大家也比较佩服他，而且，这次诛杀司马玮全赖张华献计，他既有文才，又有武略，是宰相的合适人选。但是，一向任人唯亲的贾南风对于素无瓜葛的张华还是不放心，在和贾谧商量以后，贾南风又去征求裴頠的意见，裴頠一向敬重张华，全力赞成。于是，任命张华侍中、中书监，参与朝政。为了进一步笼络住张华，贾南风不顾张华的十几次推让，最终加封张华为壮武郡公。张华从此不得不上了贾南风的战车。

任命：

贾模为侍中、散骑常侍；

郭彰还是散骑常侍、卫将军；

贾谧为散骑常侍、后将军；

裴頠为侍中（王戎的女婿，贾家亲戚）；

裴楷为中书令、侍中；（很快在当年去世）

王戎为尚书左仆射，领吏部；

后王衍为北军中侯、中领军、尚书令；（贾家亲戚）

武陵王司马澹为中护军；（贾家亲戚）

因为秦王司马柬去世，把刚去关中的司马肜又召回为卫将军、录尚书事；以爷字辈的司马泰录尚书事，两人代表着宗室势力。

地方上，任命司马伦接替司马肜，去关中；司马颙为北中郎将，镇守邺县；何劭都督豫州诸军事，镇守许昌。

在贾模、裴頠、张华等人的悉心辅佐下，元康年间的政局还比较平稳，史料记载："数年之间，虽暗主在上，而朝野安静，华等之功也。"

在贾后专权时期，贾家最引人注目的人物一个是郭彰，另一个是贾谧，被人称为"贾郭"，两家经常是门庭若市，尤其是贾谧，这个帅哥，身后有自己的姨妈贾南风撑腰，权过人主，"器物珍丽，歌童美女，选极一时"，生气的时候，曾经把黄门侍郎都敢绑起来打！

这个贾谧不仅帅，而且还是文学青年，史书上记载："好学，有才思。"

有人巴结贾谧，称赞他的文章华美，可与汉代大才子贾谊比肩，这叫贾谧浑身发痒，更加精进文学，并结交高级知识分子，逐渐地，在贾谧的周围就会聚了一群形形色色，出身各异的人物，号称二十四友。他们分别是：

自己叫爷爷的郭彰、石崇、陆机、陆云、和郁（和峤的弟弟）、荥阳郡（今河南省荥阳市）人潘岳、清河国（今山东省临清市）人崔基、勃海郡（今河北省南皮县）人欧阳建（石崇的外甥，时谚有云："渤海赫赫，欧阳坚石。"）、兰陵郡（今山东省苍山县西南兰陵镇）人缪徵、京兆郡（今陕西省西安市）人杜斌、挚虞（著名学者皇甫谧的学生）、琅邪国（今山东省临沂市）人诸葛诠（诸葛冲之子，《三国志》钟会传注解："按百官名：绪入晋为太常崇礼卫尉。子冲，廷尉。荀绰兖州记曰：冲子诠，字德林，玫字仁林，并知名显达。诠，兖州刺史。玫，侍中御史中丞。"）、弘农郡（今河南省灵宝市东北）人王粹、襄城郡（今河南省襄城县）人杜育、南阳郡（今河南省南阳市）人邹捷、齐国（今山东省淄博市东临淄镇）人左思、沛国（今安徽省淮北市）人刘瓌、周恢、安平国（今河北省冀州区）人牵秀、颍川郡（今河南省许昌市东）人陈眕（音：枕）、高阳国（今河北省博野县东南）人许猛、彭城国（今江苏省徐州市）人刘讷、中山国（今河北省定州市）人刘舆、刘舆的弟弟刘琨。《晋书·刘琨传》："秘书监贾谧参管朝政，京师人士无不倾心。石崇、欧阳建、陆机、陆云之徒，并以文才降节事谧，琨兄弟亦在其间，号曰二十四友。"潘岳为二十四友之首，其次是石崇、左思、陆机、陆云和刘琨文学成就最高，欧阳建、杜育、挚虞等也较有文名，其他诸人传世诗文较少，影响不大。

石崇、潘岳尤其谄媚贾谧，每每故意等到贾谧跟贾谧祖母、广城君郭槐外出时，来到门前，跳下车子，躲到道路一侧，望着贾谧等车后卷起的尘土，当街叩拜——"望尘而拜"。

先说说最富盛名的潘岳。

潘岳，字安仁，因此，也有人称其为潘安，出身寒门，从小就聪明过人，被当地称作终军、贾谊一般的人才。潘岳与夏侯渊的重孙夏侯湛关系很好，两个人也都是才貌无双，被人称为"连壁"，《晋书》记载："少时常挟弹出洛阳道，妇人遇之者，皆连手萦绕，投之以果，遂满车而归。时张载甚丑，每行，小儿以瓦石掷之，委顿而反。"《世说新语·容止》注引《续文章志》记载："（左）思貌丑悴，不持仪饰。亦复效岳游遨，于是群妪齐共乱唾之，委顿而返。"

虽然潘岳才名冠世，但是，他的经历却是十分坎坷，也正是因为他才貌无双，所以才招人嫉妒，一直做县令一级的官员，长达十年。当时主管人事的山涛、王济、裴楷等一直没提拔潘岳，潘岳心里对这三个人不满意，就题阁道谣，说："阁道东，有大牛。王济鞅，裴楷鞧，和峤刺促不得休。" 杨骏辅政的时候，引潘岳为太傅主簿。潘岳做河阳令的时候，看到公孙宏孤贫，爱他能鼓琴、又能作文，对他很好。到司马玮杀掉杨骏的时候，公孙宏当时是司马玮的长史，救下了潘岳，后来被任命为著作郎，转散骑侍郎，升为给事黄门侍郎。

长期的郁郁不得志，使得潘岳对于权势有一种强烈的渴望。他想借助权力，施展自己的才华；他不甘心寂寞，他要出人头地，因此，对贾谧巴结唯恐不及，就连潘岳的妈妈也数落他："你这样孜孜以求，还有完没完啊！"

在潘岳看来，生怕失去了权贵们的垂青，因为，在这个寒门很难出头的世道里，能够被贾谧这样的文学青年看重，实在是三生有幸啊！

只要生命还在，折腾就没有完……

一四九 陆机陆云

和潘岳并驾齐驱的是陆机。

《世说新语》称："潘文灿若披锦，无处不佳；陆文若排沙简金，往往见宝。"二人被称为"潘陆"。

陆机，字士衡，因曾经任平原内史而被人称为"陆平原"，弟弟陆云，字士龙，因为曾经任清河内史，而被人称为"陆清河"，二人又被称为"二陆"。

二陆都是吴国大司马陆抗的儿子，陆抗死的时候，陆机十四岁，陆云十三岁，分领陆抗留下的兵马，过了六年，吴国灭亡，陆机、陆云退回老家吴县华亭（今上海市松江区），闭门读书，在晋朝整个太康十年中，二陆一直在老家读书。到太康十年的时候，二陆相携来到洛阳，张华一见之下，大为叹赏，高兴地说："灭吴之役的最大收获就是得到了你们二位啊！"在看到陆机的文章以后，称赞陆机说："别人写文章，常常恨才少，你却患才多啊！"当时就有"二陆入洛，三张减价"之说，三张是指著名文学家张载和弟弟张协、张亢三人。刚到洛阳的时候，很多洛阳的公卿看不起二陆，一次，陆机拜访王济，王济指着羊酪对陆机说："你们江东有什么东西能比过它呢？"陆机应声回答："千里莼羹，未下盐豉。"对于陆机的这句回答，历来学者有不同的看法。梁实秋先生以为未下，应为末下之误，应为地名，也就是说，千里湖的莼菜汤和末下的盐豉可以和这媲美。但是，又不知道末下具体是什么地方；施蛰存先生于1991年10月23日的《新民晚报》副刊上的《莼羹》中说：千里莼羹，也许是干里莼羹之误，因为上海金山镇有个干巷，说不定在过去就叫"干里"，江南人吃莼菜汤是不加盐豉的，陆机这样说，一方面说莼菜汤可以与你这媲美；另一方面是讥讽北方人吃莼菜汤加盐豉，不地道。——不过，这都是臆测，不足为凭的。

还有一次，卢植的重孙卢志对陆机说："陆逊、陆抗和你什么关系？"陆机回答："那关系就像卢毓、卢珽和你一样！"过去当面说自己父、祖名号是不尊敬的，卢志故意这样，陆机也针锋相对，把卢志的父亲和爷爷的名字也说出来，当众羞辱他，说得卢志默然不语。虽然逞一时之快，但是，也为陆机的死埋下了伏笔。事后，弟弟陆云对哥哥说："兴许他真的不知道爷爷、父亲的名讳吧？"陆机说："我们的父亲、爷爷名扬海内，谁人不知，哪个不晓？他会不知道？鬼子敢尔！"——这个鬼儿子竟敢！《世说新语》原注引孔氏《志怪》说，卢志的远祖卢充曾因打猎误入鬼府，与崔少府的亡女结婚生子，因此，陆机骂卢志是鬼的儿子。

而陆云比哥哥陆机更活泼，爱笑，在别人看来完全不可笑的事情，陆云却情不自禁，哈哈大笑，并且笑个没完。一次，上船的时候，自己看到水中倒影，笑个不停，以致笑得前仰后合，掉到水中，被人救出，才没被淹死。张华问陆机，怎么没带弟弟陆云来见？陆机说陆云爱笑，怕得罪了大人。张华说没关系，让他也来见见吧。张华本人很注意外表，他怕胡须乱了，就用布条缠着胡须。陆云一见，就哈哈大笑起来，不能自已，而张华却毫不在意。《世说新语·排调》记载：荀鸣鹤、陆士龙二人未相识，俱会张茂先坐。张令共语。以其并有大才，可勿作常语。陆举手曰："云间陆士龙。"荀答曰："日下荀鸣鹤。"陆云又说："既开青云睹白雉，何不张尔弓，挟尔矢？"荀隐说："本谓是云龙骙骙，乃是山鹿野麋。兽微弩强，是以发迟。"有人认为，这是中国最早的对联。

陆机是西晋太康、元康年间最富盛名的文学家，被誉为"太康之英"。现存诗歌一百零四首，赋二十七篇，他的诗歌《赴洛道中作》，写下了从家中去往洛阳途中的悲苦和寂寞，为西晋诗歌的上品。陆机的赋和散文讲求对仗，音律和谐，开创了南北朝时期骈体文的先河，在中国文学史文体发展史上具有一定的地位，他写的著名的《辨亡论》，总结了吴国兴亡的历史，得出了人才是国家兴亡的关键，文章笔力雄健，被视为西晋论文的代表之作。陆机传世的另一部重要的著作是《文赋》，比较系统地探索了文学创作过程中的构思等问题，是中国第一篇系统研究文学创作的理论文章，在中国文学理论史上居于十分重要的地位。陆机不仅是文学家，还是史学家、书法家、绘画评论家。他所写的章草《平复帖》，是现存年代最早并真实可信的西晋名家法帖，被视为书法中的珍品。

陆云，六岁就能写文章，十六岁就被举为贤良，吴国尚书闵鸿见到陆云，叹赏说："这孩子不是龙，就是凤啊！"入洛阳以后，在张华的举荐下，被刺史周浚招为从事，周浚赞叹道："陆云真是当代的颜回啊！"陆云的诗歌不像哥哥陆机的那样辞藻华丽，但是，却清新自然，涓涓可爱。陆云的成就还在于文学理论方面，他以为"文章当贵清绮"，称哥哥陆机的《文赋》虽然不错，但是，"绮语颇多。"《晋书·陆云传》称：陆云"虽文章不及机，而持论过之"。

陆机还有一个叫我难忘的小事，陆机有一条犬名字叫黄耳，一次，陆机对黄耳感叹地说，就在中原，家乡杳无音信，你能不能给捎个家信？黄耳点头摇尾，似乎同意的样子，陆机尝试着把一封书信交给了黄耳，结果黄耳真的千里迢迢把书信从洛阳带回了上海，从此，陆机就以黄耳为信使来回传递家信。

由此感慨：名人必有名物相伴啊。真是不假！

一五〇　金谷之宴

二十四友中还有那个著名的石崇和对石崇感恩戴德的刘舆、刘琨兄弟。

史料上说，石崇是“颖悟有才气，而任侠无行检”。石崇的巨额财富，来源看似神秘，其实十分简单。《晋书·石崇传》称：石崇为南中郎将、荆州刺史的时候，“在荆州，劫远使商客，致富不赀”。史书仅仅记载石崇在荆州为官却打劫的事，由此可知，在石崇未来荆州以前，聚敛财富的手段大体也不过如此吧。

人常说：人无外财不富，马无夜草不肥。身为保民安民的父母官，白天断案一副清正廉洁的嘴脸，到了夜里，竟然组织将士充当强盗，这也真是匪夷所思。不过，这样的事情，在晋朝可能也不少见，到了东晋时期，我们从小都学到的“闻鸡起舞”“击楫中流”的大英雄祖逖，其实也做过这样的事情。只是二人所做的特点稍有不同：一是，石崇打劫只打劫远来的商客，而祖逖则是夜里率兵装作强盗闯入富人家明抢；二是，石崇打劫大部分是供自己挥霍，祖逖打劫还是维持部队的给养——当然，祖逖的个人生活也不寒碜。

依靠白天里做官、夜晚上做匪，使得石崇迅速致富，富到可以敌国，有了和司马炎舅舅王恺斗富的本钱（这两人真是一对活宝，虽然斗富，但是私交还好，并且，石崇往往在气势、言谈上还总是占上风）。刘舆、刘琨兄弟从小就被王恺嫉恨，王恺有一次召两兄弟到家过夜，想暗地里把二人活埋了，石崇知道以后，夜里驾车匆匆来到王恺家，见到王恺，开口就质问刘氏兄弟在哪里？仓促之间，把王恺给问住了，石崇也不管三七二十一，挨屋搜查，终于把两个兄弟从后院的房子里找出来，同车而去，连再见都不给王恺说一声就走。在车上石崇严肃地对刘舆说：“年纪轻轻的，你们怎么能轻易地住人家家里！”刘舆、刘琨兄弟对石崇的救命之恩是感激涕零。

二十四友中，我们过去还说过那个丑左思。陆机刚来洛阳的时候，私下想作《三都赋》，但却听说左思正写着，他拊掌大笑，给弟弟陆云写信说："这里有一个愣头小子，竟然要作《三都赋》！我等他写好了，正好用它盖酒缸，好好羞辱他一番。"等左思的《三都赋》写成以后，陆机一看之下"绝叹服，以为无以加也，遂辍笔焉。"张华看到左思的赋，也赞叹道："不亚于班固和张衡啊。能够让读的人看完还有余韵，读得越久就越有新意。"致使洛阳为之纸贵。

元康四年左右，贾谧的二十四友在石崇的金谷园得意地吟诗作赋，指点江山。

在晋武帝的时候，晋国朝廷就曾经要国史馆修史。但是，要修史，就必须先解决的问题是：从哪里开始修，也就是确定从什么时候才开始被称作晋朝。当时，荀勖主张从魏国正始年间算起，著作郎王瓒想把嘉平年间的所有朝臣都写进晋书，最后也没有争论出个结果来。如今，司马衷继位了，国家也安定下来，再加上贾谧主管着秘书省，又把修史的事情提上了议事日程。于是，就又有了晋史限断的争论。贾谧听从了潘岳的意见，主张：晋朝的历史应该从司马炎泰始元年算起。支持贾谧这个意见的包括司空张华、司徒王戎、侍中乐广、领军将军王衍、黄门侍郎嵇绍（嵇康之子）、国子博士谢衡（名士谢鲲之父）等名流；最后，司马衷采纳了贾谧的建议，以父亲司马炎登基作为晋朝的开始。

这一做法，也一直沿用至今。

一五一　另类名士

豪门望族在金谷之宴中尽情狂欢的时候，还有那些出身寒门的名士们在这短暂的安定时期尽情地挥洒着他们的人生，给这个暗淡的世界留下了些许的色彩。

阮瞻，字千里。阮籍的侄子阮咸（就是娶胡婢的那位）的儿子，性情冲合寡欲，与他父亲阮咸一样善于弹琴，无论老少贵贱，只要来听他琴的，阮瞻都尽心而弹。潘岳是他的内兄，两人在一起的时候，潘岳总让阮瞻弹琴助兴，一弹就让人家弹一天，一直弹到晚上——这潘岳把人家当留声机了，娶潘家的女人还真是不容易啊——而阮瞻神色还是那样恬淡，丝毫不感到不快。

一次，阮瞻去见司徒王戎，王戎问："圣人贵名教，老庄明自然，其旨同异？"也就是说：孔孟等圣人崇尚礼教，老子庄子崇尚自然，他们的观点有什么相同和不同点？

阮瞻回答："将无同。"将无为语助词，难道不同吗？（宋朝程大昌《续演繁露·将毋同》说："王戎问老庄孔子异，阮瞻曰：'将毋同。'不直云同而云'将毋同'者，晋人语度自尔也。"鲁迅在《中国小说史略》附录《中国小说的历史的变迁》第二讲："'将无同'三字，究竟怎样讲？有人说是'殆不同'的意思；有人说是'岂不同'的意思——总之，是一种两可、缥缈恍惚之谈罢了。"）

听到这样一句平淡无奇的话，让王戎唏嘘叹赏很久，立即任命阮瞻为司徒属官。阮瞻因为三个字而被任命为官，被人称为"三语掾"。

关于阮瞻的死，也显得那么离奇。阮瞻一直就不相信世间有鬼，有一天，一个客人突然来要求见面，寒暄完，开始神聊名理。来客口才很好，两个人越谈越有味，谈了很久，谈到世间是不是有鬼神的事情，来客坚持世间有鬼神，阮瞻否认，双方争辩得很苦，辩论到最后，来客理屈了，说不过阮瞻，恼羞成怒，脸色也变得很难看，对阮瞻说："鬼神的事情是古今圣贤所共传的，为什么只有你说没有！我便是鬼。"于是变为异形，等一会儿就消灭了。阮瞻一下子沉默了，神色很不好。过了一年多，就病死了，死的时候才三十岁。

阮瞻的堂侄阮修，字宣子，《世说新语》里说的阮宣子就是阮修。"三语掾"的故事，在《世说新语》里被记为阮修的故事，而对方也由司徒王戎变为太尉王衍，同时，故事还有后话，在阮修被王衍聘请以后，玉人卫玠嘲笑阮修说："一个字就可以被提拔，何必要三个？"阮修回答："如果是天下瞩目的人物，就是不说一个字，也可以被提拔，何必要一个？"从此，二人成了好朋友。

阮修也和他叔叔阮瞻一样持无神论。曾经和别人一起谈论鬼神有无，大家都说人死后有鬼，阮修独自以为天下没有鬼，他的理由很奇怪和很直率："今天说某某人看见鬼了，问起来，说看到的鬼都还穿着活着时的衣服，那么，如果人死后产生了鬼，那衣服也有鬼吗？"大家都表示服气。阮修曾经要砍伐社树，有人劝说他别伐，社树是有神明的，阮修说："如果神明住在树上，那么，我去伐树，神明就跑了；如果树本身就是神明，那么，我伐树，神明也就死了。"

王衍是当时最富盛名的清谈领袖，但是，对于《易经》的研究，王衍自己还感到有些没悟到的地方，经常自言自语："活着的时候，也不知道能不能见到贯通《易经》的人啊！"王敦向王衍推荐阮修，相谈之下，阮修话虽不对，但是意思畅达，王衍才服气。

阮修从来不喜欢见到俗人，想见朋友的话，不管是深夜还是凌晨，立即就去，见到以后，两人也许什么也不说，只是欣然相对。阮修因为家贫，到四十多了还没有成家，王敦等名士们凑钱给他办置喜事，不是名士的人，想凑钱都没人要。还是因为家贫，连自己的老爷阮籍都不如，阮籍还驾车，每到途穷之处，总是痛哭而返，而阮修呢，却经常步行，以百小钱挂在杖头，至酒店，就独自喝个够。王敦当时是鸿胪卿，对阮修说："您经常没东西吃，鸿胪卿的手下多少有俸禄，干不干？"阮修说："也可以吧！"后来，在永嘉年间，阮修避乱南行，被强盗所杀。

我归之于另类名士的人，还有地位较低的谢鲲、胡毋辅之、毕卓、王尼等人。

谢鲲，字幼舆。他的父亲谢衡，是国家最高学府的国子监的主管官（国子祭酒），就是赞成贾谧以泰始断代的那位。

“旧时王谢堂前燕，飞入寻常百姓家。”中的王谢两家，其实在晋代起点并不相同，王家历来自居为老大，谢家在西晋时期地位并不高，直到东晋才后来居上。谢家肇始于谢鲲的爷爷，不过是曹魏的一个典农中郎将而已。

到了谢鲲，从小就很出名，王衍和嵇康的儿子嵇绍都以为他是个奇人。他能歌善琴，性格通达，不修威仪。曾经有个邻家女孩，姓高，长得很美，谢鲲去挑逗人家，高小姐比较正经，性格还刚烈，她拿起手中的织布梭子就砸了过去，一砸不打紧，把谢鲲的两颗牙齿给打落了，大家都嘲笑谢鲲：“任达不已，幼舆折齿。”而谢鲲听说后，傲然长啸——吹口哨，长啸过后，慢慢地说了句：“仍然不耽误我吹口哨。”

晋人长啸是作为名士的一个显著标志之一。

谢幼舆的事迹大部分发生在东晋初年，暂时先说到这里。

胡毋辅之，字彦国。他父亲胡毋原到死只做一个河南令。胡毋辅之和谢鲲一样，从小就很有名，王衍曾经评价自己的弟弟王澄为第一，庾敳为第二，王敦为第三，唯独没有评价胡毋辅之。但是，胡毋辅之却和前面三人一样，与王衍是朋友，加上前三人，被称为王衍的四友。估计王衍没有评价胡毋辅之的原因，是因为王澄对他已经评价过了，王澄说胡毋辅之：“彦国吐佳言如锯木屑，霏霏不绝，诚为后进领袖也。”

我们知道，裴秀年轻的时候曾经被人称为后进领袖，而如今，王澄也以“后进领袖”看待胡毋辅之，可见对胡毋辅之是何等的看重，由此，我们也知道了胡毋辅之可能像裴楷、裴頠那样口才很好。

一次，胡毋辅之到河南尹乐广那里喝酒，一个叫王子博的喂马士兵两腿前伸着坐在一边（就是所谓的“箕踞”，是古人随意的、很不礼貌的坐姿），胡毋辅之吆喝着人家取火，王子博说：“我只是个士兵，我只要不耽误自己的工作就可以了，怎么能当人的仆人，让人使唤来使唤去！”胡毋辅之和人家一聊，叹道：“我赶不上他啊！”就把王子博推荐给了乐广，乐广一聊之下，也是大喜，立即升为功曹。胡毋辅之还经常和谢鲲、王澄、王尼、阮修、毕卓等人赤裸着全身，通宵达旦地喝酒，他儿子胡毋谦之也侧身其间，喝到大醉的时候，直接叫自己父亲的字，有些时候，胡毋辅之正喝酒，儿子来了，厉声说道：“彦国年老，不得为尔！将令我尻背东壁。”胡毋辅之欢笑，呼入与共饮。

毕卓和胡毋辅之也是酒友，曾经是吏部郎，其他部里的同僚酿出了好酒，毕卓趁醉去人家办公室房间内去偷酒喝，结果，被看门的发现给抓了起来，一看竟然是毕卓，赶紧解开绳索，毕卓干脆就请看门人在酒缸前大吃大喝起来，直到喝得大醉才罢。毕卓曾经说："得酒满数百斛船，四时甘味置两头，右手持酒杯，左手持蟹螯，拍浮酒船中，便足了一生矣。"

王尼，本来是兵家子，胡毋辅之、王澄、刘舆、荀邃、裴遐等名士请求河南功曹甄述和洛阳县令曹摅解除他的兵籍，二人不敢。于是，一群名士拿着酒肉来到军营，护军还因为是托他办事呢，赶紧让名士们进来。当时，王尼只是个军营马夫，名士们（不仅是名士，而且对于护军来说，还是大官）也不去搭理护军，径直来到马厩，和王尼烤着羊肉，喝着美酒，醉饱而去。护军大惊，当即就给王尼放了长假，不敢再使唤此人，时间久了，王尼慢慢地就被解除了军籍。

光逸，本为博昌小吏，县令让光逸送客，光逸回来全身被淋湿，瑟瑟发抖，正巧县令不在屋，光逸脱下衣服，用火烤着衣服，自己一身潮湿就钻进了县令的被窝。县令回来看见，不禁大怒。光逸说："家贫衣单，沾湿没有衣服可以换。如果不马上烤干，钻到被中温暖一下，势必冻死，为什么怜惜一条被子，就杀一个人啊！君子仁爱，您肯定不会这样，因此，我才毫不迟疑地睡在了您的床上。"县令听后，啧啧称奇。等老县令离职以后，新县令要来，叫光逸到京城迎接新县令，正巧又是胡毋辅之与荀邃到县令家话别，看到站在门口的光逸，胡毋辅之素来以品评人物为特长，他对荀邃说："这个人好像是个奇才。"就招呼光逸上车，三人谈了很久，果然不错。县令奇怪客人一直不进门，结果发现是和光逸在谈，大怒，把光逸撵回了家。

此外，到了东晋，还有羊祜的侄孙羊曼与温峤、庾亮、阮放、桓彝并称为"中兴名士"，并把陈留阮放称为宏伯，高平郗鉴为方伯，泰山胡毋辅之为达伯，济阴卞壶为裁伯，陈留蔡谟为朗伯，阮孚为诞伯，高平刘绥为委伯，而羊曼为黯伯，凡八人，号衮州八伯。

这些名士大部分处在东西晋交替之秋，时代处于大动乱的前期，而个人又多数是出身寒门，他们早已经不像"竹林七贤"那样，虽然放诞，但仍不失风度；而在他们身上更多的是彻底的张扬、多的是纵酒、多的是荒诞、多的是今朝有酒今朝醉、多的是不负责任、多的是一切无所谓。对于他们而言，面对着难以逾越的门阀阶级，如果你要孜孜以求于入世为官，你就难免像潘岳那样巴结，落得世人的讥笑；那就只有喝酒了，但是，这些人又不想就这么像阮修那样无声地喝酒，默默地悠游卒岁，而总想群喝群醉，弄出些声响来，于是，就赤身裸体地喝……

喝……

正像裴頠在《崇有论》上批驳的那样："发表言论却不知道说些什么，被称为玄妙；担任官职却不做本职工作，被称为高雅；不顾清白之身，贪污败德的，被称为豁达。互相勉励，严守善良风气节操的人被诋毁。以致放荡的人，甚至颠倒婚丧大事的礼仪，改变行为举止，亵渎长辈和晚辈之间的人伦关系，混淆尊贵和卑贱之间的阶层分别。有的更脱光衣服，游戏打闹，无所不为。知识分子的德行，受到了严重的伤害。"

而名士们对裴頠的话却充耳不闻，还是继续喝……

喝……

一五二　蠢夫淫妇

从元康元年（公元291年）六月贾南风专权到永康元年（公元300年）的四月被杀，共计八年零十个月的时间里，虽然朝中有贾模、张华、裴頠等人苦苦支撑着政局，但是，国家却连年遭受着自然灾害，国家实力并不像名士们渲染的那样富足。

公元291年十二月，洛阳地震。

公元292年十一月，全国发生了大范围的传染病。

公元293年四月，荥阳下雹子；六月，弘农郡下雹子，深三尺。

公元294年五月，淮南寿春山崩地陷，发洪水；六月，寿春大地震；八月，上谷、上庸地震。这一年，发生了全国范围的大饥荒。

公元295年六月，金城地震，东海下雹子；七月，下邳暴风；十月，武库大火，烧毁历代珍宝和二百万人的武器铠甲。

该年，中原和东南地区发生洪水灾害。

公元296年五月，荆州和扬州发大水，关中发生大的饥荒，伴随着严重的传染病。

公元297年五月，鲁国下雹子；七月，关中地区发生大规模的传染病，并且，大旱，下霜，每斛米竟然贵到一万钱，朝廷专门下诏，对于买卖亲生儿女的不再禁止！

公元298年九月，荆州、豫州、扬州、徐州、冀州都发了洪水。

公元299年十一月，洛阳大风。

公元300年二月，大风，飞沙走石。

即便如此，除了少数大臣还在关心着黎民百姓的生活，更多身处高位的人只想着如何及时享乐，这包括那个蠢笨的皇帝司马衷和狡诈的皇后贾南风。

有人说，司马衷并不白痴。这里面涉及各人心目中对白痴的定义不同。在我看来，即便司马衷不是白痴，也是一个智力绝对低下的，深居后宫不知道世事的低能儿。根据《晋书》卷四《惠帝纪》“后论”及“史臣曰”均以其为“蒙蔽”“庸暗”之人，谓“不才之子，则天称大，权非帝出，政迩宵人”。并且，《晋书》在其他人的传记中也曾多次提到司马衷是“暗主”等等，他不低能，谁低能？

两则经典的故事足以说明：

一是，司马衷曾经来到华林园，听到蛤蟆叫声，问身边的人说：“这蛤蟆叫来叫去的，是为公事还是为私事？”

随从回答说：“蛤蟆在公家的地盘上叫，就是为公事，在私人地盘上叫，就为私。”

二是，天下灾害频仍，百姓流离失所，饿死的人很多，听到报告，司马衷很纳闷，随口问道：“如果没有粮食吃，为什么不吃肉呢？”

可见，这个高高在上的皇帝是多么无知，有人说，那主要是其不接触实际造成的。史书告诉我们，司马衷不仅笨，而且还不读书，一个人如果全部的知识都要从直接经验中才能得来，那这件事情本身就说明了他的蠢笨和白痴。

因此，在我看来，司马衷的白痴没有疑问，至于其后的一些举动，比如，对嵇绍死的痛惜等等，改变不了什么。

而此时，司马衷的最佳拍档皇后贾南风究竟如何呢？

俗话说：“女人三十如狼，四十如虎。”这近十年的光景中，正是贾南风如狼似虎的年龄。看到妹妹贾午弄到个帅气公子哥韩寿，再看看自己的贵为皇帝，但却蠢笨如牛的司马衷，贾南风心里不是滋味。既然妹妹都能窃玉偷香，如今大权在握的姐姐怎能独守蠢夫呢？

荒淫皇后贾南风

贾南风先和来往宫中看病

的太医程据等人勾搭成奸，并且，此等丑事，宫内宫外谁都知道。慢慢地，贾南风开始不满足了，她需要更为俊俏，也更为年轻的男人，就秘密通过各种途径骗取城中年轻貌美的男子，与之共寝以后，往往被杀人灭口。

一个供职于洛阳城南衙门的小吏，人长得英俊儒雅，但是家中贫寒，平时穿着也比较寒酸，突然之间，衣着光鲜。当时，洛阳城南区常常发生盗窃案，小吏的暴富引起了人们的怀疑，贾家亲属也有被盗的，就命令尉部审问，小吏的上司和同僚们都以为他肯定是偷盗了，盘问之下，小吏交代：一天，在街上行走时遇到一个老妇，对他说："家中有人生病，算命先生说是到城南找一个少年便可以避邪，相烦和我走一趟，事后必定重金酬谢。"于是，就跟着走了。老妇人让他上了一辆围有布幔的车，车上的人不由分说就把他塞进一个大箱子里，车子咣咣当当大概走了十几里路，又过了七八处门槛，到了一个地方。有人把箱子打开，扶他下了车，小吏睁眼一看，只见亭台楼榭、假山流水、花草树木，像是到了天堂。小吏问："这是什么地方？叫我来有什么事？"一个女子笑着说："这是天上啊，人间哪有这么好的地方？叫你来肯定有好事，你不用害怕。"随后，几个女子带他香汤沐浴，锦衣玉食，然后，领他到一间内室，这里更是华丽无比，金碧辉煌，小吏看见有一个三十五六岁的贵妇人在里边，个子不高，皮肤青黑色，眉间有疤，拉着他的手高兴地说："果然是个美人儿。"然后盛情挽留，日日共寝欢宴。就这么住了几天后，贵妇人还依依不舍地送给他许多华丽的衣服等。旁听席上的贾家亲属根据所描述的贵妇人形态，断定是贾后无疑，于是讪笑而去，参与庭审的尉部官吏也都心领神会，只好草草收场。

这个小吏可能是得到了贾后的特别厚爱，才侥幸没有被杀灭口，也算是很幸运了。

如此的皇帝，如此的皇后，如此的大臣，即使是张华，也已经年老，不再有过去那种积极进取的精神。这样的晋朝官场能好到哪里去呢？《晋书·惠帝本纪》说：（司马衷）"及居大位，政出群下，纲纪大坏，货赂公行，势位之家，以贵陵物，忠贤路绝，谗邪得志，更相荐举，天下谓之互市焉。高平王沈作《释时论》，南阳鲁褒作《钱神论》，庐江杜嵩作《任子春秋》，皆疾时之作也。"看到名士们相互荐引都可以看出朝政的端倪——如，过去我们说过的王敦举荐阮修，为的是不让阮修挨饿，哪里想到让他利用这个官位为民办些实事！

朝政一团混乱，自然灾害又接连不断，人民苦不堪言。

那只有一个字——反！

一五三　二郝初反

元康元年（公元291年）八月，晋王朝本来是任命司马伦为征东将军，都督徐州、兖州诸军事的，但是到了九月份，秦王司马柬死亡，于是，贾南风就把驻守关中的梁王司马肜召回中央，把赵王司马伦派往地位相对更加重要的关中地区，做征西大将军。

就在司马伦到了关中之后，第二年，即元康二年（公元292年），晋国就发生了全国范围的传染病；元康三年（公元293年），在关中地区的弘农郡出现了严重的雪灾；在元康四年（公元294年），又发生了全国范围的大饥荒。严重的雪灾对于以农耕为生的汉族人民来说，虽然严重，但是并非致命，来年风调雨顺，老百姓又能生活；而对居于内地，以畜牧为主的草原少数民族来说，严重的雪灾会造成大量牲畜死亡，这不是一年两年就能恢复元气的。接二连三的饥荒，使得下层的牧民无法生存。

于是，就在元康四年的五月，匈奴族的郝散聚众反叛，进攻上党郡（今山西黎城西南），击斩了郡长。从《资治通鉴》的记载情况看，大约郝散在攻克上党以后，转兵西向，准备渡过黄河，与散居在陕西北部的匈奴人联合，并占领关中地区，因为那里灾荒饥民众多，很轻易就能扩大部队人众。

叛乱在进行了三个月以后，以郝散率领部众归降而宣告结束。

但是，奇怪的是：在郝散归降以后，冯翊郡（今陕西省大荔县）郡政府都尉却诛杀了郝散。

杀降，历来为人所不齿，只有在十分特殊的情况下，杀降才多少有一点必要性。比如，在灭吴之役中，吴国丞相张悌等率军渡过长江，包围了晋朝王浑部将尉张乔，张乔被迫投降，而对于吴军而言，前面有强敌，投降的晋军并非真心投降，这时候，又没有办法处治这些降兵，但是，如果留下不杀，必为后患，被杀的极有可能是自己，因此，诸葛靓就建议杀降；但是，张悌没有同意，而是安抚了投降的张乔，率军继续北上，结果被晋军前后夹击，大败被杀。这时候，对于敌人的仁慈就是对自己人的残忍，杀降尤其是杀伪降的，并无不可。但是，在郝散投降以后，再进行诛杀，就显得负面作用要大些吧？

我们不知道诛杀郝散的都尉名字，但是，我们知道，当时的冯翊太守是石崇的外甥欧阳建，也是贾谧的二十四友之一，而欧阳建的顶头上司自然是都督关中的征西大将军赵王司马伦。从《晋书・赵王伦传》记载："伦刑赏失中，氐、羌反叛，征还京师"和《资治通鉴》记载："冯翊郡郡长欧阳建也上书皇帝，指控司马伦种种罪恶"上看，我们推测，也许，诛杀郝散的命令直接来自司马伦，而对此杀降命令，身为名士的欧阳建是坚决反对的。

在关中地区，胡人和汉人杂居现象十分普遍。胡人居住地区遍及关中各个地区，而诛杀郝散的行动不仅没有起到震慑作用，反而使得心地单纯的胡人对于朝廷这种狡猾的、背信弃义的做法气得发疯，从而，也直接导致了随后的公元296年夏季郝散弟弟郝度元的叛乱。（对此，《晋书・惠帝本纪》和《晋书・四夷列传》记载的不同，《惠帝本纪》和《资治通鉴》记载郝度元叛乱是在公元296年，而《四夷列传》则记载的是公元295年，"明年，散弟度元又率冯翊北地羌胡攻破二郡，自此以后，北狄渐盛，中原乱矣。"）当然，促使郝度元叛乱的，一定还有其他的原因，《晋书》对于司马伦和司马伦的亲信孙秀是这样描述的："伦素庸下，无智策……""伦无学，不知书；秀亦以狡黠小才，贪淫昧利。所共立事者，皆邪佞之徒，唯竞荣利，无深谋远略。"由此看来，无外乎司马伦对汉族和胡人赏罚不公；剥削下层胡人等等。

这次郝度元叛乱也是借助天灾。

这一年，关中发生大的饥荒，并伴随着严重的传染病。到了第二年，朝廷竟公然同意不再禁止饥民卖儿卖女，由此可见当时的饥荒程度。因为，根据晋初法律的规定："凡民丁课田，夫五十亩，收租四斛，户绢三匹，绵三斤。"并规定"远夷不课田者输义米，户三斛，远者五斗，极远者输算钱，人二十八文"。近夷"服事供职，同于编户"，因此，不管是汉人，还是胡人，老百姓的负担比曹魏时期还要重，在饥荒面前抵御力更为弱小。

这次，郝度元显然做了大量的准备工作，他联络冯翊郡（今陕西省大荔县）、北地郡（今陕西省铜川市耀州区）马兰羌部落、卢水胡部落，一起起兵叛变，击斩了北地郡郡长张损，击败了冯翊郡郡长欧阳建，接着，便紧逼西安。

这时候，我们要提到一个人：解系。

此时的解系是雍州刺史，此人素来清正不屈。过去，当荀勖得宠的时候，荀勖的儿子对解系说："我和你是朋友，你见到我父亲了，应该行拜礼。"荀勖也说："我和你父亲关系不错。"解系正色回答："我父亲没说过这事。如果您和我父亲关系好的话，我父亲去世的时候，应当接到您的慰问信。因此，关于和我父亲亲厚的说法，我不敢承当。"说得荀勖父子无地自容，知道的人都对解系伸出大拇指。此时的解系不仅是雍州刺史，而且加扬烈将军、西戎校尉、假节。可以说，对于平定叛乱有一定发言权的。

可是，历来从未打过胜仗的司马伦在亲信孙秀的鼓动下，和解系发生了激烈的争吵，军事上的歧见也直接导致了双方激烈的冲突，互相向中央控告对方；再加上欧阳建也指控司马伦、孙秀等人的种种罪行。

争论下来，朝廷认为再让司马伦待在关右，只能制造混乱，就把司马伦调回洛阳，担任车骑将军、太子太傅。给司马伦一个闲差，这一举措，其实也是对司马伦引发关中混乱的一种惩处。另外，改派曾经驻守过关中的梁王司马肜去当征西大将军兼雍凉二州军区司令长官（都督雍、凉二州诸军事）。

解系与司马伦的亲信孙秀结怨很深了，也许孙秀对于胡人做得太绝，解系跟自己的弟弟、总监察官（御史中丞）解结，一起上书皇帝，请求诛杀孙秀，用以安抚被逼反的氐人、羌人，但是，这一建议并没有被皇帝司马衷允许。

在这种情况下，张华私下里告诉梁王司马肜，请他诛杀孙秀，司马肜承诺。

人说，臭味相投，真的不假。

孙秀有个朋友，叫作辛冉，（此人后来做到广汉太守，也是性格贪婪残暴）孙秀专门让辛冉去洛阳做司马肜的思想工作，替自己说情，辛冉对司马肜说："氐人、羌人是自己要造反，跟孙秀何干？"司马肜耳朵软，一听辛冉此番游说——当然免不了还有司马肜弟弟司马伦的书信、必要的礼物等等吧——就把张华的话抛到了脑后。孙秀遂免一死。

孙秀侥幸逃过一劫。不过，这个仇结得深了，经过此番折腾，直接导致了以后解系弟兄三人、欧阳建、石崇、张华等人被司马伦和孙秀所杀。

一五四　苍凉周处

梁王司马肜和他的弟弟司马伦相比，也好不到哪去。

这些个锦衣玉食的王公贵族进不求功名，退不怕处罚，史书上所谓的“雍容贵戚，进不贪功，退不惧罪。”根本就是成事不足、败事有余的主。

在晋朝朝廷中为胡羌叛乱彼此吵作一团的时候，郝度元却并不理会晋廷中的争斗，叛乱像滚雪球一般不断扩大。放眼望去，关中地区遍地皆反。

大约也就是在司马伦和司马肜交接的时候，连吃败仗的晋军没能挡住郝度元的叛军，解系本人也吃了败仗。

匈奴人接连的大胜，刺激着本来不曾谋反的关中氐人和羌人，他们也都加入匈奴人反叛的大军，一时间，关中处处烽烟，一片混乱。

战胜了解系以后，郝度元等联络各部帅，推举氐人豪强齐万年为主，共同对付晋朝。

潘岳在《上关中诗表》中云：“齐万年编户隶属。为日久矣！”说明齐万年的先祖已隶属郡县，形同内地汉人。齐万年起事后以陇山一带为中心，天水、略阳、扶风、始平、武都、阴平六郡氐、羌等纷纷响应。

同年八月，齐万年自称皇帝，并进兵北上包围了泾阳（今甘肃省平凉市西北）。

五部匈奴大部集中在山西地区，而在秦陇居住的氐羌可能在人数上居于多数，这也许是郝度元立齐万年为王的一个重要原因。

说到氐人，我们过去说过，氐族和羌族有同样悠久的历史。《诗经·商颂》言：“昔有成汤，自彼氐羌，莫敢不来享，莫敢不来王。”《竹书纪年》也说过在成汤和武丁时，曾两次有“氐羌来宾”的事实。《三国志》卷三十《东夷传》裴注引三国时魏人鱼豢《魏略·西戎传》，可以了解到：在三国时期，氐人大多居住在武都、阴平、天水、陇西、南安、广魏、扶风及酒泉诸郡，但绝不仅仅局限在这几个地方。关于氐族的起源，主要有三种说法：一是说氐、羌同源而异流；二是说氐、羌从来都是两个不同民族；三是氐与古老的三苗有渊源关系。东晋（也就是五胡十六国）时期，氐人在北方和西北建立过前仇池国、前秦国、后凉国三个国家，以后，我们还要逐一叙述。氐族聚居区到了晋朝时期，除了老聚居区武都郡、陇西郡、阴平郡等地外，又在关中、陇右一些郡县形成与汉人及其他各族交错杂处的聚居区：一是京兆、扶风、始平三郡，尤以扶风郡为多，集中在雍（今陕西省凤翔县西南）、美阳（今陕西省武功县西北）、（今陕西省陇县东南）、隃麋（今陕西省千阳县东）等县。二是陇右的天水（今甘肃省天水市）、南安（今陇西县东南）、略阳（今甘肃省秦安县东南）三郡。其中最著名的如略阳蒲（苻）氏、吕氏，其先人都是从武都迁来的。到五胡十六国时期，氐族强盛时，人口将近一百万。氐羌之人，习惯于“强则分种为酋豪，弱则为人附落，更相抄暴”。因此，在整个大动乱时期，氐人总难有作为，但是，氐人务农，并与汉人杂处，文化程度较高，这也许就是郝度元立齐万年的第二个原因吧。

公元296年的十一月，也就是解系被击败后的三个月，司马衷下诏，正式任命周处当建威将军，跟振威将军卢播，隶属安西将军夏侯骏，讨伐齐万年。

我们还记得在魏明帝太和二年（公元228年），那个诈降引诱曹休的吴国鄱阳太守周鲂，由于周鲂的诈降，导致曹休孤军深入吴地，并在石亭之战中被陆逊击败，这个魏国第一军人曹休随即也被气死。而那个把诈降计演绎得如黄盖一样炉火纯青的周鲂，就是周处的父亲。

周处，字子隐。《世说新语·自新》记载：周处年轻时，凶暴强悍，臂力绝人，任性使气，被乡亲认为是一大祸害。义兴的河中有条蛟龙，山上有只白额虎，百姓称他们是三害，三害当中周处最坏。有人劝说周处去杀死猛虎和蛟龙，实际上是希望三个祸害只剩下一个。周处上山杀死了老虎，又下河去斩杀蛟龙。蛟龙在水里时浮时没，周处与蛟龙一起浮沉了几十里远。过了三天三夜，当地的百姓们都认为周处已死，就互相庆祝。结果，周处却最终杀死蛟龙上了岸。当他听说乡里误以为自己已死而对此庆贺的时候，才知道自己也是一大祸害。于是，就到吴郡去找陆机和陆云，当时陆机不在，只见到了陆云，说了自己想要改正错误，提高修养，可又担心自己年岁太大，最终不会有什么成就。陆云说："古人珍视道义，曾说朝闻道，夕死可矣，况且你的前途还是有希望的。并且人就害怕立不下志向，只要能立志，又何必担忧好名声不能显露呢？"从此，周处励志好学，言谈举止忠信仁义，入晋以后，被任命为新平太守（今陕西省彬县），爱民如子，被任命为御史中丞，忠直无私，对犯法的权贵豪门毫不留情。梁王司马肜曾经犯法，周处铁面无私，坚决弹劾。

当解系的败报传来的时候，朝廷中的大臣忌惮周处的强硬正直，都想把他弄出朝廷，推荐周处去讨伐齐万年，堂皇的理由是说："周处是吴国名将之子，忠烈果敢而又刚毅，可以为将。"但是，中书令陈准（此时，张华是中书监，其子陈昣，为贾谧二十四友之一）说了句公道话："夏侯骏和梁王司马肜都是皇亲国戚，并不是大将的料；而周处原是东吴人，忠直勇敢，人单势孤；在政府之中，只有仇人，没有援手。最好命积弩将军孟观，率精锐部队一万人，当周处的先锋，就一定可以消灭贼寇（齐万年）。不然的话，梁王司马肜命周处当先锋，而故意不发援军，把他陷于死地，结果一定失败。"

朝廷上不同意。

同为吴国降将的伏波将军孙秀（非赵王伦亲信孙秀）知道此次周处必死，对周处说："您有老母亲在家，你完全可以以此为由辞去任命。"

周处也知道梁王司马肜会陷害自己，自己此去凶多吉少，但是，他以为人臣应当进节，大义凛然地说："忠孝哪能两全！既然辞别了亲人侍奉君王，父母怎么还能要这个儿子呢？今天就是我为国死去的时候。"

周处长期在关中做地方官，齐万年深知周处的厉害，但是，当他听到周处前来消息时，说："周处曾为新平郡（今陕西省彬县）郡长，文武全才，如果他能全权指挥，将势不可当。如果受到别人牵制，不过是来送死。"

一五五　英雄之死

公元296年十一月，梁孝王司马肜率军屯兵好畤（今陕西省乾县东八里的好畤村东南二里，属扶风国），准备进攻齐万年。

史书记载，司马肜，“字子徽，清修恭慎，无他才能”，其实，说到才能，他与弟弟司马伦不相上下，也是从未打过胜仗。——司马懿的这两个小儿子，真是不咋地。不过，此时，在宗室中，与司马衷血缘关系最近的两个爷字辈的老人就属司马肜和司马伦了，至于血缘关系再远一点的，还有比司马肜和司马伦大一点的，一个是司马懿弟弟司马馗的儿子、司马肜、司马伦叫堂兄的司马泰，堪为晋朝王公的表率，如今是尚书令，总理朝政。而同为宗室表率的司马孚的儿子下邳王司马晃，刚刚从尚书令的职位上退下来，并于本年也病逝了。

齐万年的部队和晋朝司马肜的部队在陕西乾县附近对峙着。

齐万年的部队驻扎在乾县西北的梁山，晋朝军队驻扎在乾县东南的好畤。

时间到了第二年，也就是公元297年的正月，梁王司马肜在大敌面前仍然不忘私仇，企图借齐万年之手除掉建威将军周处。当时，齐万年驻屯在梁山的部众有七万人。而梁王司马肜和安西将军夏侯骏却命令建威将军周处率区区五千人去主动攻击。周处情真意切地说：“我孤军深入，没有后继部队，失败是一定的，我自己身死不足惜，主要是这将给国家带来羞辱。”

司马肜、夏侯骏一概不理，一再强迫周处为先锋进军齐万年。

悲剧由此出现了。

公元297年一月四日，晋建威将军周处与振威将军卢播、雍州刺史解系（此时的解系估计已经因为战败受到处分，他的护西戎校尉一职已经被撤，而由司马肜亲自担任。）等从乾县东南的好畤向乾县东面的六陌进攻。

双方部队在六陌遭遇，展开激战。

可以想见当时惨烈的战况，可以想见那七万氐羌匈奴骑兵和步兵从高高的西北高原上呼啸而下的状况。

骑兵卷起的尘土弥漫着整个山谷，齐万年的大军像决堤的潮水一样一泻而下。

而此时的周处部队还没有吃早饭，就被梁王司马彤严令进发，士兵们在一月的严寒中将要面对那必死的命运！

周处，从洛阳出发的时候，就预见到自己可能遭遇到的命运；不少同情自己的吴国遗臣也曾劝说过自己。但是，那种强烈的为国精神使得他没想那么多，也许，他寄希望于梁王在大敌面前能够同仇敌忾。

然而，他错了……

面对深陷敌人重围、近在咫尺的周处，司马彤的亲信兼手下卢播和那个与司马伦争斗失败的雍州刺史解系，却拥兵不救！

周处深知此战必败。

他望着铺天盖地而来的敌人，身后是昏黄的晨曦，将军赋诗一首。

让我们记下将军临终的那首绝命诗吧！

> 去去世事已，
> 策马观西戎。
> 藜藿甘梁黍，
> 期之克令终。

将军说罢，挥剑西指，全军做孤注一掷之战！

饥寒交迫的周处五千将士与七万野蛮胡人展开了生死血战。

战斗几乎不能用战斗来形容，那是一场惨绝人寰的撕咬和搏杀！

从凌晨，战到中午；从中午，再战到下午；从下午，一直战到日暮！

五千必死之勇士仅仅斩敌人首级就一万之多！

在长达一整天的激战中，司马彤、夏侯骏、卢播、解系就那么远远地看着，看着……

看着周处的士兵一个个倒下……

最后，周处的士兵们弓弦全部拉断，弓箭全部射完！

身边的亲兵，劝说周处撤退，英雄手按宝剑，说道："今天正是我尽忠报国之日，还要退到哪里！并且从古至今，良将受命之时，都是从凶门率兵而出，就是说军人有进无退。今天，其他部队背信弃义，我们的军威已经不振。我身为大臣，以身徇国，不亦可乎！"

于是，力战而殁。

我在写此节的时候，之所以每每提到将军总冠之以"晋建威将军"，那是因为，想让大家明确地记得，周处是晋人，而不是像司马肜等人心目中认为的是一个前吴的降将！

请让我们再次对那个一千七百一十三年前的将军致敬。

周处被杀以后，晋朝上下对司马肜一片谴责之声，英雄被追赠平西将军，赐钱一百万，葬地一顷，划拨京城地五十亩为第，又赐近田五顷。朝廷上下纷纷写诗缅怀周处，潘岳奉诏作《关中诗》："周徇师令，身膏齐斧。人之云亡，贞节克举。"西戎校尉、曾经冒死收殓安葬杨骏的义士阎缵也上诗："周全其节，令问不已。身虽云没，书名良史。"司马衷下诏："处母年老，加以远人，朕每愍念，给其医药酒米，赐以终年。"周处还有三个儿子，除了一个早死以为，剩下两个：周玘、周札。在东晋时代还是风云人物，我们以后再说，因为周家在江南是大族，东晋元帝司马睿为了安抚利用周家，又根据太常贺循建议，以周处"履德清方，才量高出；历守四郡，安人立政；入司百僚，贞节不挠；在戎致身，见危授命：此皆忠贤之茂实，烈士之远节。"按照谥法"执德不回曰孝。"谥为"孝"以加以纪念。

朝廷上一片谴责之声，远在西安的司马肜充耳不闻，还自我安慰。一次，他召集下属喝酒，席间对参军王铨说："我从兄司马泰作为尚书令，还不能吃掉大块的肉，吃大块的肉不容易啊。（啖大脔。大脔故难。）"——指硬碰豪门。根据臧荣绪《晋书》卷六，此句话后有一句："铨知肜求为尚书令。"说明了当时司马肜之所以这样说，是嘲讽司马泰无能，自己想取而代之。

王铨回答："你自己在这里一个人嚼，也难。"王铨的这句话有点费解，看了臧荣緒的《晋书》，才知道，唐人在修史的时候，这句话上面删掉了二十一个字。至于被删掉的二十一字究竟是什么，如今再也无法知道了。

司马肜说："我手下能成为大块的肉的人是谁？"

王铨说："卢播就是。"

司马肜说："那是家吏，我为替遮掩着罢了。"——不处罚他。

王铨说："天下所有的官吏对于宗室来说都是家吏，这样的话，国家的法律就没办法施行了。"

司马肜说一句，王铨紧逼一句，说得司马肜不好意思，只好换一个话题，说："我在长安，又没有做什么不好的事情！"

然后，指着车上的用自己穿的单衣改成的车幔，来表示自己很俭朴。

王铨回答说："朝廷上下都希望您能举荐贤才，让不仁之人远离朝廷。而您位居宰相，竟然用衣服改成车幔，以此种小节来显示自己的清廉，这没什么可夸耀的。"

言外之意是：你太小家子气了。

司马肜听后，脸上直发烧。

但是，发烧归发烧，谴责归谴责，司马肜却很快被征拜为大将军、尚书令、领军将军、录尚书事。

一五六　暗流涌动

齐万年的叛乱引起了一系列看似正常，其实影响极为深远的连锁反应。

首先是关中地区。

关中地区连年的饥荒、瘟疫和战乱，使得原来居住在关中地区的各族民众纷纷逃离，重新寻找适合生活的土地。根据《仇池记》的记载："仇池百顷，周围九千零四十步，天然的成四方形，凸出地面，高达七千尺，关隘凶险，敌人却步。东西二门，鸟道盘旋，由下到上，长达七里。上面丘陵起伏，泉水清澈，沟渠纵横，用来灌溉；煮当地泥土，蒸发之后，便结晶成盐。"仇池，位于今甘肃省西和县南，是一块庞大而高耸入云的台地，面积一百顷，四面悬崖绝壁，只有一条羊肠小道，盘旋三十六次，才到达顶端；台地之下，二十余里，一片平原。

当初，略阳郡（今甘肃省天水市东）清水（今甘肃省清水县）氐族酋长杨驹，定居在这里。到杨驹的孙儿杨千万的时候，归附了曹魏，被曹魏政府封为百顷王。又到杨千万的孙儿杨飞龙的时候，户口逐渐繁多，就从仇池的高处移住到了略阳郡，这个杨飞龙自己没有儿子，就领养了外甥令狐茂搜当儿子，改名为杨茂搜。

齐万年战乱造成的第一个后果是，在公元296年的十二月，也就是周处的晋军与齐万年的军队进行决战的前夕，为了逃避战祸，杨茂搜从略阳郡率部众四千余家，再返易守难攻、并能自给自足的仇池台地，脱离了晋王朝的统治，自称为辅国将军、右贤王。关中逃难的人们，很多都前往投奔，杨茂搜一一进行安抚接纳；凡是要求回去的，也都赠送旅费，派人护送，这一切举动都为以后仇池国的建立打下了基础。

关中战乱的另外一个直接的影响是，关中大量的各族难民南下涌入汉中就食，继而进入四川。

当初，张鲁在汉中时，因为张鲁传的是五斗米教，而四川剑门关东南賨部落很多信奉五斗米教，所以，其中的李姓部众，就自宕渠县（今四川省渠县东北三汇镇）前往投靠，在汉中的杨车坂以打劫为生，被当地人称为“杨车巴”——也就是杨车这个地方的巴人。张鲁归降曹操以后，李姓部众也随之归降，曹操把他们迁到略阳郡（今甘肃省天水市东）之北，号称巴氐（巴地的氐人）。氐族自成为一个种族，深受羌汉文化的影响，“能织布，善田种”，“编发”。陈寅恪先生据此推断，氐族与西南夷族南诏之先祖六诏是同源。

公元296年齐万年起兵以后，略阳郡、天水郡（今甘肃省甘谷县）等六郡饥民向有粮食的地方逃亡，向东南进入汉川（今陕西省南部）的，有数万家。巴氐中的族人李特、李庠、李流，都有才干武略，精于骑马射箭，在略阳郡的时候，就是郡将。据《华阳国志》记载：李特兄弟五人，大哥李辅，字玄政；老二就是李特，字玄休；老三李痒，字玄序；老四李流，字玄通；老小李骧，字玄龙。李特的两个儿子，大的叫李荡，小的叫李雄，李特老婆罗氏（也是一员女将）怀上李雄的时候，梦见了双虹从门里出来升上了天空，但是一条中断了。罗氏说，我这两个儿子如果一个长大以后夭折了，活着的那位一定大贵。

在南行的路上，李氏兄弟常常照顾帮助患病、贫苦的难民，从而成为这批难民的领袖。这批难民流入汉中郡以后，又上书晋朝廷，要求前往巴蜀（今重庆市、今四川省）去谋生，鉴于四川特殊的地理位置，朝廷担心这批饥民进入四川以后，发动叛乱，形成割据之势，因此，没有批准，并且派遣侍御史李苾“持节”，前去慰劳安抚，也为了监视并阻止他们进入剑阁（今剑门关）。

可是，这个李苾到了汉中之后，却接受了饥民的贿赂，转而替这些饥民说话，他上报中央说：“饥民十余万口，不是汉中一个郡所能养活。东下荆州的话，水流湍急，又没有舟船。巴蜀仓库存有粮秣，而又逢丰收，最好准许他们前往谋生。”

听了李苾的奏报，朝廷最终批准了难民的要求。

当李特经过剑门关的时候，他遥望高耸入云的阁道，两条腿直伸着坐着，叹息说：“刘禅据有这样险峻的地方，而竟被人双手捆绑，岂不是个笨蛋！”听到这话的人，对李特都另眼相看。

难民来到四川以后，很快散布在四川各地，政府无法禁止。

在卫瓘平北那一节，我们已经说过，晋王朝为了进一步分化瓦解鲜卑拓跋部，在元康五年的时候，把拓跋部分成三部分：

一是，由力微在草原的儿子禄官，统领一部居住在东边，具体位置在上谷（今怀来县大古城村北约一千米处）以北，濡源以西，东面是鲜卑的宇文部；

二是，由沙漠汗的大儿子猗㐌统领一部，居住于代县的参合陂；（今内蒙古自治区凉城附近）

三是，由沙漠汗的二儿子猗卢统领一部，居住于盛乐故城。（今内蒙古自治区和林格尔）

并在部落里还设立了辅相制度（政治委员），部落将领很多也是晋人，这些人不仅是晋朝的官员，而且也是北方拓跋部的官员，其政权几乎就像是晋朝建立的两个地方政权。

但是，在晋人控制拓跋部的同时，拓跋部也大量地任用晋人，并趁着晋王朝为齐万年之乱和连年自然灾害而闹心的时候大量招纳晋人，其中，沙漠汗的二儿子猗卢，他长期和他父亲和哥哥生活在晋王朝的洛阳，汉化程度很深，非常善于用兵，他统领的那一部（也就是三部中居住最西边的一部），在元康五年被立以后，就开始了扩张，猗卢率军穿过瀚海沙漠群，向北方发展，并把各种胡人都迁到云中（今内蒙古自治区托克托县东北）、五原（今内蒙古自治区五原县）和朔方（今内蒙古自治区杭锦旗北）地区——等于自己的治所往西迁移了。同时，从元康七年开始，进行西征，一直到晋永宁元年，前后经过长达五年的战争，征服西域多达三十余个国家。

从此，拓跋鲜卑成为中原北方一支强有力的力量，从杏城以北八十里到长城原，立石与晋朝为界。当时，拓跋鲜卑遇有婚丧大事，晋王朝的成都王司马颖、河间王司马颙、并州刺史司马腾都会派人前往参加。

这些看似毫无关联的事情，在不远的将来，影响都会一一展现出来。

一五七　孟观安西

周处被杀以后的第二年，也就是元康八年，晋朝选拔出一个人去剿灭齐万年，那个人就是——孟观。

每当想到孟观，很容易让人记起另外一个人，那就是马隆，他们两个人有许多相似之处：

一、都是寒门有为有才之士。

二、都是以宿卫勇士战胜西北叛胡，一个是在司马炎时期，杀掉秃发树机能；一个是活捉齐万年。

三、都是在任地方官的时候，能保一方平安。

四、都是文武全才，马隆写了兵书，孟观懂得天文。史称孟观少好读书，解天文。

但是，两个人还有很多不一样的地方：

一、马隆是义士，为了义不惜冒着被司马懿杀掉的危险，去埋葬令狐愚；而孟观则有些投机的迹象，为了前程，听命于贾后，并且为了煽动诸王参加诛杀杨骏的政变，而不惜“颇加诬其事”（《晋书·孟观传》），对杨骏进行诬陷。

二、两人虽都是文武全才，可孟观懂得天文，不过天道悠远，人怎能参透？

也就是这两点不同，使得马隆踏踏实实，最终寿终正寝，死在官位上；而孟观，也是因为他自己的这些“长处”，最后却导致他死于非命。

不过，这些我们以后再说。

现在，让我们先回到西北严峻的形势上吧。

齐万年自从击杀了大名鼎鼎的周处以后，军威大振，兵力很快达到了数十万。

而晋王朝不可能放弃关中地区，根据《晋书·司马颙传》中称：晋王朝“石函之制，非亲亲不得都督关中”。这也解释了为什么一会儿是梁王司马肜，一会儿是赵王司马伦的，来回调任镇守关中，那是因为，晋王朝十分看重关中这一四塞之地，规定，不是与皇帝最亲的王爷，是没有资格镇守关中的。

此时的梁王司马肜的部队人数也不下齐万年的，不过，由于屡屡失败，士气低落，不堪再战。心急如焚的晋王朝势必要选派更加有才能，并且属于贾皇后亲信、梁王司马肜不敢掣肘的将领来主持讨伐行动。

于是，中书令陈准和中书监张华想到了左积弩将军孟观。

我们知道：孟观，字叔时，是渤海东光人，因为帮助贾后诛灭杨骏而被封为上谷郡公，加积弩将军。陈准和张华对司马衷和贾南风说：“赵王司马伦和梁王司马肜都贵为王公，说到进取，也没什么进取心，说到失败，也不担心被处分。因此，部队人数虽然很多，但是，没有人愿意效力，这就是周处失败的原因。（这种说法不过是顾及司马肜的面子）现在是上下离心，难以取胜，我们以为，孟观是个将才，他沉着坚毅，能文能武，请求派遣孟观率兵前去讨伐。”

两人的建议立即得到了司马衷的批准。

孟观率领的禁卫军个个都是勇悍无比，以一当十。

他来到关中以后，统领关中的部队，以禁卫军为中坚力量，冲在了战斗的最前线，主动出击，与齐万年的部队大战了几十次，斩杀很多敌人，次次都获得了胜利，迅速扭转了不利局面。

转眼到了第二年，也就是元康九年的正月，在孟观到达关中前线的数月以后，齐万年与孟观在中亭（今陕西省武功县西）决战，在这场决定生死的大战中，孟观的部队大破齐万年，并在阵中生擒了齐万年。

齐万年被押解到洛阳，斩首示众。

这场自公元296年到公元299年持续三年多的叛乱最终被强人孟观镇压。

一五八　再议徙戎

齐万年的叛乱给扑灭了，但是，先有秃发树机能，后有郝散、齐万年的叛乱，这不能不使晋王朝朝廷中的有识之士再次关注起胡人问题来。

然而，此时的晋国朝廷上都是些什么人呢?

主持朝政的大约分为五类：

一是司马氏宗室老臣。像很快就要去世的司马泰，以及我们早已经领教过的司马肜和司马伦等人，要么年老，要么短视。

二是名士们。像乐广、王衍、王戎等人，在他们看来，本来做官就是一件违反性情的事，处理经国事务那更不是雅士们应该做的，那都是些俗务，他们的任务就是优游卒岁，坐看云闲。

三是乐于做事的人。像张华、裴頠、贾模等人，他们处于各自不同的目的，在尽心尽力地做事，但是，张华已经年老，只想安度晚年；贾模、裴頠最为操心的事情还不是徙戎，而是贾南风的专权跋扈以及丑声四溢。

四是其他攀附上面三类人而爬上一定位子的人。由于晋朝从司马炎开始，就对随便提出议案的官员不加处罚——此事杜预就曾指出过，因此，到了现在，这种随便表态、轻言异议的作风仍然盛行，根本没有多少人真正认真地去思考、严肃地论证一件事，而是随便发表不同意见。

五是个别有识之士。但是，他们基本上都身居比较低的职位，左右不了政局。

而提出著名的《徙戎论》的太子洗马江统，就是其中的代表。

柏杨先生评介江统的《徙戎论》是“历史上考虑最周密，计划最详尽，又最切实可行的一个伟大方案”。关于徙戎，从邓艾到郭钦，再到江统，总的一条就是：把戎人、狄人从内地迁出，断绝他们扰乱晋人的源头。

围绕这一命题，江统进行了全面深入的阐述。

他举出历史史实证明，戎人、狄人的本性是：势力弱的时候，对中国敬畏臣服；势力强的时候，即行背叛侵扰。

然后，从周王朝瓦解，戎狄遂利用这种机会，深入中国本土。到秦王朝统一天下，把蛮夷全部并吞入中国。再到东汉王朝时，西羌各部落多次遂起兵叛变，一直说到晋朝，胡人屡屡作乱，有力地说明了胡人历来是中原内地安定的心腹大患。

在说明了胡人作乱的事实以后，江统接着分析了其中的原因，提出了一个被后人褒贬不一、长期争论的论断：不是我们的族类，就永远不会跟我们同心（非我族类，其心必异）。另外，他们作乱的原因还在于："政府官员和普通平民，都轻视他们、欺侮他们，并认为是这一种天经地义的正常现象，使他们的愤恨和怨毒深入骨髓。等到他们人口够多，力量够大之时，不可避免的自会产生反抗之心。以他们贪婪凶悍的本性，加上累积已久的愤怒，一旦爆发，就不可收拾。"

针对目前的实际情况，江统认为："关中地区，土地肥沃，物产丰富，历代帝王建都之地，从来没有听说过让西戎、北狄在那里居住。"因此，他提出具体的办法就是："乘政府的军事力量正达高峰，军事措施还没有懈怠，一是把冯翊（今陕西省大荔县）、北地（今陕西省铜川市耀州区）、新平（今陕西省彬县）、安定（今甘肃省镇原县东南曙光乡）各郡的西羌族迁徙到先零部落（大小榆谷一带，今青海省贵德县至尖扎县一段黄河河谷）、罕部落、幵部落、析支部落故地（今黄河上游，直至赐支河首一带，今青海省玛多县）。二是把扶风（今陕西省眉县）、始平（今陕西省兴平市）、京兆（今陕西省西安市）等郡的氐民族迁徙到陇山以西，安置在阴平（今甘肃省文县）、武都（今甘肃省成县）两郡之间。发给迁徙途中所需的粮秣，足够他们到达目的地，使他们回到祖先的故土。命移民区驻军司令（属国都尉）跟安抚军事总监（抚夷护军）就近照顾。西戎人跟晋人不再混杂在一起，各族住在各族土地之上，则他们纵然有侵略中国的野心，纵然想掀起战争，但距中国太远，中间隔着千山万水，即令有凶恶的行动，伤害的程度也不可能太大。"

为了批驳反对意见，江统进而站在反对者的立场提出设问，他说："反对的人会说：'氐族的叛乱刚刚平息，关中正逢饥馑，又瘟疫流行，人民愁苦，都盼望得到休息安静，却忽然驱使这些疲惫憔悴的部众，迁移这些心里仍猜疑恐惧的叛众，恐怕我们的力量不够，不能完成。……’我的回答是：‘你认为现在屈服的氐民族部落还有潜在的反抗能力？他们后悔过去作恶，放下武器，难道是感谢政府的恩德，诚心降服？或者是不能再战，走投无路，智慧和力量全都枯竭，恐怕我们的大军屠杀，才不得不归顺？’回答说：‘当然是不能再战，走投无路之故。’那么，我们既可以控制他们的生命，自可以控制他们的进退。欢喜他所从事工作的人，不会改变他的工作；欢喜他居住地方的人，不会考虑搬家。现在，我们正是要利用他们疲惫和疑恐的心理，用兵威震慑，使他们听从而不敢违抗。现今，他们死的死、散的散，流亡各地，还没有全部集结，关中人民，家家户户对他们都怨毒入骨，所以要他们迁往远处时，他们不会留恋。

……并州胡人，本是凶恶的匈奴贼寇，……而今，五部已有数万户，人口之多，超过西戎，而匈奴人天性骁勇，精于骑马射箭，战斗力之强，远超过氐人和羌人。如果不认清有一天终有掀起战火的可能，则并州未来的情况将使十分担心。”

最后，江统苦口婆心地指出：“主持国家大计的人，所面对的事，不应只忧虑国家贫困，而应忧虑国家不安。中国有四海之大，人民富庶，难道非把异族留在国内，然后才能立国？对这些异族，政府应明白宣布，耐心解释，送他们返回故土，一方面解除他们的思乡之苦；另一方面也解除中国内部的小忧。《诗经·民劳》说：‘爱护中国，安抚四方。’功德永留于世，在谋略中应属最好的计策。”

但是，以当时的晋国朝廷，没人能够下如此大的决心，做如此大的事情。晋国朝廷不能果断采取措施徙戎，也就一再地错过了稳定国家的机会。

江统的《徙戎论》只能让我们后代的人在看到连绵一百三十五年的五胡十六国时期的时候（从304年刘渊称王至439年北魏灭掉北凉统一北方，中国进入南北朝时期），唏嘘不已。其实，在进入南北朝（南朝：公元420—589年；北朝：公元439—589年）以后的那一百五十多年的历史里，中原大地又何尝不是争斗不已、战火连年、生灵涂炭呢？

江统，记住你了。

一五九　朝政日非

过去我们说过，在司马衷时代，根据《晋书·惠帝本纪》的记载，当时的朝廷是“政出群下，纲纪大坏，货赂公行，势位之家，以贵陵物，忠贤路绝，谗邪得志，更相荐举，天下谓之互市焉”。

面对着这样一个状况，此时，我们把眼光投向了一个人，那就是——张华。

对此，出身寒门的张华深感独木难支，尤其是在元康五年，当晋王朝的武库发生了大火，这件事对张华的震动很大，听到武库着火的第一时间，张华担心诸王是不是又作乱了，他赶紧布置部队坚守岗位。因此，没有及时组织人们去救火，致使武库中存放的历代珍宝和两百万人的器械铠甲被焚毁，根据《晋书·五行志》的记载，这些“珍宝”包括：王莽的头盔、孔子的鞋、刘邦的斩蛇宝剑等，——如果真传到今天，那可是国宝了。——《晋书·张华传》还记载，当时张华看到那宝剑穿屋而飞，莫知去向。他和阎瓒都把这件事与以后太子被废联系起来，曾经沉痛地说：“武库火而氐羌反，太子见废，则四海可知。”——也就是预感到亡国不远了。在忧愁和担心中度过一天天的张华，内心的苦闷是可想而知的。他在《答何劭诗》中叹息道：“吏道何其迫。窘然坐自拘……恬旷苦不足，烦促每有余。”　“忝荷既过任。白日已西倾。道长苦智短。责重困才轻。”向往有朝一日，能够“散发重阴下，抱杖临清渠。属耳听莺鸣，流目玩鲦鱼。从容养余日，取乐于桑榆”。

虽然如此，他还在尽力维护着王朝的日常运转，尽量不发生大的波动，他酷爱读书，根据史书记载，他搬家的时候，光书籍就装了三十乘，以至国家修订官书也要到张华家藏的书去校对。因此，张华自己出身寒门，因此十分爱惜人才，尽自己的全力提拔有才能的寒门或者吴蜀之地的人士，希望他们能够真正为国家做出贡献。受到张华提携的二陆、左思都不用说了，其他的如号称为“南土五俊”的薛兼、纪瞻、闵鸿、顾荣、贺循，都被张华称为“皆南金也”。张华称成公简为“清净比杨子云（杨雄，汉文学家），默识拟张安世（张汤之子，汉朝重臣）”。（《晋书·成公简传》）对陈寿，则评价为“有良史之才”。张华还把寒门出身的陶侃、牵秀、刘弘、张轨、成公绥等提拔或者引为下属。（分别见《晋书》各本传）

除此以外，对于贾后的凶悍无耻，张华也尽可能进行讽谏，他写下《女史箴》，全面论述妇女应当具备的品德，试图对贾后进行规劝，后来，《女史箴》被南北朝北魏宫廷画家（据近年学者考证认定，过去通说为南朝顾恺之所画）画为著名的《女史箴图》流传至今。在司马伦因无能被从关中调回中央以后，司马伦极力交好贾皇后，“大为贾后所亲信，”想求尚书令的职位，而张华、裴頠坚决不允许这个无能的人再染指朝政。

然而，真的是独木难支。

虽然贾模也出于自己家族的安危，多次劝谏贾皇后不要太过分，但是，贾模的缺点也十分明显，他的尽忠行为不过是为了避祸，因此，总爱玩些小聪明，有所启奏，总是装作离这事远远的，而在私下里操纵；对于和自己对立的人，则千方百计地进行陷害；还“贪冒聚敛，富拟王公。”而裴頠呢，根据《晋书·韦忠传》的说法，也是“欲而无厌”。想法太多，从不知足。对此，连张华也无可奈何。

贾南风不喜欢太子，并且自己总想干政，这引起了裴頠的担忧。他找到贾模和张华，秘密商议废掉贾南风，更立太子司马遹的亲妈谢淑妃为皇后。贾模和张华都说：“皇上自己并无废黜贾后的意思，如果我们做臣下的擅自这样做的话，皇帝心里肯定以为我们做得不对。再加上，诸王都是血气方刚，朋党如果再起异议的话，恐怕祸乱会立即爆发，到时候，我们身死国家陷入危难，还无益于社稷啊。”裴頠说：“你们俩说得都对。但是，她是个昏聩又暴虐的人，做什么事情都无所忌惮，这样下去，混乱也会马上到来，你们说那怎么办？”张华说：“你们两个还都是她的亲属，还被她所信任，只要经常在她身边进行劝谏，估计还出不了大事。幸好现在天下还过得去，我们大约还能够度过余生吧。”（这是《晋书·裴頠传》的说法，而《晋书·贾皇后传》的说法则是，贾模看到贾南风凶暴，而找到裴頠和王衍商量废掉贾南风的事情，结果，王衍先同意，后来又后悔了，致使这一计划泡汤。）虽然说法不同，但是，可以确信的一点是：当时，贾模或者裴頠的确与张华酝酿过废后的事，但是，此事因为张华或王衍的反对而夭折了。

贾模和裴頠很听张华的话，贾模每每遇到机会就劝谏贾南风，弄得贾南风心里很不是滋味，以为贾模不是真心爱自己，于是，就慢慢对贾模疏远，贾模因此忧愤成病，很快就去世了；裴頠不敢像贾模那样直接劝说贾后，只好找到自己的从母贾南风的亲妈郭槐，让郭槐劝说贾南风对太子好点，裴頠最担心的事就是害怕贾后和太子司马遹之间出现问题。

正如裴頠担心的，太子和贾后之间真的出了问题。

一六〇 贾谧作俑

司马遹，字熙祖，是司马衷的长子。

小的时候，司马遹很聪明，深得爷爷司马炎的宠爱。可是，等司马遹长大以后，却不好学习，也不尊敬师长，还脾气很坏，只知道和身边的侍从瞎胡闹。司马遹之所以这样，与贾南风的暗中“栽培”有着密切的关系。贾南风就怕司马遹明礼好学，名声好，就秘密地交代司马遹的身边宦官，对司马遹灌输“趁年少及时行乐”“对下属要知道用威刑”“自己喜欢的事可以随便去做”等等思想，结果，在青少年人生观确立的关键时期，司马遹变成了一个完全不合格的太子：他喜欢住低矮的房子；（王隐的《晋书》卷七记载）经常在后园玩耍，不去朝见父、母亲；喜欢让人驾着车飞驰，把缰绳弄断，让人家车翻人落，以为笑乐；并且自己的各种禁忌还很多，不让修缮房子啦等等；也许是因为自己的外公是屠户出身、遗传因子在作祟吧，司马遹喜欢在园中做买卖，他让手下的人割肉，自己用手掂着肉块，计算分量，竟然分毫不差，他还利用园子卖一点蔬菜、鸡、麦、篮子等物品，赚取利润，就这，还总是嫌钱不够用，太子宫一个月的预算是五十万钱，太子司马遹总是预支两个月的用度。写了《徙戎论》的江统身为太子洗马，提出五件事（一是孝，二是亲近师傅，三是勤俭，四是不要买卖，五是去除小忌讳）对太子进行劝谏，司马遹就是不听；杜预的儿子杜锡是太子舍人，深恐贾后危害太子，多次劝谏太子不要得罪了贾后，惹得司马遹心烦，在杜锡常坐的毯子里放置针，把老杜的屁股扎得鲜血直流，痛得哇哇大叫。过了几天，司马遹还故意问杜锡：“前几天你屁股扎啥了？”杜锡同样若无其事地回答：“喝醉了，不知道。”司马遹毕竟沉不住气，说：“你喜欢责备别人，为什么要这样自作自受呢？”

太子当然知道是贾后不让自己和生母谢淑妃常见面，也知道贾后经常欺负自己的生母，作为二十多岁血气方刚的年轻人，他心里肯定不是滋味，但是，贾后名义上总是自己的母亲，奈何不了人家，于是，司马遹就把心中的怒火转移到贾谧身上了。

不过，司马遹也不敢对贾谧怎么样，只是在贾谧来东宫见司马遹的时候，司马遹故意把贾谧晾在一边，自己回后园玩。更重要的是，贾谧和司马遹还是情敌，当时，郭槐想把贾谧的妹妹——也就是贾午的女儿——嫁给司马遹，这样，在郭槐看来，两家就成为一家了，司马遹倒是也想和贾家结亲，以巩固自己的地位，可是，贾南风和贾午都不同意；郭槐退而求其次，就为司马遹聘了王衍的小女儿王惠风，说到底王惠风的母亲也是郭家的人，这样，司马遹和贾家、郭家也成了亲戚，毕竟也是好事。但是，太子却听说王衍的大女儿长得美，司马遹也想娶老大，可是，贾后却硬是把她许配给了贾谧，这让司马遹心里很不是滋味，经常拿这说事。可是，偏偏是冤家路窄，在贾模死后，贾南风又把贾谧升为侍中，并把贾谧的工作安排在司马遹身边，“陪太子读书”，让这两个情敌天天见面。一次，司马遹和贾谧在一起下棋，为争道双方发生了激烈的争吵，成都王司马颖看到以后，呵斥贾谧：“皇太子，是国家未来的皇帝，贾谧你小子怎敢这样无礼！”贾谧心里怨恨，就到贾后面前告状，结果，贾皇后就把司马颖调任平北将军，镇守邺城；正巧尚书令司马泰去世了，就把打了胜仗驻守关中的司马肜（哪是他打的啊）调回中央任尚书令，把司马孚的孙子司马颙调到关中任征西将军。

糊涂了一辈子的郭槐，老了老了，反而明白了很多。老太太知道贾皇后没有亲生儿子，就经常劝说贾南风要对太子好些，——这大概有裴頠的很多功劳——老太太本人也对司马遹尊敬有加，到郭槐临去世的时候，贾皇后离开宫中，亲自回家照顾老太太，太子司马遹对老太太也知道感激，于是，也随着贾南风一起去老太太居住的宜城第，带着医生去询问病情，对老太太的礼数很是周到。郭槐临终的时候，拉着贾南风的手对女儿恳切教导：“赵粲和贾午一定会祸乱你家，我死后你一定不要再见她们，记住我的话。”——赵粲是司马炎的充华，曾经在司马炎要废黜贾南风的时候，替贾南风说了很多好话；贾午就是自己的小女儿，“人之将死，其言也善”，郭槐此时把一个一直有恩于自己家的赵粲，一个自己亲生的小女儿拿出来批判，神了……

而此时贾谧家突然出现的一些妖异事件却使得郭槐临终遗言都化为乌有，

奇怪的是，贾谧家接连出现了这样一些事情：风把贾谧的朝服一下子吹到天上，刮到中丞台里；贾谧的被子里爬出蛇；深夜霹雳闪电击中贾谧的房子；室内的柱子突然下陷等等，这一切都使得贾谧心惊肉跳，也使他确信太子有可能对自己不利，自己必须动员贾后立即采取行动，废黜司马遹。

贾谧找到贾后，对贾后说："太子现在大量的买来田地，积攒财产结好小人，目的就是为了和贾家作对。我听太子私下说，皇后死后，我要像对待鱼肉一样蹂躏她。他不但会这样，而且，等皇上去世以后，他如果登上皇帝宝座，依照我们诛杀杨骏的先例，肯定会把我们杀掉，再把皇后您废黜到金墉城，那是易如反掌的事情。不如早早下手，选择性情更为和顺的人做太子，这样才好巩固我家的家业啊。"

贾后点了点头，同意了。

贾谧为平静十年的晋朝政坛点起爆炸的导火索……

一六一　废黜太子（一）

贾南风并没有立刻行动。

她依然考虑得十分周全，在密谋废黜太子之前，她就已经对外宣称自己其实已经生下了一个儿子，并且对大家说，由于是在居丧期间生的，所以，感到羞愧，不好意思告诉大家，就一直没有对外宣布。然后，贾南风把妹妹贾午生的孩子韩慰祖领养在自己身边。这里的居丧，应该不是居自己的妈妈郭槐的丧，而是居司马炎的丧。因为，根据《晋书·贾谧传》的记载，贾谧的生父韩寿是在元康初年去世的，也就是说，韩慰祖最迟也是在贾南风诛杀杨骏、司马玮等人的时候出生的，而郭槐则是元康后期去世的，因此，在贾谧与司马遹发生冲突，并劝说贾南风废黜太子之前，贾南风就已经对外宣称自己已经有了一个亲生男孩子的事实。

如果这个推断成立的话，那么，可以想见贾南风废黜司马遹其实只是早晚的事情了，贾谧的劝谏只是加速了贾南风的决心，这也就解释了为什么贾南风和贾午姊妹两人此前是那么一致反对母亲郭槐把贾午的女儿嫁给司马遹。——原来，这两个姐妹在贾南风掌握大权之初，就已经商量好了要以贾午的儿子取代晋王朝的天下！——当然，这是在贾南风没有亲生儿子的情况下。

也许，真正的密谋远在诛杀杨骏以后就开始了，准备工作也早已经展开。如今，只是摊牌的时刻罢了。

此时，洛阳市面上传唱着一种童谣："南风烈烈吹黄沙，遥望鲁国郁嵯峨，前至三月灭汝家。"与此同时，贾南风、赵粲和贾午开始了密谋如何废黜太子的计划。

他们先是派人四处宣扬太子司马遹的各种不良行为，这种风声也传到了太子的手下的耳朵里，中护军赵俊劝说司马遹先发制人，废掉贾后，但是，时年二十二岁的司马遹没有采纳。太子宫左翼卫队长（左卫率）刘卞，深受司马遹的信任，每次太子举办宴会都让他参加，他目睹了贾谧的骄傲和司马遹的怨恨，于是，刘卞把所听到的废黜太子的阴谋去找张华证实，张华说："我一点都不知道。"刘卞说："我本是须昌县的一个无名小吏，受到您的提拔才有今天的官职。我感激您知遇之恩，所以才对您毫不隐讳，难道您还疑心我？"张华说："假定有这回事，你准备怎么办？"刘卞说："太子宫中豪杰林立，四翼卫队（四率）拥有精兵万人。你身居宰相高位，如果你同意，则皇太子就可以利用朝会时机，发动政变，接管政府；至于把皇后送到金墉城囚禁，只要两个禁宫侍从宦官就够了。"张华说："如今，皇帝还在位；太子是皇帝的儿子。皇帝又从没有对我发布让我像伊尹那样辅政的命令，而我忽然鼓励太子做此大事，不但违背君王，复又违背父亲，岂不是向天下显示忤逆不孝？何况豪门宗族布满朝廷，政变需要的威望和权柄，这两者我都没有，这样做岂能一定成功？"

贾南风很快就听到了风声，就把刘卞调任当雍州刺史。刘卞知道事情泄露，只好服毒自杀。后人猜测，向贾南风告密的人就是张华本人。比如《资治通鉴》的胡三省原注就认为："贾南风凶悍，假使她听到刘卞曾经跟张华磋商，而张华没有检举，张华必死在贾南风之手。而张华竟平安无事，猜测是张华告的密。"从此事的秘密程度上说，刘卞与张华的话，只能是两人知道；从张华的心态分析，他不愿意看到动乱发生，尤其不愿意看到太子的以下犯上；从个人关系上说，张华是贾南风一手提拔出来，并封为郡公，如果没有贾南风，张华还一直处在被排斥的地位，张华对贾南风不能说没有感激之情。从后来张华被杀以及以后的昭雪过程是那么艰难上来看，高门望族和司马宗室对于张华这个寒门出身的才子并不感冒，假使宗室豪门掌权，张华肯定是不会有今天的，兴许这也是张华虚与委蛇的主要原因吧。

元康九年的十二月，太子司马遹的长子司马虨患重病，司马遹请求封儿子司马虨一个王爵，皇帝司马衷下诏不准。司马虨病势沉重，司马遹为儿子请巫师向上天祈祷求福。贾南风认为下手的时机已到，对司马遹传话说司马衷身体不适，命司马遹进宫请安。但是，司马遹进宫之后，却没有见到贾南风，而是被引到另外一个房间里。贾南风派宫女陈舞，说是奉司马衷之命，送来美酒三升，要司马遹全部喝光。司马遹告诉陈舞说，他没有三升的酒量。陈舞逼迫道："你是不是忤逆不孝？父亲赏赐你的酒，你竟然抗拒，难道酒里有毒？”司马遹不得已，只好勉强全部饮下，于是，酩酊大醉。贾南风命黄门侍郎潘岳拟了一份草稿，派宫女承福带着笔墨纸砚，趁着司马遹酒醉，说是奉皇上指令，叫司马遹照抄一遍。潘岳拟就的草稿内容是：“陛下应自己了断，不自己了断，我当进去了断；皇后也应自己了断，不自己了断，我当亲手了断。并跟谢妃共同约定日期，同时发动。不要再犹豫不决，以免招来后患，茹毛饮血，在日月星三光之下，上苍已准许扫除祸害，立道文（司马虨乳名）当王，让司马虨生母蒋俊当皇后，愿望达成，杀猪牛羊，祭谢北君神祇。”

司马遹在神志不清的情况下，照抄一遍；字迹歪斜潦草，一半的字都不能成形，贾南风再把它修补之后，呈送给司马衷过目。

贾南风授意潘岳写成的这个草稿，目的就是要把司马遹、司马遹的生母谢妃、司马遹的长子司马虨以及司马遹长子的妈妈蒋俊保林（保林是对太子小老婆的特殊称呼）全部处死，斩草除根。

一六二　废黜太子（二）

公元299年十二月三十日，马上就要过年的喜庆并没有笼罩在晋国的朝堂之上。

就在这一天，司马衷驾临式乾殿，召集文武百官，命总管太监、贾南风的亲信董猛拿出两张纸让大臣们看，一张是太子司马遹照抄的信笺，另外一张是在青纸上写妥的皇帝诏书，诏书这样说："这就是司马遹写的，应该处死！"——这短短的一句话还需要太监代替自己说。

然后把信笺交给亲王、公爵和高级官员们传阅；大家个个看后都目瞪口呆，鸦雀无声。

张华说："这是国家最大的灾难，自汉武帝以来，国家每次罢黜嫡子，都会引起变乱。况且晋王朝建立的日子还短，请陛下三思。"

裴頠则认为，应先查明传递这份信笺的人，又请对照司马遹平常的字迹，不然的话，恐怕会有假。

贾南风心里有数，就拿出司马遹平常所写的报告启事十余张，大家对照之下，没有人敢说不是司马遹的笔迹。但是，裴頠所说的要查明传递书信的人，这一点却能够把事情的来龙去脉查清楚，但是，贾南风瞒天过海，故意不予理睬，大约裴頠立即察觉到了事情的内幕，就不再咬住这一点不放了。

但是，局面就此陷于僵持。

贾南风命董猛出面，谎称嫁给甄德的司马炎的女儿长广公主有话，说："事情必须马上决定，文武百官却在你一言、我一语！有不接受诛杀诏书的，军法从事。"

但是，大臣们仍然议论纷纷，直到太阳西下，还是不能作出最终结论。

贾南风看到张华等重臣一直不肯屈服，担心如果认真查起来，不好收场，而再这样僵持下去，也恐怕夜长梦多，她出面建议撤销死刑，仅把太子废为平民，这样，双方才达成暂时的妥协。

于是，派尚书和郁“持节”，解系的弟弟解结为副使，跟着大将军司马彤、镇东将军司马允、前将军司马澹、赵王司马伦、太保何劭一起前往太子宫，把太子贬作平民。

这一天是大年除夕，司马遹正在宫中的玄圃（讲经之所），听说有使者来，就换上了平民服装，叩拜诏书，步行走出太子宫承华门，然后乘上一辆破旧的牛车。

贾南风命东武公司马澹，率部队护送司马遹跟太子妃王惠风和太子的三个儿子：司马虨（尚在重病中，很快因病就死去了）、司马臧、司马尚，一齐囚禁金墉城；并把司马遹的妈妈谢玖和司马虨的妈妈蒋俊，严刑拷打至死。

名士王衍一看司马遹倒台了，就上书司马衷要求与司马遹断绝姻亲关系，司马衷允许了。

当听到这个消息以后，太子妃王惠风放声痛哭，号哭着从太子宫中回到王家，路上的行人也为之纷纷流泪，到永嘉年间，刘曜攻陷洛阳，要把王惠风赏赐给部将乔属，乔属想娶其为妻，王惠风把剑对着乔属说：“我，太尉的女儿，太子妃，义不为叛胡所侮辱！”于是被杀。

转眼到了公元300年，改元为永康，大赦天下。正月，西戎校尉阎缵，带着棺木，前往皇宫上书说：“西汉戾太子刘据起兵背叛，抗拒皇命，进言的人仍认为罪状不过打一顿板子。而今太子司马遹受到责罚的时候，不敢有违礼的行为，他的过失，远轻于刘据。现在要做的是，为他慎重的选择师傅，再严加教诲，如果仍不能悔改，再摒弃不晚。”奏章呈上之后，如石沉大海，宫中的贾南风只是装聋作哑。

就此把司马遹废为庶人，还让贾南风于心不甘，她继续变换手法：

很快地，就有宦官自首说，自己曾经和太子一起企图杀害父亲司马衷。

司马衷再次把宦官的自首状遍示全体大臣——司马衷此时好像必须把自己的孩子说成是个白眼狼才解恨。

然后，命东武公司马澹率一千人马，押解司马遹前往许昌行宫囚禁；又命持书御史刘振，“持节”严密看守；下令司马遹出发之日，任何官属都不准送别。

但是，太子洗马江统、潘滔，太子舍人王敦、杜蕤、鲁瑶等，冒犯禁令，远送到伊水，和司马遹哭泣送别。司隶校尉满奋逮捕了江统等人，分别羁押洛阳市和洛阳县监狱。羁押在洛阳市监狱的，河南尹乐广立即把他们全部释放；羁押洛阳县监狱的，仍继续囚禁。都官从事孙琰劝贾谧说："所以罢黜太子，放逐许昌，只因为他犯法有罪。太子宫官属冒犯禁令，送行告别，也是人之常情，如果加以重刑，传到四方的话，恐怕反而显示出太子的德行深厚，岂不是为太子做宣传吗？不如宽恕他们！"贾谧遂命洛阳县长曹摅释放，乐广因之也没有受到处分。

司马遹被押解到许昌后，写信给被迫离婚的太子妃王惠风，详细描述了被诬陷的经过，幸运的是《晋书·愍怀太子传》全文记载了司马遹的《致妻书》，使得我们看到了事情的全部经过：

我虽然愚昧顽劣，但盼望改过向善，竭尽忠孝，并没有罪恶叛逆之念。虽然我不是皇后亲生，但我侍奉皇后，如同亲母。自从被封太子，诏书令我自我约束，不准探望亲娘；自广城君（贾南风的母亲郭槐）逝世，我就不再被怜悯同情；常让我在空屋之中呆坐。去年十二月，道文（司马遹儿子司马虨的乳名）患病，情势沉重，父子之情，实在是很可怜，当时曾上书皇上，请求给孩子加一个封号，没有蒙恩准许，孩子病情恶化后，我们为他祈求上天，去祸赐福，并没有一点恶意。自从道文有病，皇后共派三次使节前来探视，说："皇上叫你。"二十八日傍晚，更发下一函，封面上写："东宫开拆"，信笺上写："皇上想见你。"遂即呈递奏章，请求进宫。二十九日一早，进宫觐见父皇；稍后，父皇命我晋见皇后，皇后左右侍女陈舞告诉说："皇后早上有点呕吐，身体不舒服。"叫我到一间空房中等，一会儿，皇后派陈舞告诉说："听说你上书陛下，替道文乞求王爵，所以没有批准，是遵守国家的体制。"这时，皇后在远处遥呼陈舞："昨天，不是叫你送给太子美酒、红枣？"陈舞就送来美酒三升、红枣一盘，命我全部吃下，我从来不饮酒，我向陈舞说我没有三升的酒量。皇后在远处遥呼说："你平常在皇上面前，还饮两杯，使人欢喜，现在怎么拒绝？父皇赐给你酒，是祝福道文的病好转。"我回禀皇后："陛下朝会的时间内，不敢推辞，但是从来没有一天之内，饮下三升。而且又没有吃早饭，恐怕无力承受，到现在还没有觐见陛下呢，如果一口气饮下三升，可能神志不清。"陈舞又传话说："你真是忤逆不孝，叫你饮酒，你不饮酒，难道酒中下了毒？"迫不得已，只好饮下二升，剩下一升，请求带回太子宫再饮，然而仍然逼迫，终于全饮下肚。酒入胃肠，身热心躁，迷惘慌乱，身不由己。一会儿工夫，一个小宫女拿来一张信笺，说："皇上叫你抄写这份文件。"我惊疑地坐起来，看那张信笺，一张白纸之外，又有一张青纸，小宫女催促说："陛下立等着要。"另一宫女承福，送来纸笔，在一旁研墨，命立刻书写，急迫之间，没有再看内容，而初看之下，并看不出纸上用语有什么不妥，只是因为父母是骨肉至亲，所以才毫不猜疑。事情经过如此，实在是受到陷害，请求众人替我昭雪。

但是，接到信的太子岳父王衍却不敢为他奏报申雪。

而此时，朝中已经有人在提议：立司马炎的儿子、司马衷的弟弟淮南王司马允为皇太弟了。

第八部 八王之乱

一六三　密谋废后

太子被废，引起了东宫将士和诸王的强烈不满。

对于因太子被废可能引发的动荡，贾南风不是没有预料。在司马遹被废以后，贾南风就对部分禁军将领进行了调整，赵王司马伦因为在关中“行赏失中，氐羌反叛”而被召回，给他一个车骑将军、太子太傅的职位，其实，是对他的一种惩罚性的处分，由于司马伦很会巴结，并获得了贾后的信任，虽然，他多次争取想当尚书令，而张华、裴頠一直不同意，但是，在寂寞地等待四年多以后，终于在“愍怀太子废，使伦领右军将军”。

别小看这个右军将军。虽然职位不高，但是，位置非常重要，根据后人考证，右军将军署是在宫城以内，左军将军署是在宫城以外，由此可以看出，右军将军是比左军将军重要的。如果司马伦得不到贾后的信任，这个职位是根本难以染指的。事实证明，贾南风信任一个“贪冒之人”，恰恰把自己送上了不归之路。

曾经给使东宫、并深受司马遹恩德的禁军右卫司令（右卫督）司马雅、近卫司令（常从督）许超，跟殿中中郎士猗等，阴谋罢黜皇后贾南风，扶立太子司马遹复位。三人商量，此事在张华、裴頠那里肯定通不过，张华已经六十九岁了，只知道保全自己的官位，而裴頠毕竟是贾家的亲戚，也拿不准他会不会参加。商量的结果是：右军将军赵王司马伦，这时掌握着禁卫军的军权，并且，此人性情贪婪，对于自己目前的官位并不满意，很有可能被说服参加政变。

于是，这三个人向司马伦的亲信孙秀建议：“皇后凶悍无道，跟贾谧等共同废黜太子。而今，皇帝还没有合法的继承人，社稷将危如累卵，大臣们中间将有人起事。而赵王亲近皇后，天下皆知，又跟贾谧、郭彰亲善友好，太子被废，人人都认为赵王也曾经参与进来，一旦发生事变，赵王肯定难逃一劫，为什么不先考虑发动政变呢？”

孙秀答应了，给司马伦一说，这个司马伦本来就是个庸才，对孙秀言听计从，马上表示接受。

于是，司马伦和孙秀又联络了通事令史张林、省事张衡、殿中侍御史殷浑、右卫司马督路始等，命令他们作为内应。

一切准备就绪，政变就要发动。

可是，孙秀脑子一转，他想到：太子司马遹素来性格刚强聪明，如果一旦还宫，势必和贤人良臣共事，提拔有功并且是老部下的东宫部属，而司马伦素来亲近贾谧，疏远太子，太子不一定会任用司马伦，更不要说自己了。

他转念一想，告诉司马伦说：“太子聪明而性情刚猛，如果返回东宫，恐怕不会接受别人的控制。明公一向是皇后的亲信党羽，关系亲密，连路上行人都知道。现在虽然为太子建立大功，太子可能认为你受到大家的压力，才翻云覆雨，只不过为自己脱祸罢了。太子过去对你含有怨恨，事成之后，肯定不会对你感恩戴德。万一有个小的差错，恐怕难逃被诛杀的命运，这只是加速你自己灾祸的降临。倒不如稍稍向后延期，依我个人的观察，皇后最终是要害死太子的。到那时候，你再号召起事，罢黜皇后，为太子报仇。这不仅仅是免掉灾难而已，更能够掌握住大权。”

司马伦深表同意。

此计当然太妙。

孙秀开始散布谣言说：禁卫军打算罢黜皇后贾南风，迎接太子复位。

贾南风在太子被废以后，一直小心翼翼，她派出了大量宫女，到民间四处打探消息，探听消息的宫女们及时向她汇报了这一传闻，贾南风听后十分恐惧。

司马伦、孙秀装作忠心的模样，乘机建议贾谧等人，（这种事情，当然不能直接对贾南风主动讲出，那是会弄巧成拙的。）早日除掉司马遹，以杜绝人们心中的希望。

一向躲在幕后、算计别人的贾南风终于中招。

三月二十二日，贾南风命情夫太医令程据配制巴豆杏子丸毒药，并矫诏命令侍从宦官孙虑前往许昌去毒杀司马遹。

前太子司马遹自放逐以后，深恐受到毒杀，经常让人在自己的眼前给自己煮饭吃。孙虑把来意告诉负责看守的持书御史刘振，刘振随即把司马遹一个人迁移到一个小院，并断绝了饮食，打算采取不太毒辣的手段把司马遹偷偷饿死，但是宫女们仍然在暗中从墙上递进饭菜。

孙虑耗不起这时间，因为洛阳还在焦急地等待着结果，并且，这种事情也不是零敲细打的事。

他就直接强迫司马遹服毒，但是，司马遹坚决不从。

孙虑就趁司马遹在洗手间解手不注意的时候，突然闯入，用捣药的铁杵猛击，司马遹临死时的哀号之声，直传到了墙外。

死时，年仅二十三岁。

朝廷上要求对司马遹以平民的身份埋葬。

此时，贾南风却惺惺作态起来，她以母亲的名义上书司马衷，说：听到这一噩耗，我悲痛之情不能自已。本来是想他能受此打击，更思孝道，重新做人，这样的话，还考虑着恢复他的太子之位。……虽然他罪过很大，但是，我不懂礼仪，私心以为身为王家子孙，用平民的礼仪安葬不妥，我恳切地请求您准许用他当太子之前所封的广陵王的王礼安葬。

真恶心……

一六四 黄雀在后

司马遹的死，使得司马伦的动员工作更为容易。

司马伦除了原来联络的内廷人员之外，还联络了自己的哥哥、目前为领军将军的梁王司马肜，自己的侄子、目前为左军将军的齐王司马冏，自己的堂侄子、目前为中护军的东武公的司马澹等人。

在贾皇后专权的初期，贾郭二家很多亲信都掌握着禁卫军，比如，贾谧就曾经担任过后军将军，王衍也曾任北军中侯、中领军，郭彰曾任右卫将军，裴頠亦曾任右军及左军将军。但是，到了元康末年，郭彰已死；王衍升为了尚书令；贾谧升为了侍中，秘书监；裴頠升为侍中，尚书左仆射，都不再担任位置较低的禁卫军将领了。在贾后看来，刚掌权时候的危机已经过去。即便如此，让司马伦做右军将军，也是因为司马伦年龄较大、辈分较高，更重要的是比较忠心，不像裴頠、张华他们总拿我说事。可是，这次贾皇后看走了眼……

如今，赵王司马伦可以说掌握了京城最大的实权，但是，即便如此，他仍然不能掉以轻心，因为，这次政变是一次彻头彻尾的以下犯上的政变，与十年前贾皇后诛杀杨骏、司马玮等截然不同。

可是，就在政变即将发动的时候，因为，太子司马遹已经死去，最先起意的右卫督司马雅和常从督许超突然发现，这次政变失去了方向，也丧失了最初发动的意义，政变不成，那不用说身死家破；那么，即使政变成功呢？赏赐自己的人是谁呢？司马衷吗？你没打招呼就把人家老婆给废了，能赏赐你？司马伦吗？你舍出命来冲在前头，到头来得到的赏赐能有孙秀多吗？——毕竟你不是人家的亲信……

两个人退缩了，他们后悔当初怎么那么糊涂要发动政变，二人一起对司马伦和孙秀称病了。

这一下，让司马伦和孙秀傻了。你这两个小子，真可恶！不是你们俩叫发动政变的吗？……哦，对了，你们是为了迎立司马遹啊，如今司马遹死了，你们就不干了？

但是，如今是箭在弦上，不能不发。如果不发，就等着掉脑袋吧。

赵王司马伦、孙秀只得秘密把宫廷右卫佽飞督（右卫将军司马伦的直接下属）闾和叫来，——佽飞，古代善于射箭的勇士，西汉王朝以来，作为卫士的称号——万幸的是：经过司马伦和孙秀的说服，闾和同意了。大家商定于四月三日夜三更，第一声鼓响时（也就是现在的半夜一点到三点，丑时）起事，到时候，由闾和在宫中击鼓作为信号。

不过，经过孙秀的努力，到了事发的当天，司马雅最终还是同意参与政变，根据《晋书·张华传》的记载，在当天，孙秀仍在做最后的努力，他命司马雅秘密禀告张华说："如今社稷将要危亡，赵王打算跟阁下共同拯救国家，为霸者的大事。"张华知道，司马伦等人废黜贾后以后，肯定要篡权，就拒绝了。司马雅怒气冲冲地说："钢刀已砍到脖子上，你还说些这种话！"理也不理张华，扭头就走。

四月三日午夜一时，司马伦拿出假的皇帝诏书——这也许就是司马伦联络通事令史张林、省事张衡的效果——把假诏书下达给京师"二卫"（卫尉所辖的宫城禁卫军和卫将军所辖的首都卫戍军）所属的三部司马——前驱禁卫营、由基禁卫营、强弩禁卫营——的将领，称："皇后跟贾谧等，谋杀我的太子。今天，命车骑将军入宫，罢黜皇后。各将领应听从命令，事情完毕后，晋封关中侯，如果拒绝，诛杀三族。"

半夜里，诏书难辨真假。

大家只能遵从皇帝的命令，部队整齐出发，跟随司马伦来到皇宫。

司马伦再假传圣旨，打开了宫门，部队在宫殿内的御道之南布防。

然后，司马伦命令翊军校尉、齐王司马冏，率领着三部司马的一百人击破后宫的宫门，冲入后宫，华林令骆休在内接应，把皇帝司马衷迎奉到东堂。

还记得齐王司马冏的母亲是谁吗？就是贾南风的同父异母姐姐贾荃，我们应该还记得，在贾充生前贾南风的母亲郭槐一直不让贾充见贾荃的母亲、贾充前妻李氏一面，贾荃和贾南风这一对异母姐妹，可以说是势同水火。虽然贾南风是齐王司马冏的姨妈，但是，上一辈的恩怨却一直延续到现在。

这也是司马伦派遣司马冏进宫、承担捉拿贾后这一关键任务的主要原因。

齐王司马冏突然出现在皇后的宫中，贾南风立即意识到出大事了。

她脱口而出："你来有什么事？"

司马冏说："奉到诏书，逮捕皇后。"

贾南风说："诏书只有从我这里才能下，你哪里来的诏书？"

但是，她脑子转得很快，立即意识到也许是自己的丈夫听信了什么人的谗言，要废掉自己，她拼死一搏，跑到楼上，冲着司马衷遥遥呼喊："皇帝，你自己的老婆，却被人废掉，你不久也会被废掉的！"

不知道司马衷能不能听到贾南风的呼喊，此年，司马衷四十三岁，贾南风四十五岁，毕竟他们在一起走过了三十年的风风雨雨。如果司马衷能够听到贾南风的呼喊，该作何感想呢？还会说"为公乎为私乎"吗？

也许，司马衷本人也正在战战兢兢、浑身发抖呢。

贾南风平静了下来，她知道自己已经无力回天了，她冷冷地问司马冏："起事的是谁？"

司马冏说："梁王、赵王。"

贾南风说："拴狗当拴脖子，我却去拴尾巴，怎么会不到这种地步？"

她后悔没有把这两个宗室的元老给看好，却把矛头对准对自己恶意并不太大的太子司马遹了。

但是，再回头已是百年人，天下哪有后悔药可吃！

在司马冏逮捕贾南风的同时，用"诏书"召见贾谧，将要杀死他，贾谧挣脱武士们的包围，狂奔到西面的大钟之下，大声哀叫："姨妈，救我！"武士追及，砍下了他的人头。

等贾南风从后宫走出，看到贾谧的尸体，她放声哭了两声，又收泪戛然而止。

司马衷下诏，把贾南风贬作平民，羁押建始殿；要求全体大臣都趁夜进宫集合。

尚书郎师景怀疑诏书是假的，请求皇帝亲笔写下诏令，司马伦恼羞成怒，立即下令杀了师景。

等百官到来以后，司马伦开始了捕杀贾家党羽的行动，并借机诛杀仇人，一时间皇宫成了刑场。

一、贾家女眷。吴太妃、赵粲以及贾南风的妹妹贾午，逮捕到暗室，拷打至死。

二、贾家亲眷。贾谧伯父韩保、叔叔韩蔚、韩预等，诛杀。

三、贾家同党。宦官董猛、赵粲叔父中护军赵俊（赵浚）、以及参与杀害司马遹的刘振、程据、孙虑等。

四、自己的仇人。张华、裴頠、解系、解结、解育三兄弟。

当天诛杀了数十人，并罢免了大量的官员。

张华、裴頠是因为在司马伦要官的时候，坚决不同意而得罪了司马伦。

在处斩张华的时候，司马伦还派通事令史张林以皇帝名义质问："你身居宰相高位，太子被罢黜，不能死节，什么原因？"张华说："式乾殿上，我的言论以及我所上的奏章，事实俱在，可以察考。"

张林说："进谏不被接受，为什么不辞职？"

张华回答不出。

解系、解结是因为司马伦镇守关中的时候，在对付齐万年叛乱上有分歧而结下仇怨，在要诛杀解氏三兄弟的时候，梁王司马肜解救三人，但是，司马伦恼怒着对司马肜说："我看到水中的螃蟹都恶心，更何况这三人竟然公开看不起我，这能忍耐，什么不能忍！"司马肜一再劝说，司马伦一意孤行，坚决不同意。

于是，一律斩首，屠灭三族，死的时候，张华六十九岁，裴頠三十四岁。

当时的情况十分恐怖，没人敢吱声。

只有那个曾经埋葬杨骏的义士阎瓒走出人群，独自抚摸着张华的尸体，失声痛哭，边哭边说："很早都说过让你退位避祸，你不退，今天真的没有幸免，这难道不是命嘛！"然后，他来到贾谧的尸体边，斥责道："小儿，你就是祸乱国家的源头，现在杀你都晚了！"

我不知道这里面有多少作秀的成分，但是，只知道，那话语里，有惋惜、有痛心、有斥责、还有愤怒！

一六五　权力分配

第二天天一亮，司马伦高坐在端门之上，屯兵北向，派遣尚书和郁（和峤的弟弟）持节送贾南风到金墉城，六天之后，司马伦矫诏派遣尚书刘弘拿着金屑酒，将贾南风赐死在金墉城内。

十年政治相对平静、宽松的元康时代过去了。贾南风专权的这十年，名士们才有闲情逸致去谈玄，豪门才有财富去夸耀，但是，这十年也是暗流涌动的十年，西晋王朝正处在生死存亡的十字路口，也是每一个朝代必须要面对的最危险的“瓶颈”时期，而掌舵的人却是一帮低能儿、清谈家、安于现状的人、投机家们……

屠杀还在继续……

在发动政变、诛杀大臣的当天即四月四日，司马伦就自我封为：使持节、都督中外诸军事、相国、侍中，一依宣文辅魏故事，设置左右司马，从事中郎四人，参军十人，掾属二十人，配兵一万名。这一官职充分暴露出了司马伦的篡位之心，因为，相国这个官，晋朝压根就没设置过，只是司马懿、司马昭做过；并且还“一依宣文辅魏故事”，那不就是把代替司马衷做皇帝的野心昭告天下了吗？同时，司马伦为了培植自己的势力，拉拢人才，以李重、荀组（荀勖之子）为长史，王堪、刘谟为司马，束皙为记室，荀嵩（荀彧之孙）、陆机为参军。然而，李重坚决不当，司马伦却坚决让人家当，结果李重是又忧愁又生气，害下大病，司马伦在人家病中拜人家为长史，气的李重没过几天就去世了；束皙也称病辞职，回家教书去了。

第三天四月七日，任命参与政变的哥哥梁王司马肜为太宰、守尚书令、增封两万户，何劭为司徒，刘寔为司空，淮南王司马允为骠骑将军，领中护军，齐王司马冏为游击将军（四品禁卫军将领，隶属领军将军）。又任命司马伦的世子散骑常侍荂领冗从仆射（负责宫中侍卫）；儿子司马馥为前将军，封济阳王；司马虔为黄门郎，封汝阴王；司马羽为散骑侍郎，封霸城侯，任命心腹孙秀为中书令。其他亲信都封为大郡郡守，并手握兵权，文武官封侯者数千人。

同时，为了名声，任命正直的傅祗为中书监、常侍如故，用来安抚众心。傅祗以生病推辞，司马伦派遣车拉着傅祗上班。听说傅祗仍然为中书监，王戎、陈准等相互说道："有傅公在，我们都不用担心有生命之忧啦。"史书称赞傅祗"其为物所倚信如此"。

又过两天，也就是四月九日，毒死了贾南风——很容易让我们回忆起三月八日贾南风的妇女节政变。今天，距离贾南风诛杀杨骏正好十年零一个月零一天，人生真奇妙啊。

之所以把司马允提拔为二品三公级别的骠骑将军，并领中护军，一方面是他直接参加了政变，更重要的一个原因在于，司马允在司马衷的诸兄弟中，年龄较大且声望较好，朝廷在前一段曾经讨论过让司马允当皇太弟的事情。此举也是为了安抚司马允。

而此次封赏最为不公的当属对齐王司马冏了。在政变之前，齐王司马冏就已经是四品的左军将军了，政变中，是司马冏亲自带兵进入宫中，捉拿了贾南风，可以说功劳是很大的。经过了一场政变，还是四品，仅仅向前一小步——以齐王之尊竟和孟观等积弩将军平级，难怪司马冏心里不是滋味了。

而同为文帝系的司马允和司马冏（司马允是司马炎的儿子，司马冏是司马攸的儿子，司马昭是他们共同的爷爷）发现：论与皇帝的亲疏关系，他们本应授予高位，但是，却没有，而真正的权力却转到了与皇帝关系相对较远的司马伦和司马肜系统上了，两人都是司马昭的弟弟。

这一反常的情形也预示着皇权有可能旁落到其他系统，不符合封建王朝一般的做法。

可是，现在还不是时候。

司马伦和孙秀还要装模作样一段时间。

因为，政变是拿太子司马遹被处死说事，那一脸的正气凛然还不能一下子就变样。

现在，太子没了，但是，没关系，太子还剩下两个儿子，大一点的叫司马臧，小的是司马尚。

五月，司马伦恢复司马遹的太子之位，并立司马遹的儿子司马臧为皇太孙。

又把离了婚的王衍女儿王惠风要了回来，继续抚养太孙，称为太孙太妃。太子司马遹的原有官属全部转为太孙官属。赵王司马伦自己担任太孙太傅，一副全身心保护太孙司马臧的样子。

五月前，这个孩子被赶出太子东宫，期间风雨如晦，发生了很多惊心动魄的大事，今天，司马伦心怀叵测地与太孙一起返回东宫，车驾走在繁华的铜驼街上，当人们看到司马臧的侍从和车驾仍然还是死去的太子司马遹的，一时间，宫人们悲从中来，失声痛哭，侍从们也都哽咽，洛阳的群众也都跟着落泪。

也许是王衍为了让人想起自己曾经还是太子的岳父，他把太子临终前写给自己和自己女儿的书信交给了司马肜，适得其反，朝廷下诏对王衍进行了无情的斥责，称他在太子被诬陷的时候，马上就提出离婚，得到了太子的求救书信，隐瞒不报，“志在苟免”，禁锢终身。

六月，皇帝司马衷穿着长子斩衰，群臣穿着齐衰，以太子之礼安葬了司马遹。斩衰，这是最重的丧服，适用于：子为父、未嫁之女为父、嫁后因故复从父居之女为父，嗣子为所嗣之父、承重孙为祖父，妻妾为夫，父为长子。全套的斩衰孝服包括：用最粗的生麻布做成的不缝边的衣服，穿在白色孝衣的外面；两条麻绳，一条做腰带，另一条缠着头发；哭丧棒；麻绳做的带，与前述的腰带相似；粗麻布做的丧冠；草鞋。齐衰是次一等的丧服，也有这几种物品，只是制作的材料相对细一点，丧服的衣边简单缝一下等等。

同时，义士阎瓒给司马衷上书全面论述了太子之所以走到这一步的前因后果，史书记载，司马衷受到感动，下令立下“思子台”，并让江统和陆机做颂词，以示悼念。

司马伦立下皇太孙、安葬司马遹，给自己的政变穿上了一袭合法的外衣。

然而，这一举动，却把另外一个人的心境打入到了最低点。

这个人就是——淮南王司马允。

本来自己在哥哥司马衷死后有机会问鼎皇帝宝座，可你司马伦偏偏立一个小孩子做皇太孙！

司马允陷入了郁闷之中……

一六六　石岳末路

四月四日司马伦政变以后，石崇因为属于贾谧的二十四友之一而遭到免官处分。

不做官的石崇并不影响他继续享受生活，他把家搬出洛阳，索性长期住在了金谷别墅，身边如云美女，倒也逍遥自在。

说到石崇身边的美女，有一个他最为宠爱的，名字叫绿珠。

绿珠，传说原姓梁，生在白州境内的双角山下（今广西壮族自治区博白县绿珠镇），姿容世所罕见。石崇以珍珠十斛得到了绿珠，倍加宠爱。每次宴客，石崇一定要让绿珠出来歌舞劝酒，绿珠不仅善舞，吹笛还很好听，见到绿珠的人都失魂落魄，以为见到了仙人，因此，绿珠之美名闻于天下。

如今，小吏出身的孙秀身居中书令，而赵王司马伦生来平庸，智力一般偏下，且又没什么学问，因此，朝中大事都是孙秀说了算。

孙秀很早就暗恋绿珠，只是过去人家石崇位高权重，自己奈何不得。而现在，自己也不再是过去的孙秀，而是炙手可热的中书令；石崇已不再是以前的卫尉，而是曾经依附乱党、介于有罪无罪之间的人。

孙秀按捺不住心中的淫虫，再也顾及不上面子，咬咬牙派人直接向石崇索要绿珠。

来人到金谷园的时候，石崇正登凉台、临清水，与群妾饮宴，吹弹歌舞，极尽人间之乐。

孙秀的使者把情况说后，石崇也不敢怠慢，把自己几乎所有的姬妾几十人都叫了出来，全部是香飘四溢，华丽耀目。

石崇简单地说了一句：“随便选。”

使者说："您的这些婢妾个个都艳绝无双，但小人受命索取绿珠，不知道这里面哪一个是绿珠？"

石崇听后勃然大怒："绿珠是我所爱，那是别人得不到的。"

使者说："君侯博古通今，能够明察远处，又能照亮近地，还是请您三思为好啊。"

但是，石崇是真的爱绿珠，他知道得罪孙秀意味着什么，但是，他还是那句话：

"不行！"

孙秀的使者一直不甘心，出了石崇的金谷园，又折返回来，再次劝说。

但是，石崇就是不同意。

使者回报后，孙秀大怒，劝赵王司马伦诛杀石崇。

欧阳建是石崇的外甥，欧阳建在关中做冯翊太守的时候，就因为郝度元之乱与顶头上司赵王司马伦意见分歧，有过积怨，因此，孙秀还劝说司马伦杀掉欧阳建。而潘岳之所以被孙秀嫉恨，是因为潘岳的爸爸潘芘为琅邪内史的时候，孙秀是潘芘手下的小吏，曾经给潘岳做过家政服务。潘岳讨厌孙秀的狡黠本性，多次辱骂，甚至杖责过他，因此，孙秀对潘岳也是怀恨在心。等到孙秀为中书令的时候，作为给事黄门侍郎的潘岳找到孙秀，问道："大人您还记得过去我们在一起周旋的日子吗？"孙秀回答："中心藏之，何日忘之！"（我一直藏在内心深处，每时每刻都无法忘记！）潘岳一听就知道自己肯定会被孙秀弄死。

自从拒绝了孙秀之请，石崇也知道孙秀不会善罢甘休。

但是，石崇也绝非寻常之人，他很快知道了孙秀劝说司马伦杀掉自己的事，就和欧阳建一起秘密联络黄门侍郎潘岳，劝说齐王司马冏和淮南王司马允，再次发动政变杀掉赵王司马伦和孙秀。石崇等人的行动同样没有逃脱孙秀的眼睛。

史书记载，孙秀矫诏逮捕石崇等三人。

说明当时，司马伦对于逮捕石崇等人也许并没下决心，毕竟石崇、潘岳、欧阳建这三人非同小可，并不是必须要除掉的对象。孙秀看到司马伦迟迟不下决心，则利用自己身为中书令的便利条件，自己写的所谓的诏书（就像后来他写给淮南王司马允的那样）。

士兵们来到石崇的金谷园的时候，石崇正在楼上和侍妾们喝酒。

听到抓捕自己的人到了，石崇扭头对绿珠说："今天，看来我是因为你而得罪孙秀了啊。”

绿珠哭着说：“我将死在官人您的面前，来报答您对我的宠爱。”

说罢，转身从楼上跳下而死。

最心爱的人坠楼惨死，被关进囚车的石崇喃喃自语：“最多把我发配到交州和广州吧？”但是，囚车却直接拉到了东市杀人的地方，石崇叹息道：“这些人，还不是为了贪图我的钱财！”押解他的人说：“你既然知道人为财死，为什么不早些把家财散了，做点好事？”石崇回答不出来。

这时，潘岳也被押来了，在被逮捕的时候，潘岳想到自己为了名利不惜一切，多次把老母亲的劝说抛在脑后，如今连累老母一起被杀，他沉痛地对母亲说：“辜负了母亲！”（负阿母！）

看到潘岳，石崇说：“安仁，你也这样啦。”

潘岳在石崇金谷园的时候，写下的《金谷诗》中曾经有这样两句诗：“投分寄石友，白首同所归。”如今竟然成为谶语，因此，潘岳叹息地说：“今天真可以说是白首同所归了！”

石崇和潘岳一家老小均被诛杀，石崇家死了十五人，包括司马炎时期因为迟迟不应司马炎之诏，而使得司马炎怀疑其父石苞在淮南将要反叛、从此一直依附石崇生活的哥哥石乔。只有石乔的两个儿子石超、石熙侥幸逃脱；潘岳的母亲、哥哥侍御史潘释、弟燕令潘豹、司徒掾潘据、据弟潘诜，兄弟之子，已经嫁出的女人，无论长幼全部被杀，只有潘岳的哥哥潘释的儿子潘伯武逃难得免，另有潘岳的弟弟潘豹的女儿和自己的母亲紧紧相抱号呼，分也分不开，正好遇到诏书赦免，才没有被处死。

潘岳和自己的从子潘尼合称“两潘”。《晋书》本传称他“美姿仪，辞藻绝丽，尤善为哀诔之文。”梁钟嵘《诗品》将潘岳作品列为上品，并称“潘才如江”。

石崇与绿珠之间的爱情，被后世很多诗人作诗叹赏，比如，唐代杜牧曾作绝句《金谷园》：“繁华事散逐香尘，流水无情草自春。日暮东风怨啼鸟，落花犹似坠楼人。”《红楼梦》中，也有黛玉《吟绿珠》诗，说的也是这件事：“瓦砾明珠一例抛，何曾石尉重娇娆；都缘顽福前生造，更有同归慰寂寥。”

我们看待一个人，尤其是古人的时候，会不自觉地用这个人最典型的事件来脸谱化他，这无可厚非，便于记忆嘛。但是，结果是，一旦我们脸谱化一个人以后，我们总对于发生在这个人身上的其他事情会用有色眼镜去看待，比如，对待石崇就是一个典型的例子，我们记下了他斗富的情形，却忘记了他和绿珠的爱情——我不能不这样表述，如果石崇没有发生过斗富的事情，也许，我们会把石崇与绿珠之间的情谊拔高许多，遗憾的是石崇是个富人，而且，是个那么张扬的富人，这冲击了我们传统的审美观——因为，在我们看多了普通人的真挚爱情，以致不自觉地以为真挚的情谊只存在于普通人甚至是穷人之间，富人之间只是金钱关系。当我们冷静地看待免官以后的石崇，当他面对孙秀的淫威的时候，并没有无耻地选择退缩，试想假设石崇当初选择放弃绿珠，那石崇的命运又将如何呢？这不是爱情又是什么呢？他比我们讴歌的《孔雀东南飞》中懦弱的穷人焦仲卿不知道好多少倍！焦仲卿仅仅因为母亲的反对就放弃妻子，还仍然被后世的人们传唱他“爱”刘兰芝，而为绿珠冒破家亡身的石崇，为石崇宁可刚烈地跳楼自杀的绿珠，为什么不值得我们敬仰，并认真地称一声，他们之间那是“爱情”呢？！

《晋书·石崇传》称石崇的性格“崇颖悟有才气，而任侠无行检”。

的确不假，石崇不愧为一个偏才、怪才，为当世人看重的“比尔·盖茨”、被后世人误读甚至看轻的“丈夫”！

一六七　淮南反击

孙秀诛杀石崇和潘岳等人，给淮南王司马允敲响了警钟。

如今，司马伦和孙秀炙手可热，从石、潘未经审判就随意被诛杀这一点来看，二人什么事情都能做得出来。（也许是，孙秀此时还不愿由此牵出司马允，树立过多的对立面，所以才匆匆杀了石崇和潘岳吧？）司马允深知，孙秀狡诈多端，正在祸害天下，而司马伦也绝不是忠心辅佐皇帝的良臣。（孙秀的儿子孙会，年龄二十岁，相貌猥琐，身材短小，形同奴仆中的最下贱的奴仆，孙秀竟然要把贾南风的大女儿河东公主娶来当自己的儿媳，当时，贾南风还没过周年，孙秀真可谓是杀其母，而娶其女啊！孙会当初，因为贫困还曾经在洛阳城西跟着别人贩卖马匹，如今人们听到这小子竟然娶了河东公主做老婆，无不惊骇。）司马允同样知道，自己虽然身为中护军，但是，实践证明，只有牢牢地掌握住中下级禁卫军将领，才能有所作为。

于是，司马允暗中联络培植自己的人，府中养了不少刺客侠士，为诛杀司马伦做着准备。

司马允的行动很快传到了司马伦和孙秀的耳朵里，司马伦让皇帝下诏，提拔司马允为太尉，免除了司马允的中护军职务，表面上看，司马允成了全国武装部队的总司令，但是，谁都知道，在如今这个政变成瘾的世道里，这个光杆总司令怎能和手握实权的禁卫军将领相比呢？

因此，司马允假装生病了，据不接受任命。

终于把孙秀给逼急了。公元300年八月的一天，孙秀派御史刘机强迫司马允交出印信，并逮捕司马允的官属，上书弹劾司马允抗拒诏令，犯了“大逆不道”之罪。

司马允拿起诏书过目，发现竟然是孙秀笔迹，不禁大怒，立即要囚禁刘机诛杀，刘机吓得赶紧溜掉，司马允斩了随同刘机前来的两个助理（令史），并对左右咆哮着说："赵王要破了我家！"于是，率领淮南封国军队和卫士剑客七百多人，冲出大门，大声呼叫："赵王谋反，我要讨伐叛乱，听我的把左臂露出来！跟我上！"

《晋书·淮南王传》记载，司马允"性沈毅，宿卫将士皆敬服之"。因此，一时之间自动集结很多跟随司马允的士兵。

司马允首先想到的是冲入皇宫，挟持皇帝。

但是，在司马允的部队朝皇宫挺进的过程中，尚书左丞王舆关闭了皇宫的左右旁门，司马允的军队不能进入。

没有办法，司马允只好转兵包围了相国府——此时，司马伦以太孙的东宫作为相府。

司马允的部队个个强悍善战，相国司马伦的卫队出来交战，但是屡屡战败，死亡了一千余人，逐渐不能支持。而太孙宫左翼卫队长（左卫率）陈徽，也率领太孙宫的卫队，在相国府内擂动战鼓，高声呐喊，声援外面的司马允。

司马允在太孙宫的东门承华门前布置阵地，万箭齐发，箭如雨下，直射司马伦住处。司马伦的主书司马眭秘用身体遮蔽司马伦，背部中箭而死。司马伦的官属都躲在大树之后，每棵树上都被射中数百支箭。

这场战斗从辰时（七时整至九时整）一直打到未时（下午一时整至下午三时整），仍然没有分出胜负。司马伦像乌龟一样蜷缩在相王府内不敢动弹，而司马允一时也难以攻进。

最高立法长陈准，是陈徽的老哥，打算响应司马允，他报告晋帝司马衷说："应该用白虎幡，使他们解斗。"《资治通鉴》以及胡三省的注，都以为"白虎幡"是用以督战，而此时应用"驺虞幡"才对。胡三省注："司马衷白痴，陈准打算骗得白虎幡支援司马允，使司马伦军自行崩溃。"；而根据崔豹的《古今注·舆服》称："魏朝有青龙幡、朱雀幡、玄武幡、白虎幡、黄龙幡五，而以招四方……今晋朝唯用白虎幡。"进而把白虎幡和驺虞幡解释为一面旗帜的话，陈准当时大约看到司马允迟迟攻不下相府，如果此时驺虞幡出现，因为司马允是有备而来，不一定就解兵，而最有可能解兵的将是司马伦的卫队。

这样解释，似乎也能说得通。

而清，赵翼的《二十四史劄记》对此的解读则是："陈准遣驺虞幡解斗，允兵散，被杀。"史书上并无司马允兵见到驺虞幡而散的记载，赵翼这一说法不知何来？

于是，司马衷下令司马督护伏胤率骑兵四百人，持白虎幡出宫。

而此时，司马伦的儿子、侍中、汝阴王司马虔，正在"门下省"，他跟伏胤秘密盟誓说："荣华富贵，你我同享！"出宫的时候，让伏胤身怀一份空白诏书，假说皇帝有诏书，趁司马允不备的时候，袭杀司马允。

伏胤同意了。

他带领四百宫中骑兵飞马出宫，口中高呼："皇帝有诏，协助淮南王作战。"

司马允毫不提防，前来迎接，拜受诏书。

说时迟，那时快，来到近前的伏胤以迅雷不及掩耳之势，手起刀落，斩了司马允，时年二十九岁。

司马允和司马伦双方交战的时候，司马伦一直处于下风，老百姓们都传说司马伦已经被抓住了，个个欢欣鼓舞。

转眼之间，听说司马允被杀，又都暗自叹息。

司马允一死，群龙无首，即刻崩溃。司马允的儿子秦王司马郁、汉王司马迪也同时被斩首，受司马允牵连灭族的有数千人。

事后，司马衷下诏赦免首都洛阳。

司马伦还想把司马允的亲弟弟，那个司马炎儿子中最蠢笨并且斜眼的吴王司马晏也杀了，幸亏大臣们解救，才被司马伦贬为宾徒县王。

一六八　善后事宜

奇迹一般平定了司马允的反抗，这令司马伦更加确信上天护佑着自己。

除去司马允之后，孙秀也知道齐王司马冏的不满，但是，朝廷再也经不起另外一场暴风骤雨式的争斗了，正巧平东将军、彭城王司马植（司马馗之孙）去世了，孙秀借此建议司马伦任命齐王司马冏为平东将军、假节，镇守许昌，把司马冏打发到地方去，免得京师再出现包围相府之类的突发事件。

而那个本来献计要帮助司马允的陈准，也因为阴差阳错，帮了司马伦的忙，因功被封为太尉，录尚书事。

在把司马冏顺利打发走以后，司马伦按部就班地进行着自己的夺权程序。

他暗示司马衷给自己加九锡之礼。

“九锡”之礼，我们并不陌生，司马衷的爷爷司马昭代曹魏之前曾经被曹奂授予过，锡就是赐，意思是皇帝赏赐的九种礼器。根据《礼记》的记载，这九种物品分别是：

一、特制的车和八匹黄马；

二、衮冕之服和红鞋；

三、定音、校音工具；

四、红漆大门；

五、建筑专用上台阶的通道；（此点语焉不详，只好这样说。）

六、虎贲卫士若干人；

七、特制的红色专用弓箭一百支、黑色弓箭一千支；

八、斧钺；

九、以罕见的黑黍和郁金草酿成祭礼用的香酒。

前此，受到九锡之礼的有王莽、曹操、司马昭，似乎九锡之礼已经成了篡位的过渡程序了，因此，赵王司马伦之心可以说也是路人皆知了。

不过，戏还是要演下去的。

司马伦在接到司马衷赏赐九锡之礼，并增封三万户食邑的命令以后，他坚决表示不能接受。

司马衷命令全体朝臣一起到司马伦家进行劝说，再派侍中到司马伦家中宣布诏书，这样，当着大家的面，司马伦才勉强接受了下来。

老子受了九锡，水涨船高：

司马伦的世子司马荂加封为抚军将军、领军将军，统管宫城禁卫军；

司马馥为镇军将军、领护军将军，统管京城禁卫军；

司马虔为中军将军，领右卫将军；

司马诩为侍中。

孙秀为侍中、辅国将军、相国司马、右率。

司马允的这场反击，使得司马伦充分意识到军权尤其是禁卫军权的极端重要性，除了把自己的儿子们都安排为军职，而且还增加了相国府的兵力，相国府的兵力增加到两万人，和守卫皇帝的部队人数一样，并且，司马伦还不满足，又私下隐藏了一万人马，使得相国府的守卫多达三万余人。

并且，他还高度重视加强对相国府的防御，在其所居住的东宫三个门四个角上都设置了高楼，又切断了东宫东西道路，构筑防御工事。

虽然如此，司马伦的几个儿子却不争气，史书记载，世子司马荂（音：符）鄙陋浅薄；司马馥和司马虔糊涂刚狠——从司马虔致使伏胤成功偷袭刺杀司马允这一点看，似乎还懂得出其不意之道；司马诩也是愚蠢无知；最要命的是，这几个蠢家伙相互之间还形同水火，各树朋党，天生相互憎恶。

到了九月，天象出现了星变，占星家汇报：这预示着可能对于上公有害。同时，出现谣言说："散骑常侍杨准、黄门侍郎刘逵密谋要推举梁王司马肜企图诛杀司马伦。"

孙秀担心司马伦受到上天的责罚，想让司马伦的哥哥司马肜受到祸害，就建议设置丞相一职，撤销司徒这一官职，让身为司徒的司马肜担任丞相，表面上是尊崇司马肜，其实是想让司马肜承受上天的责罚，有人对孙秀说，司马肜没有实权，这样做其实是没有什么用处的，司马肜也坚决推辞不接受。此事也不了了之。

今年，洛阳城发生了一连串的大事，多得叫人眼花缭乱。四月九日皇后贾南风被诛杀，皇帝司马衷中宫之位也不能久旷。在孙秀的主导下，给司马衷娶了尚书郎羊玄之的女儿羊献容。——这个历史上屈指可数的可怜皇后。

之所以立羊献容为皇后，是因为羊献容的舅舅孙弼等人和孙秀关系好。羊献容的外爷叫孙旗，此人的名气与被司马伦杀掉的解系兄弟一样大，孙旗的儿子孙弼、孙髦、孙辅、孙琰都精明能干，而且坚决追随孙秀，就和孙秀合了族，成了一家。司马伦政变中，四兄弟全力参加到政变中，政变以后，孙弼被升为上将军、射声校尉；孙髦为武卫将军，太子詹事；孙琰为武威将军，领太子左率。孙旗多次劝说儿子们不要和司马伦、孙秀走得太近，但是，孩子们就是不听，老人只有自己哭泣而已，再也没有什么办法。

而羊献容的母亲就是孙旗的女儿孙氏，由于和孙秀（等于是孙秀的外甥女）的这一层关系，羊献容被立为司马衷的第二任皇后。然而，这个苦命的皇后，在即将入宫的时候，身上的结婚礼服竟然内面着火了！这似乎预示着当皇后这一步，是把自己投入了火坑。

一六九　益州突变

就在司马伦忙着当皇帝的当儿，天府之国四川却在酝酿着变乱。

由于四川特殊的地理位置，因此，晋朝政府一向重视对四川的控制，为了相互制衡，在邓艾、钟会打下四川以后，司马昭就把四川以及汉中等地分割为两个州，即益州和梁州。在贾南风时代，即元康六年，公元296年，贾皇后派遣与自己有姻亲关系的赵廞（音：新）为益州刺史，征调四川的粮食等军用物资协助关中军队讨伐齐万年的叛乱。赵廞，是巴西郡人，当时，赵廞看到晋王朝朝政日乱，私下有割据四川的主意，正巧，关中的氐羌难民涌入四川，不可禁止。

氐羌本身很骁勇，身为流民，到客地谋生，往往十分团结，而当地人却很懦弱，因此，在氐羌人与当地人发生冲突时，往往占有上风，赵廞看到这种情况，就与巴氐首领李特等人，攀上了老乡关系，企图利用李特等人在氐羌人中的威望，帮助自己实现割据野心，并开仓赈济流民，来收买人心。

在赵廞的支持下，李特等人更是有恃无恐，肆无忌惮，公然聚众操起爷爷辈干过的老本行——强盗，四处抢劫川民，致使四川治安十分混乱。

流民在四川引起的骚动，使成都内史耿滕十分忧虑，他多次上书朝廷，称："流民们强悍骁勇，而四川本地人却很懦弱，主人管不住来客，这种情况持续下去，一定会引发动乱，应该命令流民回到原来的地方。如果把这些流民留在四川这样具有天险之地，恐怕秦州和雍州的灾难会在这里重现。"

鉴于赵廞的反常举动，可想而知，耿滕不会不捎带向朝廷密报。

此时的晋国朝廷如乱蜂蜇头，不过，司马伦还是想到了赵廞的特殊身份，一刻也不能让他再待在益州那个天险之地了。

很快地，在公元300年底，司马衷（其实倒不如说是司马伦或者孙秀）下诏，任命赵廞为大长秋（后宫之官，负责转达皇后旨意，并管理宦官），并任命成都国的内史耿滕代替赵廞为益州刺史。听说自己被朝廷征召，赵廞心里十分害怕，他担心自己这一去洛阳，会凶多吉少，于是，决心实施叛乱。

当时，成都国政府在成都少城，益州州政府在成都太城（二城相连，都在成都城中，东是太城，西是少城）。赵廞接到诏书以后，一直赖在太城，迟迟没有离开。赵廞命令自己原来的下属一千多人去迎接新刺史到任。耿滕的功曹陈恂劝阻耿滕说："现在，州和郡之间，怨仇已深，一进太城，必有大祸。你不如仍留少城，观察变化。一面传令各县，使各村严密组织起来，用以防备秦氏流民的攻击。西夷校尉陈总，不久就要抵达，应该等他。不然的话，我们不妨撤退到犍为郡（今四川省眉山市彭山区），向西渡过江源（今四川省崇州市东南），以防备可能发生的非常事变。"耿滕拒不接受。

当天，耿滕率领文武官员及部队，进入太城。赵廞派军突然袭击，在太城西门混战，耿滕兵败，被杀，郡政府官员四散逃生。只剩下陈恂被反绑双手，晋见赵廞，请求发还耿滕尸首安葬；赵廞嘉勉他的义气，同意了。

去四川茂县上任的西夷校尉陈总，溯江而上，抵达江阳郡（今四川省泸州市），这时，赵廞有可能叛变的消息也随即传到了江阳。此时，陈总的主簿赵模说："州郡冲突，一定激起巨变，应该火速进军。等你接任之后，手握强兵，协助政府官员，讨伐叛逆，谁敢乱动！"陈总不但不接受，似乎要等赵廞真的叛变以后，他才出现一样，一路走走停停。

赵廞在击杀耿滕以后，从容派军迎击西上的西夷校尉陈总，等陈总抵达南安县（今四川省乐山市）鱼涪津（今青衣江渡口）时，前锋与赵廞军接触。

赵模又一次向陈总建议："拿出金银财宝，招募壮士，抵抗叛徒。如果能击败州政府的部队，就可夺回益州；如果不能战胜，我们就顺着长江向后撤退，毫无危险。"

而木头脑袋的陈总却说："赵廞深恨耿滕，才把他杀掉，和我之间，有什么纠葛，何必这样？"

赵模说："赵廞已经起兵，一定会用你的人头，建立他的声威。你虽然不作战，也不能自保。"

言到痛切处，声泪俱下，陈总天真地以为赵廞的一系列行为只不过是和耿滕之间的私斗，对赵模的话根本不听，也不做任何战斗准备。

结果，两军接战，陈总的部队霎时崩溃。赵模换穿陈总的官服，挺身格斗，被杀。赵廞军检查尸体，发现不是陈总，展开地毯式搜索，才从草丛中找到陈总，斩首。

赵廞遂宣布自己是总司令（大都督）、最高统帅（大将军）、益州牧，自行设立官署，选派僚属，撤换郡长县长，并改本年年号为太平元年。晋朝政府任命的官员，奉到赵廞征召，没有一个人敢拒绝不往。秦州难民首领李特的三弟李庠，率妹夫李含、天水郡人任回、上官晶、扶风郡人李攀、始平国人费他、氐人苻成、隗伯等，四千骑兵部队，归降赵廞。赵廞一见之下，对李庠的威猛留下了深刻印象，叹赏李庠为“一时之关张”。在两晋南北朝时期，对一个人威猛的最高叹赏就是把此人比作关羽和张飞，此种例子很多——任命李庠当威寇将军，封阳泉亭侯，当作心腹；命他招募集结秦州六郡逃亡难民中的勇士，人数达一万余人，打算让他在益州北部布防，切断晋朝军队南下的道路。其实，李庠早就以威猛闻名，州郡举良将、举秀才，他是一概不去，州郡不听，硬是把他的名字报了上去，中护军严词征召，不得已才去了洛阳，拜为中军骑兵都督，弓马便捷，臂力过人，被人比作文鸯。（在南北朝时期，关羽、张飞、文鸯就是猛将的代称。）

因为，此时，赵廞已经得知晋国朝廷已经任命益州北边的梁州刺史罗尚为益州刺史、平西将军，都督牙门将王敦（与东晋王敦不是一人）、蜀郡太守徐俭、广汉太守辛冉率领七千人马朝益州开来。

就在李庠招募的部队将要北上迎击罗尚的之前，一天，赵廞检阅李庠的部队，李痒明晓军法，不用旗帜，仅用戈矛指挥部队进退，当时，有人不听命令，李庠立即诛杀了三人，一时间，部伍整肃。李庠的骁勇与跋扈使得赵廞在派不派他离开自己的控制、独自拥兵北上这一点上，犯了犹豫。赵廞的长史杜淑、司马张粲趁机对赵廞进言说：“《左传·昭公十一年》上说：‘五大不在边，五细不在庭。’”您刚刚起兵，如果马上就让李庠在外面拥有强兵，李庠作为氐人，不是和我一样的种族，其心不可能和我们一致，这种做法是倒拿着戈矛递给别人，应该趁早想想办法。”（孔颖达《疏》引贾逵说：“五大，谓太子、母弟、贵宠公子、公孙、累世正卿。”意思是，这五种人有权有势，居边则易反叛。）赵廞深以为然，严肃地对二人说：“你们说的话正合我意，可以说是：起予者商也。（《论语》孔子语，商，即子夏。）这是上天让你们赞成我的大事啊。”

说干就干。

正好李庠就在外面，请求进见，赵廞大为高兴——正想杀你，你正好自己送上门来了！——赶紧请李庠进来。

李庠也是在出发之前想要摸摸赵廞的真实意思——你让我去替你守边，可气势汹汹来的是朝廷的部队啊，我是打还是不打？打了，是谋反，不打，成吗？因此，李庠郑重地对赵廞说："如今中原大乱，再也没什么规矩了，我看晋朝没办法复兴了。"接着又把赵廞猛夸了一番，最后说："明公您还是顺应民心，救百姓于水火之中，这样，天下可定，不要说仅仅一个蜀地了。"

其实，赵廞何尝不想割据蜀地，自立为王，在他自封为益州牧的时候，就自己改元了，不是割据还是什么！但是，"欲加之罪，何患无辞"。赵廞佯装大怒，厉声说道："这话怎是作为臣子应该说的！"立即让杜淑等人讨论怎么处理这件事。

杜淑等人上书称李庠大逆不道，应予斩杀。于是，立即逮捕李庠及其儿子、侄儿等三十多人，全部予以斩杀。

杀人固然痛快，但是，善后却很麻烦，在杀掉李庠之后，一个严重的问题立即浮现在赵廞的面前，那就是：与李庠同样骁勇的李庠哥哥李特、李庠四弟李流、五弟李骧等各自领着部队屯守在成都附近。如果这弟兄几个起兵反叛了，怎么办？

而如今，糟糕的是：罗尚的部队正一步步地朝成都开进，此时李特兄弟一旦内乱，后果将不堪设想。

思来想去，赵廞派人给李特兄弟带去书信，详细解释了李庠被杀的原因和经过，最后，对李特兄弟保证说："李庠是因为说了不该说的谋反的话，按照法律才被诛杀的，他是罪有应得，这件事不会波及你们兄弟的，请你们安心。"并且把李庠的尸体送交李特兄弟安葬，仍然任用李特等人为督将。

我不知道赵廞本人是否真的相信他的这一做法究竟有多少作用，不过，除此之外，赵廞又能做什么呢？只好出此掩耳盗铃之策，尽量安抚李特兄弟，拖延他们内乱的时间。

此时，赵廞的势力尚强，愤怒的李特兄弟害怕出现意外，赶紧带领手下远远地离开成都附近，北上屯驻在绵竹。就在李特兄弟北上以后，赵廞刚刚松了一口气的时候，赵廞的手下又出现了一场严重的内讧事件，这一事件进一步削弱了赵廞的实力。

赵廞的营门官许弇，要求当巴东郡（今重庆市奉节县东）监军，杜淑、张粲坚决反对；许弇怒火上冲，在赵廞面前，抽刀击斩了杜淑、张粲。杜淑、张粲左右的部属，再击斩许弇。这三个人都是赵廞的智囊，一天之内全死。——这一突发事件和“一桃杀三士”有异曲同工之妙。

边境的情况异常紧急，而益州内部却内乱频仍，不过，即便如此，还是要硬着头皮派人北上的，总不能让罗尚兵临城下、束手就擒吧？

赵廞派新任长史费远、蜀郡郡长李苾、督护常俊，率一万余人，出发北上迎击罗尚，部队驻防在绵竹石亭水（今德阳市西南石亭江）。

而李特很快把握住了这一消灭赵廞有生力量的有力战机，他秘密集结了七千余人，乘夜袭击费远大营，在睡梦中突然遭到袭击的费远军几乎全军覆没，被杀十之八九。接着，李特乘胜进攻成都，赵廞身边几乎没有什么部队，惊恐不知道该怎么办好，费远、李苾以及军咨祭酒张微半夜砍开城门逃亡，赵廞的文武官员霎时跑得不剩一人，只留下赵廞惊恐中独自带着妻子儿女，登上小船，逃到广都（今四川省成都市双流区），被他的部下朱竺诛杀。李特的部队进入成都，一面尽情洗劫（本来就是干这个的），一面派人到京师陈述赵廞罪行。

当听到罗尚的部队即将来到成都的时候，李特等人十分担心罗尚会追究自己从贼和抢劫的责任。赶紧派遣小弟李骧去罗尚那里通融，一是贿赂，二是探探罗尚的口风，李骧献上大量宝贝（肯定是抢劫成都得来的，以流民哪来宝物？），罗尚不仅贪婪而且残暴，当然是笑纳了，不仅不追究李特等人的责任，而且，仍然保留他们被赵廞任命的官职；看到罗尚很给面子，李特和李流心里的一块石头才落了地，两人这才走出成都，远迎到绵竹，准备了酒肉给罗尚的部队接风洗尘。

席间，罗尚的部下王敦、辛冉建议：“李特等人本来就是强盗，应该顺势尽快将他们杀掉，以绝后患，这次酒会正是一个天赐的良机。”辛冉因为孙秀的关系而被赵王司马伦所任用，并非是按照资历一步一步来的，所以，辛冉特别想杀贼立功。但是，罗尚没有采纳。

辛冉是臭名昭著的孙秀的好朋友，曾经在张华建议梁王司马肜杀掉孙秀时，专门来到洛阳，替孙秀说情，免除了孙秀一死，真是物以类聚，人以群分，这个辛冉过去在关中的时候和李特也认识，刚刚才劝说罗尚杀掉李特，看到罗尚不杀李特，转身见到李特，说了句奇怪的话：“故人相逢，不吉当凶啊。”这句话如何来理解？是暗示罗尚的部下有人要诛杀李特？或是自己对李特反感，说出的一句傲慢的话？

反正，在李特听了辛冉的这番话以后，开始暗自猜疑、不安起来。

公元301年三月，平西将军、新的益州刺史罗尚进入成都。

一七〇　赵王称帝

我们暂且放下暂趋平静的益州，把目光投向混乱不堪的晋国朝廷。

也就是在罗尚前去平定赵廞叛乱的时候，司马伦却迫不及待地要当皇帝了。

毫无疑问，想让司马伦当皇帝，从而水涨船高，攫取更大权力的人是孙秀。而促使司马伦毫不犹豫地做出这项足以使晋王朝走向最终覆灭的重大决定的直接原因，竟然是来自巫婆、神汉的妄言。史书记载，司马伦和孙秀二人都十分迷信，这个念头最初产生于孙秀，他让牙门将赵丰假装成司马懿灵魂附身，对司马伦下命令，要求司马伦早日登基，拯救晋王朝。当时，说得活灵活现的：司马懿的灵魂就站在洛阳北边的北邙山上，在那里施展法术，帮助赵王司马伦。于是，司马伦对父亲帮助作为小儿子的自己深信不疑，在北邙山上另外建设了一座司马懿的庙宇进行供奉。陈寅恪先生通过考证，认定赵王司马伦、孙秀所信奉的也是天师道。

在把司马伦的脑子弄晕以后，下面的事情全部由孙秀张罗。

令太子詹事裴劭，左军将军卞粹等人充当相府从事中郎，负责具体的筹备组织工作。更使散骑常侍、义阳王司马威充当侍中，（司马孚曾孙，司马望之孙，司马洪之子，小字阿皮）与黄门郎骆休，闯入内廷，威逼司马衷交出玉玺。司马衷虽然蠢笨，但是也知道玉玺对于自己的重要性，就是不给，司马威上前，强行从司马衷怀里夺了下来，在撕扯中间，可傻人脑子就是一根筋，司马衷死死抱住玉玺，弄得司马威满头大汗，由于用力过大，把司马衷的手指都扭断了，司马衷只好放手。

如今，我们似乎还能看到司马衷那副委屈的面容和一双欲哭的眼睛。

司马威拿到了玉玺，又和手下一道，写下了司马衷禅让的诏书，盖上玉玺。

然后，让使持节、尚书令满奋、尚书仆射崔随一起把玉玺送给司马伦。（关于满奋和崔随二人，史书没有太多的记载，只是在《世说新语》上，有一个关于满奋畏风的有趣故事，不妨插叙一下，调节一下气氛：说的是满奋这个人，虽然长得很健壮，但是却很怕冷，一次，在司马炎身边侍坐，北窗是玻璃窗，看似好像透风，但是其实很严实，满奋看到这样，就面露难色，司马炎笑话他，满奋回答："臣好比是吴地的牛（因为怕热），看见月亮（误以为是太阳）就发喘起来。"（臣犹吴牛，见月而喘《世说新语·言语篇》）

司马伦还假装谦让，坚决不予接受。

全体朝臣、诸王一起到司马伦的府上，假称天上有符瑞，天命所归，经过百般劝说，司马伦这才勉强同意。

然后，左卫将军王舆与前将军司马雅（曾经给使东宫，最先起意要杀贾南风的那位）一起率领甲士进入皇宫大殿，号令护卫皇宫的三部司马，宣布禅让事宜，晓谕祸福赏罚，三部司马没一个敢表示异议的。（此处《晋书·司马伦传》记载颇为详细，但是，却说满奋等人把皇帝玉玺给了司马伦以后，司马威才进宫逼夺玉玺的，前后矛盾。似乎应为司马威夺了玉玺以后，才有奉玉玺给司马伦，这样才合情合理。）

天还没亮，全体朝臣以及内廷宦官一起准备皇帝的法驾去迎接新皇帝司马伦进宫。

而老皇帝司马衷乘坐皇帝专用的云母车，带领皇帝的仪仗队几百人，（卤簿，汉应劭《汉官仪》解释："天子出车驾次第谓之卤，兵卫以甲盾居外为前导，皆谓之簿，故口卤簿。"）从华林西门出居金墉城。给司马衷送行的有：尚书和郁，侍中、散骑常侍、琅邪王司马睿，中书侍郎陆机，这三个人把司马衷送别到金墉城外就返回了。让张衡带兵守卫司马衷，其实形同幽禁。

司马伦带着五千甲士护卫，从皇宫的正门端门进入皇宫，登上太极殿，在太极殿上代表政府的尚书令满奋、尚书仆射崔随、乐广等把玉玺正式交给了司马伦，于是，司马伦正式登上了皇帝宝座，大赦天下，并改元建始。称老皇帝司马衷为太上皇，改金墉城为永昌宫。

司马伦下令：

公元301年全国所有需要参加考试考核的贤良方正、直言、秀才、孝廉、良将都可以免试；

太学的学生只要十六岁以上或者没毕业但是学了二十年的，都可以当公务员；

郡县的官长只要在大赦之日在职的，全部封侯；

郡的纲纪都评为孝廉，县的纲纪都评为廉吏。（《资治通鉴·晋明帝太宁二年》胡三省注："纲纪，综理府事者也。"）

接着，司马伦迫不及待地封自己的世子司马荂为太子，司马馥为侍中、大司农、领护军、京兆王，司马虔为侍中、大将军领军、广平王，司马诩为侍中、抚军将军、霸城王，孙秀为侍中、中书监、骠骑将军、仪同三司，张林等诸党都封为重臣大将。从上述对于诸子的安排来看，司马伦对于司马允利用中护军的身份发动叛乱，印象十分深刻，所以，他让次子司马馥领中护军，以三子司马虔领中领军，以小儿子司马诩为抚军将军，完全控制禁卫军权和京师卫戍部队军权。

为了讨好下属，司马伦大肆封赏，除了上述封赏以外，对于赵王府的亲随，下至奴仆，都越级提拔，封侯的封侯，加侍中的加侍中，以致每次开会的时候，佩戴侍中标志"貂蝉"的人到处都是。由于制作官印的金银都拿去用于封赏，使得没有金银去制作官印，只好用木板写上什么什么侯爷或者什么什么官爵的。

当时的人们传言说："貂不足，狗尾续。"连老百姓也感觉太荒唐，这个政权不会长久了。

有立就有废。

当初用来给自己的行动涂上正义色彩的皇太孙司马臧，如今已经失去了应有的价值，在封自己的儿子为太子的同时，理所应当地把皇太孙司马臧废为濮阳王。过了九天，又把这个不懂事的小孩残忍地杀死——为的是断绝人们复辟的希望。

虽然表面上司马伦的登基是全体朝臣的一致推举，但是，此时，位居东南的齐王司马冏、北面的成都王司马颖、西面的河间王司马颙却各自心怀叵测，虎视眈眈。而司马伦的内部也不是铁板一块。

作为中书监的孙秀自然是第一功臣，依孙秀和司马伦长年的私人关系，孙秀更是被司马伦敬重。司马伦把孙秀安置在哥哥司马昭曾经居住的府邸，事无大小，全部咨询孙秀以后才去施行。孙秀本来就和张林关系不好，司马伦登基以后，张林被提拔为卫将军，但是，人苦不知足，这张林还是埋怨没有"开府"——就是自己可以设置府署并自选僚属。于是，张林给太子司马荂写信，说："孙秀专权，所作所为不合众心，并且，被封赏的功臣都是些小人，扰乱朝廷，可以全部诛杀。"

司马伦的太子司马荂（以后闻名遐迩的忠臣、诗人刘琨的姐夫）本来就浅薄无知，把张林的书信交给了父亲司马伦，司马伦和孙秀是什么样的感情？而司马伦又是何等智商的人物？

司马伦也像他儿子一样把张林的信送到了孙秀的手上。孙秀三言两语就说服了司马伦除掉张林。

大到一国，中到一个集团，小到一家，如果要被外面攻破，往往首先要内讧、内溃。司马氏家族上演的一出出闹剧无不说明了这一点。

司马伦选择了一个日子，请宗室大臣都到华林园游玩，在会上召孙秀、王舆、张林觐见，当着所有人的面，把张林拉下，斩首。

处理了内部的张林，孙秀还担心外面的诸侯王们，他选派司马伦和自己的亲信或者司马伦过去的老部下去做诸侯王尤其是上面所说的三个王的幕僚，或者做三个王所在州郡的长官，用来牵制三王。

而这一本属预防性的措施，恰恰刺激了三王的神经，也加快了司马伦自己灭亡的步伐。

司马伦内部的矛盾除此之外，司马伦的几个儿子之间也不团结，并且，太子司马荂对孙秀一直看不惯，司马荂的内兄刘舆、刘琨兄弟中的刘琨曾经是贾谧的二十四友，二人因为得罪王恺而险些被王恺暗害，是石崇挺身而出救了哥俩，因此，刘舆兄弟对石崇爱戴之至。但是，孙秀把两人的大恩人诛杀，这叫刘舆兄弟耿耿于怀，加上孙秀本县城小吏，依靠献媚登上大位，这也叫刘舆兄弟不齿，孙秀刚刚辅政的时候，把哥俩的官职全给罢免了。但是，你罢免你的，我任命我的，太子司马荂一向对这两个内兄敬重有加，硬是把刘舆任命为散骑常侍，把刘琨任命为从事中郎。

一七一　齐王首义（一）

身处许昌的齐王司马冏，并没有因为司马伦登基以后加封自己为镇东大将军、开府仪同三司而心满意足。

如果说贾南风诛杀太子司马遹是开启了潘多拉魔盒，那么，司马伦的称帝可以说对于西晋的灭亡不论从人心理上还是从其他方面都起到了巨大的影响。在中国封建社会（姑且这么说吧，因为严格按照马克思原著的划分，中国古代的政治形态并不完全符合西方“封建”的特点，大约在我们称之为奴隶社会的周朝分封诸侯的形态似乎才符合“封建”二字）君权和相权一直是一对难以调和的矛盾。由于西晋晋惠帝司马衷天生愚蠢，致使西晋君权天然弱小，只是在皇后贾南风存在的时候，君权在后权的帮助之下才得以有效维护；等到贾南风被诛杀以后，形影相吊的司马衷再也没有了那个强有力的庇护了，君权立即显现出他本来弱小的面目，从此任人宰割。南宋著名哲学家、永嘉学派的代表人物叶适在他的《习学记言序目》卷二十九中，在评价晋惠帝司马衷的时候，就曾说过，司马衷是“昏而不虐”，实在是中肯之论。但是，除了糊涂、善良以外，我想说的是，司马衷更多的则是软弱无能。

司马伦的称帝把西晋君权的懦弱昭示在世人面前，我们注意到，以司马伦称帝为分水岭，从此以后，晋惠帝已经不再是一个令人尊崇的皇帝，而变成了诸侯王角逐中的一片破布，不再有人把他当作一回事，他的皇后也是三番五次地被废黜，西晋皇权的威严丧失殆尽，这一点也似乎验证了贾南风的说法：我死了，皇帝，你被人杀死的时候也不远了。是的，在诛杀司马玮的时候，当驺虞幡出现的时候，即便是司马玮的同母兄弟司马乂看到以后，也是扔下手中的弓箭，痛哭流涕地说：“楚王拿着诏书，因此才率领部队跟着他一起干，怎么知道他是在骗人！”可见，十年以前君权的力量，但是，从今以后，即便是驺虞幡也不再有那么大的威力了。而且，每一个爬上相位的人都无所顾忌，根本不再把司马衷放在眼里，爬上了相位其实就相当于做了皇帝，因此，杀戮才愈演愈烈，没完没了。

一开始的征候似乎对于司马伦是那么的有利。就在登基后不久，益州赵廞来势凶猛的叛乱在梁州刺史罗尚还未到达，就因李特等人的反击而瞬间被扑灭。赵廞的人头被从千里之外的成都送到了洛阳，赵廞建立的太平王朝在不足三个月间就化为泡影，这令司马伦、孙秀深感欣慰，也似乎预示着自己的眼前正现出一条光明坦途。

然而，就在不远处的许昌，齐王司马冏却丝毫没有停止为司马衷复辟做准备的步伐。

事情的契机发生在两个人身上：离狐（今河南省濮阳市东南）人王盛、颍川郡（今河南省禹州市）人王处穆。

他们私自在浊泽（今河南省临颍县）招兵买马，集结部众，人民前往投靠的，每天数以万计。在齐王辖区内出现如此众多的变民，齐王司马冏不但不去镇压，而且，睁一只眼闭一只眼，姑息纵容，甚至派遣心腹暗中联络王盛和王处穆，一起起兵推翻司马伦的统治。

此时，在担任齐王军司马的是赵王伦派来的亲信管袭，司马冏想下了一条狠毒的连环计。

浊泽的民变立即引起了身在洛阳的司马伦的警觉，他连忙派出心腹张乌前往许昌查看司马冏的动向。

司马冏一面厚待张乌，一面和管袭一起把讨伐二王的周密计划向张乌做了详细的汇报。张乌很快回到洛阳，对司马伦和孙秀汇报，说：“齐王根本没有异心。”

张乌前脚走，司马冏后脚就命令管袭统率部队前去浊泽，采取秘密行动，一举袭杀了王处穆，并把王处穆的人头送到了洛阳，更加坚定了司马伦、孙秀相信自己不会反叛的信心。

等到一切准备就绪，司马冏把管袭招来，又轻松杀掉。

三月，齐王司马冏跟豫州州长何勖、龙骧将军董艾等起兵，并派使节分别通知成都王司马颖、河间王司马颙、常山王司马乂以及南中郎将新野公司马歆，并通报全国四征四镇（四征：征南、征北、征东、征西将军。四镇：镇南、镇北、镇东、镇西将军）以及各州、各郡、各县、各封国，宣布：“逆贼孙秀，迷惑误导赵王，当共同出兵讨伐，如有抗命，屠灭三族。”

一七二　齐王首义（二）

齐王司马冏首义的消息传到全国，立即引起了轩然大波。

使节抵达邺城以后，作为皇帝司马衷弟弟的成都王司马颖召见了自己的智囊、现任邺县县长卢志，商量对策。这个卢志就是大名鼎鼎的三国时期刘备的老师北中郎将卢植的曾孙，是正始年间何晏与之结仇的廷尉卢毓之孙、也是太康末年陆机刚到洛阳曾经羞辱过的那个人。卢志家族为三国、曹魏、西晋时期北方望族，史书记载，卢志本人少好学，朝夕唯焚香读书，尝与书盟曰："誓与此君共老。"善书法，师法钟瑶。他与司马颖的关系地位，和孙秀与司马伦的关系地位极其相似，是司马颖身边的重要参谋助手。卢志对司马颖说："赵王篡夺帝位，人神共怒。殿下您集结英雄贤能，顺从人民盼望，依仗大义，讨伐叛逆，人民用不着征召，都会加入战斗，卷起袖子，高举手臂，奋勇争先，没有不可以克服的事。"司马颖表示同意，并正式任命卢志为首席军事参议官（咨议参军），兼左秘书长（左长史），顿丘太守郑琰为右长史，黄门郎程牧为左司马，阳平太守和演为右司马。任命兖州州长王彦、冀州州长李毅、大营指挥官（督护）赵骧和在石崇被杀案中侥幸逃脱的石崇的侄子石超（其时为折冲将军）等当前锋。让石超作为前锋，一则是将门虎子，二则是因为孙秀与石崇家有不共戴天之仇，司马颖用起来放心又放心。

司马颖起兵的消息传出，远近响应。军队到达了朝歌（今河南省淇县）的时候，部众已达二十余万。

消息传到常山，常山王司马乂作为皇帝司马衷的弟弟，再无二话，在他的封国（常山国，今河北省正定县）跟太原国（今山西省太原市）郡长（内史）刘暾，各率军队南下，作为司马颖成都兵团的后援。

前皇帝的两个亲弟弟立刻响应了齐王这个堂弟的号召。

而更远一支的司马衷的堂叔新野公司马歆，（司马歆是司马昭的弟弟司马骏的儿子）在接到司马冏的文告后，就显得无所适从了。他的亲信王绥对他建议说："赵王血缘最亲，而且强大；齐王司马冏血缘疏远，而又微弱，你应该拥护皇上司马伦。"（司马伦是司马歆的亲叔父，司马冏则是司马歆的堂侄。）军事参议官（参军）孙询在大庭广众中公开质问："司马伦是一个凶恶的叛逆，天下人都应当联合起来把他诛杀，还扯谈什么亲疏强弱？"司马歆这才决定响应司马冏。

司马冏的文告传到西北，同样引起了震动。

前安西将军府军事参议官（安西参军）夏侯奭自称侍御史，在始平国（今陕西省兴平市）集结数千人，响应司马冏，并派人邀请河间王司马颙同举义兵。而司马颙接受了秘书长（长史）李含的建议，（李含此人与司马伦之孙秀、司马颖之卢志一样，将引发出轩然大波，以后我们还要详细说到）命主簿房阳、振武将军河间国（今河北省献县）人张方，出军攻击，生擒了夏侯奭跟他的党羽几十人，在长安闹市腰斩示众。

前面刚刚杀了夏侯奭，后面司马冏的使节就到了。对于司马颙（司马颙是司马孚的孙子）而言，司马伦是自己的堂叔，司马冏是自己的堂侄，并且，司马伦如今身为皇帝，实力强大，以司马颙的身份骑墙在所难免，不过，此时看来，在司马伦和司马冏的天平上，司马伦稍微占优，因此，司马颙毫不犹豫地逮捕了司马冏的使节，用囚车送往中央。紧接着，司马伦下诏要求司马颙率兵勤王，司马颙也是义无反顾地派张方率领关中的精锐部队东下，准备支援皇帝司马伦。当张方的部队抵达华阴（今陕西省华阴市），还未出潼关，这时，司马颙得到情报说：司马冏、司马颖的军力强大；于是，司马颙立即改变立场，任命长史李含为龙骧将军，带领都护席薳快马追回张方，由李含和席薳统领军队转而响应司马冏、司马颖，将部队开进到潼关。

司马冏的使节到达帝国东南的扬州（政府设在建业），州政府官员都打算响应。州长郗隆是郗虑的玄孙（郗虑，就是建安十八年，眼睁睁看到曹操派遣华歆从汉献帝刘协身边拉走伏后，并诛杀的那个人，后为魏国御史大夫），因为他的儿子和侄儿郗鉴（此人在东晋初年为风云人物），都在首都洛阳，恐怕受到屠杀，他疑惧交集，难以作出决定，于是就召集全体官员共同磋商。

主任秘书（主簿）赵诱、前秀才虞潭（吴国名臣虞翻的孙儿）都说："赵王篡夺帝位，四海之内，无不痛恨，而今，勤王军四面八方起事，司马伦注定要失败。为阁下设计，您亲自率领精锐部队，直指许昌（帮助司马冏），这是上策。派将领率军前往许昌会师，是中策。酌量派出象征性的军队，观看形势，哪一方面获胜，就帮助哪一方面，这是下策。"

散会后，郗隆跟总务官（别驾）顾彦秘密商量，顾彦说："赵诱等的下策，恰恰是上策！"

人事官（治中）留宝、主任秘书张褒、行政管理官（西曹）留承，得到消息，赶紧进见郗隆，对他劝谏说："不知道你现在的最终决定是什么？"

郗隆回答："我身受二位皇帝厚恩（指司马衷和司马伦），所以不偏不倚，对谁都不帮助，只求保全本州。"

留承说："晋王朝是世祖司马炎创业。太上皇司马衷在位已久，今上皇帝篡夺到手，事理就不公平。齐王顺应天心人事，成功失败，显而易见。阁下如果不出军响应，推托搪塞，灾变会随时发生，连本州又怎保得住？"

郗隆脑袋一片混乱，不知如何回答。

郗隆把司马冏的文告，搁置了六天，还是犹豫不决，模棱两可，手下将士都愤怒怨恨。

此时，军事参议官（参军）王邃镇守在建业城西北的另外一座城——石头城，将领们纷纷前往投奔。郗隆派从事在牛渚（今安徽省马鞍山市西南采石矶）拦截（牛渚更在石头城之西南，大约拦截的是屯驻在南京城外的部队），但是已经无法阻止。

在石头城的将领们共同推举王邃为主，率兵一起回攻南京城内的郗隆，杀掉郗隆父子和顾彦，砍下人头，呈送给司马冏。

安南将军、沔北军区司令（监沔北诸军事）孟观（时驻今河南省南阳市），这个在诛杀杨骏政变中立下大功，后来在关中战场上生擒齐万年的猛将，此时却犹豫了，原因我们早已说过：孟观不仅武功很高，而且还通晓天文。他夜观天象，发现代表皇帝的紫宫星，毫无变化。据此，他作出判断，认为皇帝司马伦一定不会失败，遂决心为司马伦固守，拒不响应司马冏的号召。

历史上，因术而杀身的事例比比皆是。

如果孟观不懂天文，他大约还能够清醒地研判大势，作出合理的决定，正是因为他懂得天文术数，反而误了自己。大约天道幽远，岂是凡人能够揣透？所以，古来圣人均把算命术数之类归于小道，以之辅助决策倒无不妥，但是，以之作为决策的主要依据，闭着眼睛不看世界，那就误入歧途了，这和老人家批判过的“本本主义”有什么两样呢？

一七三　三王激战

上天根本不可能让人摸准他的真实意图。

司马伦和孙秀听到三王起兵消息，大为恐惧，为了稳定朝廷，孙秀想出了一个小计策，那就是伪造一份声称是司马冏的奏章，内容是以司马冏的口吻说："不知道从什么地方来的盗匪，突然向我进攻，我力量不能自保，请求派中央禁卫军援救，我只盼回到封国，接受死刑的处罚。"司马伦把这份伪造的司马冏的奏章，在朝堂之上向全体朝臣公示。

可以想见，自然引来一片喝彩之声，同样可以想见，司马伦和孙秀暗自窃喜，不过，这种小伎俩哪能骗的过明眼人？

假的真不了。

有实力才有发言权。

撒谎归撒谎，还是要派军队去认真对待齐王和成都王的。

司马伦还是派遣了上军将军孙辅（孙旗的三子）、折冲将军李严，率军七千人出延寿关（今河南省偃师市东南），为中路；征虏将军张泓（不知道是不是曾经给使贾南风，代替司马衷做作业的那位）、左军将军蔡璜、前军将军闾和，率军九千人出崿阪关（今河南省登封市东南），为南路；镇军将军司马雅、扬威将军莫原，率军八千人，出成皋关（今河南省荥阳市西北汜水镇），为北路；以上三路兵马，南下抵抗司马冏。又派孙秀的儿子孙会，统帅将军士猗、许超，率中央禁卫军三万人，北上抵抗司马颖。征召东平王司马楙（司马孚的孙儿，司马顒的堂兄弟，自从司马亮将他废黜以后，在贾皇后专权的十年里，一直闲居在家，司马伦招他也是想让他感恩吧？），当首都卫戍司令（卫将军）、全国各军区总司令长官（都督诸军）。孙秀想派遣司马伦的二子京兆王司马馥、三子广平王司马虔率军作为诸军的后援，以助军威，但是，两位贵公子就是不肯，孙秀看说不通二人，但是他知道平素司马虔与他哥哥司马荂的内兄刘舆（刘琨之兄）关系很好，率军八千人，作为后援部队。

笃信巫术鬼神的司马伦、孙秀，日夜祈祷上天，施展法术，又派人登上嵩山，装扮成王乔，称司马伦帝位稳固，别人难以撼动，为的是稳定京城的人心。

此时，司马冏屯军阳翟（今河南省禹州市）地区，而司马伦的南路张泓带领的中央军也推进到了此地，并在阳翟城南首战即攻破了司马冏的辎重部队，杀伤了数千人。

此时司马冏的部队距离阳翟四十里，司马冏分军渡过颍河，去攻击张泓的部队，双方经过激战，张泓军取得了胜利，齐王部队开始后撤，并构筑堡垒进行坚守。

张泓军乘胜占领颍上，夜间在颍河附近摆开阵势。

司马冏又派遣轻装骑兵进行攻击，而张泓的各路禁卫部队严阵以待，纹丝不动。

但是，中路上军将军孙辅、徐建所统的部队，忽然发生夜惊，二人擅自逃回洛阳，向皇帝司马伦自首说："齐王兵力强盛，势不可当，张泓等已经阵亡。"

司马伦惊恐失措，秘而不宣，吓得赶紧命皇子司马虔和将军许超，疾速回军保卫京师。

可是，很快地，张泓又一次击败了司马冏。

捷报传来，司马伦又一次派司马虔和许超率军重新返回前线。

经过这一来回的折腾，许超的部队将士已经筋疲力尽，士气大落。

此时，张泓的禁卫军与司马冏的部队双方以颍河为界，东西对峙。

很快地，张泓等到全军到齐，率领各路兵马，渡过了颍水，一起朝颍河对岸攻击前进，向司马冏发起了总攻。

司马冏也悉众出营，虽然司马冏屡次战败，但是，在此次战斗中，司马冏采取了只顾一点、不及其余的战术，全力反击张泓的侧翼孙髦、司马谭、孙辅部队。

霎时间，张泓的侧翼崩溃，孙髦、司马谭、孙辅的部队全部逃亡，致使中央军全军撤退。

此战是张泓与齐王司马冏交战的第一次败仗，好在张泓安全撤回，在颍河对岸大营固守。

等消息传来，孙秀不敢向大家透露实情，诈称："已经击破齐兵团，生擒了司马冏。"命文武百官向皇帝司马伦祝贺。

南线战事陷于胶着，相互之间难以分出胜负。

而此时，北线司马伦与司马颖的部队也正进行着激战。

司马颖的都护赵骧率领部队抵达了黄桥（今河南省淇县西南）。

从兵力上来看，中央军占有绝对的劣势，孙会等人所带领的禁卫军再加上司马馥和司马虔的后续部队总共也只有区区的三万八千万人，而屯驻淇县的司马颖的部队总数达二十万之众。

但是，要知道，晋国的中央禁卫军素来是百里挑一的，十分了得，我们也早已经领教过晋王朝禁卫军的厉害。马隆以区区三千五百人就一举平定了长达十年的秃发树机能的叛乱；无独有偶，孟观也是带领殿中军平定了起事四年的齐万年叛乱。晋王朝的禁卫军士兵个个骁勇善战，武器精良，单兵作战能力极强。相形之下，成都王司马颖的部队虽说人数众多，但是，由于准备的时间仓促，战斗力并不是很强。

因此，在黄桥一战中，孙会、士猗、许超率领如狼似虎的禁卫军精兵主动迎击，经过一场激战，司马颖的部队被打得大败，死伤一万余人，（根据《晋书·成都王司马颖传》的确切记载，此战司马颖的部队被斩杀八千多人。）

一战下来，司马颖全军震恐。

司马颖本人也准备从黄桥退保朝歌（今河南省淇县），咨议参军卢志、兖州州长王彦劝阻说："我军出师不利，而敌人刚刚获胜，对我们有轻视之意，如果撤退，士气沮丧，恐怕再不能作战。何况，任何战争都有胜有败，失利并不稀奇。不如挑选精锐，乘夜急行进军，兼程南下，出敌人意料之外，这才是军事上的奇计。"

司马颖同意。于是，司马颖未作喘息，立刻又派赵骧率众八万，趁夜出发与王彦再次一起南下，突袭孙会部队。

从史书记载的情况分析，当时，取得黄桥大胜以后，大约是由于南线吃紧，或者是因为京师百官蠢蠢欲动，情况危急，司马伦并没有命令禁卫军乘胜追击，彻底歼灭司马颖，而是命令部队赶紧回师洛阳，并大肆封赏黄桥有功将士，孙会、士猗、许超，都分别"持节"——本来，这支区区三万八千人的军队，就已经分为三个主帅了：一是孙秀的儿子孙会；另外两个是司马伦的二个儿子司马馥和司马虔，如今，士猗、许超都分别“持节”，等于是孙会、士猗、许超分别率领一万人马，司马馥、司马虔各率四千——于是，谁都不听谁的命令，互相不服，军令紊乱，而且仗恃胜利，瞧不起已被击败的司马颖兵团，不作戒备。

听说司马颖率军反攻，司马伦再次派遣孙会、刘琨等率三万人，与士猗、许超合兵进击赵骧、石超等，当时司马伦的部队是“精甲耀日，铁骑前驱”。在不到温县十几里的湨水（源出今河南省济源市，流经孟县，注入黄河），双方遭遇。

一战下来，孙会自己率先败逃，抛弃军队，向南逃亡。

于是全军大败，退保黄河岸边，刘琨只得将黄河上的桥梁焚毁，以延缓河北军的追击速度。

不过，司马颖还是乘胜渡过黄河。

在一个新政权建立之初，臣下对于新皇帝的忠诚还未形成惯性，君臣之间的情感和利益维系还十分薄弱，新君主的能力还没有得到臣下的认可，因此，此时一旦失败，将对整个政权的存亡起到极其重要的影响，有人说股市的冷热很大程度上并不是来源于实力，亦非政策，在有的时候则主要来源于人们的信心。一个新的政权也是如此，如果人们对他有信心，那么，就能够长久，反之则会很快消亡。不过，这信心又在很大程度上来源于战场上的胜利，唯其如此，才能使新归附的臣下看到生存下去的希望。

而自从湨水大败、孙会等人回到洛阳以后，整个洛阳城都笼罩在一片悲观气氛中。在此之前，孙秀等司马伦的亲信们都已经不敢出中书省了，如今更是“忧懑不知所为”，无计可施。

一七四　诛杀赵王

司马威建议孙秀，到尚书省与尚书八座一起讨论征战之计，会上，司马威建议让京城四品以下十五岁以上的官员子弟都全部参军，随从司马伦决一死战。消息传来，人人切齿，司马威见众怒难犯，赶紧偷偷跑回自己的住处，不敢出门。

孙会、许超、士猗等从黄河之北逃回以后，孙秀仿佛找到了一根救命稻草，他赶紧召集众人会商对策。

总体上大致有三种意见：

一是主张集结残兵败将，固守洛阳作最后一战；

二是主张纵火焚烧宫殿，诛杀异己，然后挟持司马伦南下，投奔驻守襄阳的孙旂和驻守南阳的孟观；

三是主张乘船舰东下黄河，走入东海。（不知道去哪里？）

议论纷纷，莫衷一是。

坏消息接踵而至，原来一直屡战屡胜的南线，在四月初也遭到了重创。司马冏的部将何勖、卢播等人率军在阳翟大破张泓的部队，并阵斩了孙旂的儿子孙辅等人。

战场上的局势时刻牵动着洛阳城内的每一个人的心。而信心的天平也一点一点地朝义军那一边倾斜……

终于，在四月七日，那个一直以来支持司马伦的左卫将军王舆突然叛变，跟广陵公司马漼（司马伷最小的儿子），率所属部队七百余人，从南掖门（南侧门）进入皇宫，命令宫内的禁卫军不得乱动，各自守好宫门，三区禁卫营（三部司马）在内响应。王舆亲自率兵到中书省捉拿孙秀，孙秀吓得关闭了中书省的南门。王舆放兵开始爬墙，并放火烧屋，孙秀、士猗、许超仓皇逃出房子，左卫将军赵泉当时将这三人斩杀，当时，司马伦的儿子司马馥也在孙秀的中书省，王舆使将士将他关押在散骑省，以大戟守省阁。在右卫大营士兵们逮捕了孙奇，送到最高法院予以处死。同时逮捕的还有前将军谢惔、黄门令骆休、司马督王潜，这四人在殿中也被诛杀。三部司马的禁卫军在宣化闼中斩杀了孙弼。

众高官都被命令进入殿中，坐在院子的树下。

王舆屯兵在云龙门，让司马伦下诏："我被孙秀等所误，惹怒了三王。现在已经杀了孙秀，恭迎太上复位，应该迎接太上皇复位，我将回到乡里，度过晚年。"派人传布这项诏书，并用"驺虞幡"命各路将领停止战斗。

禁宫侍从宦官押解着司马伦从华林园东门出宫，连同太子司马荂，一起送回洛阳汶阳里司马伦的私宅。另派数千人的部队到金墉城迎接前任司马衷，人民夹道欢呼万岁。司马衷从端门（皇宫南门）入宫，升金銮宝殿，文武官员叩头请罪，司马衷说："这不是你们大家的罪过啊。"

于是下诏：逮捕司马伦、司马荂，送金墉城。

你让我去那里，这回轮到你去啦……

在事发之前，孙秀因为担心司马颙的部队从西面进攻洛阳，命令司马伦的儿子广平王司马虔，从黄河北回军，抵达九曲（今河南省巩义市西南），司马衷下诏，罢免司马虔的官职，司马虔得到了政变消息，不是率领军队顺势进攻洛阳，营救自己的父亲，让父亲复辟，而是稀里糊涂地抛弃军队，只率领数十人奔回了洛阳的私宅。

司马衷就这样神奇地复辟了。

四月九日，司马衷赦天下，改年号为永宁（之前是建始元年，之后是永宁元年）。特准全国人民大吃大喝五天，并分别派出使节慰劳三位亲王（齐王司马冏、成都王司马颖、河间王司马颙），撤掉黄河上的守军，让司马颖的部队渡过黄河。

司马伦的哥哥、在司马伦当政时期为丞相的梁王司马肜此时赶紧表忠心，他上书对司马衷说："赵王司马伦父子，凶恶叛逆，应该伏诛。"

司马衷同意了。

于是，派遣尚书袁敞持节带着金屑苦酒送给了司马伦——我们还记得一年以前，司马伦把金屑酒送到了司马衷的老婆口中，仅仅过去一年零一个月零四天，（公元301年闰三月）司马伦也以同样的方式被逼迫自杀，不过司马伦喝下的还不仅仅是贾南风喝的金屑酒，而是金屑“苦”酒，这中间兴许也有司马衷的怨恨在里面吧！——司马伦在被迫饮下金屑苦酒的时候，老脸是羞愧难当，他用手帕盖到脸上，喃喃自语：“孙秀害我，孙秀害我！”

另外，还逮捕了司马伦的儿子司马荂、司马馥、司马虔、司马诩，全部诛杀，在刑场上，司马伦的儿子们还不忘了相互埋怨，司马馥对弟弟司马虔说：“就是因为你破了我家啊！”——也许司马虔和孙秀走得近？或者是埋怨司马虔在司马允叛乱的时候致使伏胤袭杀了司马允？或者是埋怨司马虔没能坚决地带领部队回攻洛阳？

我不知道，不过私下以为最后一点最为可能吧！

文武百官，凡是司马伦任用的一律免职，国务院、御史台、谒者台、门下、中书、秘书省以及三公府、皇城保安司令部、首都卫戍司令部（卫将军。“二卫”），几乎全部免完，政府办公大楼人去楼空，留下的官员绝无仅有。

四月十三日，成都王司马颖进入了洛阳城。

紧接着，四月十五日，河间王司马颙抵达。

而此时，南线的张泓还在为自身的生存做最后的挣扎，司马颖立即派遣赵骧、石超等率军帮助齐王司马冏攻击尚在阳翟的张泓，走投无路的情况下，张泓等终于投降了。从齐王起兵至今，混战了六十余日（从三月，中间一个闰三月，再到四月上旬），死亡将近十万人。又把在阳翟投降的降将张衡、闾和、孙髦、高越等绑赴洛阳东街，斩首；蔡璜是在阳翟就投降了齐王司马冏的，回到洛阳，也被迫自杀；曾经亲自斩杀过淮南王司马允的伏胤是从阳翟前线败退回来的，也被斩首。

五月，司马衷还对那个凶恶的义阳王司马威记忆犹新，他说：“阿皮夺我的玉玺，还拧断了我的手指，不可以不杀掉。”这也许是司马衷迄今为止第一次独立做主、坚持按照自己的意志办成的一件事吧？

在司马衷的坚持下，司马威被处死。在地方上，襄阳郡（今湖北省襄阳市）郡长宗岱，执行司马冏的命令，斩杀了和孙秀合族的孙旂。永饶（今河南省南阳市南）矿务总监（冶令）空桐机斩杀了名将孟观。孙旂、孟观的人头都被送到首都洛阳，并被屠灭了三族。

该杀的人基本上都杀完了，司马衷立下愍怀太子剩下的唯一的小儿子司马尚为皇太孙（历史上称为冲太孙）。我们知道，司马遹的大儿子在司马遹被废前就生病了，也可以说就是因为老大的生病引起司马遹的被废杀；其后，老二司马臧在被司马伦立为皇太孙七个月以后，司马伦自己称帝以后，随即就杀掉了；如今司马衷这一支的唯一血脉就是司马尚这个小孩了。

一直磨蹭到六月，齐王司马冏才浩浩荡荡地开进洛阳，把部队驻扎在通章署，此时的齐王司马冏出尽了风头，率领的甲士数十万，史书记载："旌旗器械之盛，震于京都。"——也许是担心自己的实力不济，所以，齐王司马冏才在一个多月的时间里等待着凑够充足的部队，在进入洛阳城的时候，能一下子镇住百姓、镇住朝廷，尤其是另外那两个重量级的人物：成都王司马颖和河间王司马颙吧？因为，虽然自己是首义，但是，从战绩上来看，的确不尽如人意。其实，即便没有王舆的政变，司马伦的末日也为时不远了，其原因在于成都王司马颖在河北的大捷，扭转了战局。而司马冏的南线不仅屡屡失败，就在司马伦被废、成都王进入洛阳以后，仍未彻底搞定，还劳驾司马颖派兵协助自己。这都让已经身为中年的齐王司马冏在二十多岁的毛头小伙子堂弟司马颖和司马乂面前很没面子，抬不起头来。

果然，效果很快出来了：司马衷当即就拜齐王为大司马，加九锡之命，一切待遇就像司马懿、司马师、司马昭、司马炎在曹魏时代辅政那样。

司马伦被诛杀了，义军取得了全胜。但是，回顾整个事件，对于司马伦的战役决策失误，不是没有值得探讨的地方，个人看来，大致有以下三点。

一是司马伦未亲征。此时，司马伦有亲征的必要，这是因为，政权还刚刚建立，一方面由于兵力有限，如果皇帝不和军队在一起的话，那就要在京师留下一定的兵力保护皇帝，但是一旦如此，就造成前线兵力紧张；另一方面，作为皇帝亲征，将对军队士气有很大的鼓舞。以司马懿平定王凌、司马师平定毌丘俭、司马昭平定诸葛诞为例，司马氏都是出于内外交困的极端不利情况下，但是，三王都始终坚持一条不变的原则，那就是亲征，亲自控制大部军队！

二是主次不分。从整个战役发展来看，首倡起兵的是齐王司马冏，实力最强的却是成都王司马颖，基本上处于观望状态的是司马颙。因此，对于司马冏而言，是不成功便成仁，没有回旋的余地，因此，应该在其起事之初，就应只在京师留下少数留守部队，立刻带上太上皇司马衷和百官，集中京师的全部部队，昼夜兼程，以迅雷不及掩耳之势，罄尽全力一举击败身在许昌的司马冏，同时，命令身在南阳的孟观和襄阳的孙旗带兵北上勤王。以帝国精锐的全部禁卫军加上新皇帝的亲征，再加上来自许昌南边孟观的牵制，在东南扬州的部队前来与司马冏会合以前击败司马冏，应该还是有可能的。虽然司马冏准备了一段时间，但是从司马冏的战绩来看，他的部队战斗力很弱，毕竟张泓所带的三股兵力总数才仅仅二万四千人，就把司马冏打得招架不住，如果以禁卫三十六军全上的话，司马伦胜利的把握很大。

如果诛杀了司马冏，那么，整个局势就会大变，司马颖将不敢渡过黄河，上策也许是暂时割据冀州；而司马颙则极有可能以言辞、官职将其拿下，等司马颙完全被争取过来以后，再征调关中精锐加入中央军中，一年以内消灭司马颖和司马乂应该不成问题。

只要敢于不要后方，坚决不管北路的司马颖和西路的司马颙，全力击败齐王司马冏，那么，整个战局也许还可以扭转。而实际的情况是：不仅司马伦不敢亲征，而且，还平均使用兵力，用三万八千对司马颖的二十万；用二万四千万对司马冏的部队（战斗中司马冏的兵力多少不知，但从其后他进洛阳时，是甲士几十万，不过，这几十万也许加上了司马颖的部分军队，张泓投降的部队、扬州的部队等）。结果使得战役先胜后败，南线张泓还顽强些，与司马冏形成僵持。

三是兵力分散。此点与上面大致相同，不同的是，在具体的兵力配置上，也过于分散，比如，南进的三支部队，加上后来的预备部队，本来人数都少，还采用梯次出击的战术。好在司马冏也不懂得各个击破的办法，要不不等司马颖胜利，司马冏也早把南线解决了。

另外，每支部队还各自为战，缺乏协调性，比如，南线战役之初，孙辅、徐建就擅自溃退，好在张泓控制全局的能力较强，使得战斗转危为安，北线，溴水之战也存在孙会擅自脱逃的情形。

一七五　齐王专权

齐王进京的时候，洛阳城内该杀的人都提前杀掉了，局势也已平稳。

从去年（公元300年）三月愍怀太子司马遹被杀，到今年（公元301年）四月司马伦被杀，在这短短的一年时间里，西晋王朝发生了太多惊天动地的大事，让读书人感觉似乎经过了很多年似的：先是司马伦发动政变、杀掉贾南风；然后是司马伦猜忌淮南王司马允，夺司马允中领军兵权，导致司马允的强烈反击，结果被伏胤袭杀；接着是司马伦阴谋篡位，加九锡之礼，外放齐王司马冏；到公元300年年底的时候，益州刺史赵廞发动叛乱；过了新年，司马伦登基，废黜侄儿司马衷，表面上尊崇齐王司马冏和成都王司马颖，分别在将军号前加"大"，私下里却派遣亲信做二王的司马，管理二王国中的军队；还是在过了新年，益州赵廞被巴氏李特兄弟诛杀，益州刺史由原梁州刺史罗尚担任，益州渐趋平静；到了三月，齐王起义，经过近两个月的野战，终于战胜了司马伦的部队，诛杀了司马伦，让司马衷复辟。

短短两个月的野战，空前惨烈，这是西晋皇族内讧中的第一个高潮。

因为，此前的一系列政变，还仅仅局限于洛阳城内，即便是剑拔弩张，但是，死亡人数和影响毕竟还有限，而此次的性质却截然不同。宫廷中的政变引发了诸侯王与朝廷之间直接的军事冲突，并且以诸侯王的最终胜利而告终，中央皇权的威望第一次受到了敲骨吸髓式的沉重打击；神秘莫测的皇帝从至高无上的神坛被撕扯下人间。自此，谁都知道，只有实力才是一切。据《晋书·赵王伦传》的记载：（此）"战所杀害仅十万人。"史书中的"仅"字似乎位置错误，也许应当为：仅战所杀害十万人。意思应该是：仅仅战斗中被杀死的士卒就达十万人。

司马衷把年号改为永宁，似乎就是祈求晋王室不再发生变乱了，这一年仿佛把司马衷投入到惊险刺激、跌宕起伏的过山车一样，即便作为千年以后的我等草民看起来就叫人心惊肉跳、目不暇接，可以想见作为当事人的晋惠帝是何等眩晕。短短的一年多一点的时间里，他经历了大喜大悲，相继失去了自己的儿子、自己的老婆、自己的两个孙子、自己的弟弟和自己的叔爷爷，娶了新的老婆，从皇帝宝座上被拉下，又被重新推上，他看到了太多的人们在权力魔杖的驱使下自相残杀，走向灭亡。不过，他永远也不知道，这才仅仅是开始，命运似乎要一直折腾这个呆傻之人，让他在这辆过山车上继续疯狂地坐下去。

除了任命齐王司马冏为大司马以外，司马衷还任命弟弟司马颖为大将军，因为司马颖出力最大，无法表示，所以，也加九锡，都督中外诸军事，假黄钺，录尚书事，入朝不趋，剑履上殿；任命堂叔河间王司马颙为侍中，太尉，加三锡；任命弟弟司马乂为抚军大将军，领左军将军——到七月的时候，又恢复长沙王的封号，升为开府、骠骑将军；晋封堂叔广陵公司马漼为淮陵王，领尚书，加侍中，晋封堂叔新野公司马歆为新野郡王，食邑二万户，使持节、都督荆州诸军事、镇南大将军、开府仪同三司；还是恢复叔爷爷司马肜的太宰地位；恢复因司马允反击而被司马伦贬斥为宾徒王的司马晏原吴王的称号。齐王、成都王和河间王三府都设置下属官员四十名，大部分都是武将，文官只是个摆设，因此，有人就看出，这战乱还将继续下去。

《晋书·秦王司马柬传》有段不起眼的记载：（司马柬）“以左将军居齐献王故府，甚贵宠，为天下所瞩目。”说的是，在齐王司马攸死后，由于秦王司马柬深得司马炎的喜爱，而让司马柬住在齐王府邸，我们知道，齐王司马冏的老父亲老齐王司马攸是在武帝咸宁四年（公元283年）去世的，而秦王是在晋惠帝元康元年（公元291年）去世的。从这段记载起码透露了两个信息：一是，齐王司马攸死后，小齐王司马冏并没有被允许继续居住在自己的家里，而是被打发到了封地或是另建了宅邸；二是齐王司马攸的齐王府应该是相当不错的府邸，因此，司马炎才把此府作为自己最钟爱的儿子的府邸。

如今的司马冏也许对于父亲的死还记忆犹新，对老皇帝、自己的伯父司马炎不能不心存怨恨，今天，他已经是一人之下万人之上的人了，他最先想到的是：搬回齐王府！回到自己生活过的熟悉的院落，这不仅仅是一种情感的宣泄，更多的是一种昭示，一种唤醒人们对那个近乎完人的父亲的记忆！

他不仅要搬回齐王府，而且还要让齐王府恢复昔日的辉煌。

于是，他开始了对齐王府进行大规模的整修扩建，向北，把紧邻的粮食市场拆迁，划归齐王府，向南，把前面的民房拆迁，修建大司马下属办公大楼，工程建设规模和司马衷的皇宫几乎相同；向西，凿穿千秋门（《太平御览》一百八十三引《洛阳故宫名》曰，洛阳有千秋门。《通鉴》晋太安元年《注》，千秋门，宫西门也。）旁边的宫墙，从齐王府直接连接皇宫大内的西阁。为的是便于控制皇帝，但是，凿穿宫墙的行为本身，这明显属于僭越行为。除此以外，齐王的后庭设置钟鼓，前庭舞着八佾，齐王以为天下太平，一切都在自己的掌控之中，开始沉溺于酒色。

对于司马衷，司马冏谈不上有什么好感。

自己的父亲被司马衷的父亲逼死；自己的母亲贾荃和司马衷的老婆贾南风虽说是同父异母的姐妹，但是，势同水火，被贾南风逼死；自己还杀了司马衷的老婆贾南风（可以这么说）；自己父母的死都与这个被自己重新推出来的傻男人有关，如果没有这个男人，也许，自己的父亲就是当今的皇帝，晋朝也是齐王的天下了，齐王和司马衷有太多说不清道不明的恩怨，也有太多欲理更乱的纠葛。

而自己之所以起兵勤王，似乎更多的因素并不在于多么看好自己的这个堂兄弟，而仅仅是把他作为一面幌子进行的一场绝地反击吧。

因此，在齐王司马冏立定脚跟以后，再也没有朝见过皇帝。以自己的亲信车骑将军何勖领中领军。封自己的部下或亲信葛旟为牟平公，路秀小黄公，卫毅阴平公，刘真安乡公，韩泰封丘公，号曰“五公”，“委以心膂”。

一七六　钩心斗角（一）

而也许，这就是司马衷把自己的弟弟成都王司马颖也加封为九锡、并加封长沙王司马乂的一个重要原因吧。

在如今的晋国朝堂之上，一言九鼎的大佬，只有成都王司马颖和长沙王司马乂是皇帝的亲弟弟。

成都王司马颖，字章度，是司马炎的第十六子，母亲是司马炎的一万余名小老婆群中的徐才人所生，母亲属于九嫔以下，地位比较低的；司马乂是司马炎的第六子，字士度，现年二十六岁，比成都王大三岁，他和死去的楚王司马玮是一个母亲，他们的母亲是司马炎的宁美人，地位和才人差不多。

其他的河间王司马颙，是司马孚的儿子太原王司马瑰的儿子，他父亲司马瑰与司马衷的爷爷司马昭才是堂兄弟，与司马衷这一支血缘关系是最远的，也可能就是这个原因，司马颙对于司马衷复辟一事，并不热心，更多的是首鼠两端，为的是自保富贵，虽然司马冏对司马颙这种行为十分反感，但是，一则因为司马颙掌握着关中精锐；二则最终司马颙还是弃暗投明，所以，还是给了司马颙升了官，并加三锡之礼。

淮陵王司马漼，是司马昭弟弟著名的琅邪王司马伷的小儿子，〔我们知道，司马伷一共四个儿子，只有大儿子司马觐三十五岁就死了，但是，他却给人们留下了以后充满了身世之谜的东晋开国皇帝晋元帝司马睿；老二就是那个娶了郭家老婆的不孝顺母亲诸葛太妃的司马澹；老三就是在诛杀杨骏事件中出尽风头，杀了猛将文鸯，与司马孚的孙子、司马威（阿皮）的叔叔司马楙交好的司马繇。〕

司马漼，在血统上来讲，和司马衷的父亲司马炎是堂兄弟，是比司马颙关系近一级的堂叔。

司马歆呢，他的父亲是曾经威震关中的扶风王司马骏。司马骏和司马伷、司马亮是同一个母亲，都是司马懿的伏夫人所生，因此，司马骏和司马炎的爸爸司马昭是兄弟，那司马歆与司马炎也是堂兄弟，司马衷与司马歆的关系和与司马漼的关系一般远一般近。同时，司马歆、司马漼与司马衷、司马冏两人的关系也一般远一般近。

对于司马衷而言，血缘关系由近及远依次是：司马乂、司马颖、司马冏、司马漼、司马歆、司马颙。弄清楚了这些复杂的关系，更有助于我们探究以后这些人们在各种不同事件中所表现出来的迥然不同的立场。

司马衷幻想着平安太平，他用两个九锡之礼来平衡司马冏和司马颖两人，但是，这在一个时期同时拥有两个九锡的人，不仅空前，而且似乎也是绝后的，一是说明了皇权的极度微弱；二也为以后政局再次动荡不安埋下了伏笔。

常言说：一山不容二虎。

谁都看到了这一点。司马冏和司马颖两人在一些小事上就出现了一些分歧。比如，对于刘琨兄弟，因为他们是司马伦的大儿子司马荂的内弟，应该受到处罚，但是，司马冏以两人有才气和名望，所以对他们加以宽恕，分别任命刘舆为中书郎，刘琨为尚书左丞。对此，司马颖没有表示异议。但是，对于陆机等原在司马伦宫中侍候的人们，齐王司马冏却不准备放过，因为，情报显示，司马冏认定司马伦的九锡文和禅让诏书都是出自当时任中书郎的陆机等人之手，但是，陆机曾经担任过吴王的郎中令，所以，吴王司马晏找到哥哥司马颖一起营救陆机。司马颖和司马晏千说万说，齐王才终于同意，把死刑立即执行改判为无期徒刑、发配边关。判决以后不久，正巧遇到司马衷发布大赦的命令，陆机等人就等于免刑了。

首鼠两端的人反而喜乱乐祸。

司马歆和司马颙的所为无不时时证实这一点。

由于司马歆在讨伐赵王的战斗中，一直和齐王司马冏并肩作战，相处久了，关系自然就近些，当进入洛阳以后，齐王司马冏曾经紧紧地握着司马歆的手说：“让我建立这样大功的，是你司马歆啊！”——这当然是实情，试想，在齐王司马冏与张泓在阳翟相持之时，假如说新野王司马歆从背后猛插司马冏一刀，那该是什么样的结果呢？——在诸王一同拜谒祖陵的时候，新野王司马歆对齐王司马冏说：“成都王司马颖是皇帝的至亲，和您一同建立了大的功劳，现在应该把司马颖留在京师，和您一同辅政。如果不这样的话，则应当剥夺他的兵权。”齐王司马冏没有听从。

而长沙王司马乂看到齐王司马冏逐渐专权，也在拜谒祖陵的时候，对自己的弟弟成都王司马颖说：“天下是咱父亲的天下，大王弟弟，你应该执掌大权，维护好啊！” 史书记载，这个司马颖是“形美而神昏，不知书，然器性敦厚”，就是说，长相很好，却是个糊涂蛋，不识字，不过，此人气量敦厚，好脾气——真和他哥哥司马衷差不多。这样的人，对于司马乂的话根本不会采纳，也不知道采纳不采纳的区别。

不过，就是因为司马颖敦厚老实，所以，对卢志言听计从，就像司马伦对孙秀那样。

卢志向司马颖建议：“齐王的部队号称有百万之众，但是，却与张泓等相持不能决出胜负，大王您直接渡过黄河，这样的功劳，他是比也比不过的。所以，齐王现在应该和大王您一同辅政。但是，我听说过两雄不俱处，功名不并立，今天，大王您应该借着母亲身体稍微不适，请求皇帝回邺县侍奉老母亲，这样，推崇齐王，慢慢来，结四海之心，这是上策。”

司马颖立即采纳了卢志的建议，他的军队原来驻扎在太学，司马颖入朝拜见皇帝，司马衷亲自接见，并进行慰劳。司马颖谦虚地回答：“这都是大司马齐王司马冏的功劳，臣不沾边。”

拜别皇帝以后，司马颖直接拜谒了太庙，连自己的军营都不回，从洛阳东阳门出城，直接回了邺城。同时，派遣使者带了一封临别书信，送给司马冏说明自己匆匆离京的原因。

司马冏一看书信，大吃一惊，以为司马颖有什么想法了，连忙上马，亲自去追赶司马颖，直到七里涧才追上司马颖。

司马颖停下车子，和司马冏话别，言语之间不说朝廷政事，只提母亲的病情，说着说着，已经泪流满面。

路边看到的老百姓没有一个不说司马颖仁义的。

一七七 钩心斗角（二）

为了行文方便，我们在前一节已经说了司马颖加九锡的事情。

其实，正式颁布任命司马颖为大将军并加九锡的诏书，还是在司马颖到达邺城以后颁布的。也就是说，在齐王司马冏来到洛阳以后，司马颖很快就匆匆离去了，之所以这样，在我看来，还是因为猜不透齐王的真实心思，担心被害吧。

司马颖按照卢志的意见，拜受了徽号，而坚决推辞九锡之礼——与此相反，司马冏可是笑纳了。不过，司马颖也和司马冏一样，请求赏赐自己的手下，于是，朝廷对于司马颖的功臣卢志、和演、董洪、王彦、赵骧等五人，都封开国公侯，其中卢志为武强侯，并加散骑常侍。不多不少，和司马冏待遇一样，都安排五位侯爷，免得说偏心。

不过，司马颖的良好表现还在继续。

首先，司马颖上表说："大司马司马冏前在阳翟的时候，与强贼相持的时间较长，当地百姓受到的祸害也最大，如今，那里的百姓饥饿冻馁，应该马上去赈济。我请求征发郡县的大车小车，一块运送我这里的邸阁米（战备军粮）十五万斛，以赈济阳翟那里的饥人。"

紧接着，卢志又对司马颖建议："黄桥之战，我军阵亡的将士有八千余人，既经过了夏暑，尸体暴露在外面，实在是件令人伤心的事。当年周王埋葬路边的枯骨，《诗经·小雅》的诗歌中就有'行有死人，尚或墐之'这样的诗句用来赞美。况且这些为了捍卫王室而死的将士呢！"司马颖也听从了，命令制造了八千个棺材，用自己成都国的食邑钱，为死者做成寿衣，收殓以后再郑重祭祀，统一在黄桥北面开辟一块无名将士公墓，建立祠堂，刊石立碑，记载八千死难将士的赴义之功，使遗属四时有地方进行祭祀。同时，对于死难家属，发放比一般战役战死高二等的抚慰金，并在死难将士的家中发放“烈士家属”门匾（仍表其门闾）。不仅如此，而且，命令河内温县当地政府也埋藏在溴水大战中战死的司马伦一方士卒一万四千人。

自司马颖离开洛阳以后，与成都王司马颖以退为进、收买人心的做法相反，齐王司马冏却更加专权恣肆。殿中御史桓豹没有经过司马冏先审阅，就直接向皇帝上书汇报工作，司马冏知道以后，竟然把桓豹拷打致死（《晋书·司马冏传》：“即考竟之。”关于“考竟”一词，传统理解是这样的，但是，如今有人写论文说：考竟是“拷问案情，穷究其事。”的意思。个人以为，这是望文生义，考竟当然含有这个意思，但是，从《晋书》多处记载中可以认定考竟就是拷打致死的意思，比如，在说诛杀贾午、赵粲等人的时候，也是用的“考竟”二字，由此，今从众，采用拷打致死的含义，“竟”当翻译为：完、死之意。）这件事，让朝野大为震惊，史书记载：“于是，朝廷侧目，海内失望矣。”——仅仅是拷打一下不听话的御史，似乎还不至于引起如此大的震惊吧？

司马冏的很多下属也都为此忧心忡忡，劝谏司马冏，但是，司马冏完全听不进去，始终不改，不仅不改，而且“骄恣日甚”。

差点被司马冏杀掉的陆机，对司马冏也是心怀不满，看不惯司马冏那样子。他一气之下，写下了《豪士赋》来讽刺司马冏。

在《豪士赋》中，陆机嘲笑司马冏“岂能懂得功业在其自身之外，所担任的职位超出了他的才能呢!”并且，以为司马冏的错误就在于“自身危险是由于权势过大，却不知削减权势来求得平安；祸患的积累是缘起于太多的恩宠，却不知谢绝恩宠以招来福气”。同时，陆机还意识到：“民心一天天失望，危机即将爆发，但他却正在低头抬头都目空一切，认为自己足以夸耀于世人，讥笑古人做得不好，忘了自己的事情已一团糟，知道从前的功勋可以倚仗，却弄不清成败有时机。”最后，陆机指出，司马冏也许很快就会覆灭，“因此事情到头气运完了，一定会倾覆；风起尘扬，而祸患到来常常是很残酷的。”对于陆机《豪士赋》究竟是在齐王司马冏死前写的，还是死后写的，历来有两种截然相反的说法，一种是唐修《晋书》说是齐王死前；一种是臧荣绪的《晋书》说是死后，个人采信唐修《晋书》的说法。

于是，天下都归心成都王司马颖了。

连陆机都看到司马冏不足成事，同时又感激成都王司马颖的救命之恩，他谢绝了同是吴国人的顾荣、戴渊等友人的劝说，自以为自己既有才，又有名望，就投奔了成都王司马颖。成都王表陆机为平原内史、大将军参谋。

在此，先简单介绍一下顾荣和戴渊这两个也是十分了得的人物。

顾荣，是东吴宰相顾雍的孙子，顾家为东吴大姓，到洛阳以后，被人与陆氏兄弟相提并论，称为“吴中三俊”，不过，他与“好游权门”的陆机不同，只想用酒醉来免祸，曾为司马伦的三子司马虔的长史，一次，顾荣与同僚宴饮，见负责烤肉的那个人貌状不凡，看出也想吃烤肉的样子，顾荣就割下一块烤肉让他吃了，同僚问为什么，顾荣回答道：“哪有整天拿着烤肉而不知肉味的道理呢？”等到司马伦败，顾荣作为司马伦儿子的下属，也要被杀，幸好当时拿着烤肉的人是部队的小头目，多方营救，顾荣才得以幸免。此时，顾荣也因为才望被司马冏召为大司马主簿。他看到司马冏擅权骄恣而担心受祸，于是，终日喝酒、酣睡，不办公，并让朋友冯熊求司马冏的心腹长史葛旟，把顾荣解职，葛旟回答：“顾荣是江南有名望的人士，不可以轻易替换。”冯熊说：“那主簿一职不是一个昏醉的人所能做的，可以把他转为中书侍郎，一方面顾荣不失清闲；另一方面大司马府又能收其他有实际才能的人加入。”（要知道，大司马主簿，那是司马冏的属下，而中书侍郎则是朝廷命官，那是皇帝的臣子。）葛旟对司马冏一汇报，司马冏就任命顾荣为中书侍郎。顾荣一当中书侍郎，就不再喝酒了，有人就问他：“为什么你前醉而后醒呀？”顾荣害怕了，赶紧又复喝。顾荣对老乡杨彦明写信说：“我做齐王主簿的时候，经常担心灾祸会到来，每每见到刀子与绳子，都想自杀，只是外人不知道罢了。”

戴渊，就是戴若思，《世说新语》记载：戴渊年少时喜好游侠，经常率众在水面上抢劫。陆机坐船去洛阳，也被戴渊一帮人抢劫。陆机在船上看见戴渊在岸上坐着胡床（折叠椅，胡汉文化交融、胡人传入中国的产物），指挥众人掠劫，井井有条，又见戴渊丰姿神秀，神气非凡。于是，陆机知道不是一般的人，就在船上远远叫道：“你有这样的才能，为何偏做强盗？”戴渊听后，十分震动，双目流泪，表示愿悔过自新，从此，成为陆机的终生朋友。

陆机一句话使戴渊浪子回头，陆云一句话使周处改过自新，二陆真神人也！

不过，不只是陆机，朝廷（包括司马冏）似乎也看到了成都王司马颖在大家心目中的地位在节节攀升，司马衷下诏派遣侍中冯荪（女为司马炎嫔妃）、中书令卞粹（张华的女婿，张华执政的时代，曾经任右军将军），亲自去邺城说服司马颖入朝辅政，并且让司马颖接受九锡之礼。

九锡之礼，司马颖是坚决不拜，至于离开邺城去洛阳，司马颖却是因为自己的一个亲信孟玖不想回洛阳，再加上母亲程太妃喜欢住在邺城，所以，商量了很长时间都没有决定下来。

当时，司马颖在讨伐司马伦的过程中，招募了大量的“义从”，（感于大义而加入军队的人），他们不是职业军人，如果司马颖去洛阳的话，就有可能还用得上这些人，如果不去的话，也许就可以就地解散了，但是，司马颖迟迟决定不了，这些壮士因为长久在外，不免思念家中妻儿老小，有个别人就偷偷离开军队、当了逃兵，更多的人则心存埋怨，当时就有人在邺城的城门上题写道：“大事已经完了，我们要回家了，过去是因为感于大义而来，今天也是感于大义而去，以后如果您还有急，再给我们说一声。”司马颖见到此情，只好把招募的军队解散了，这样，百姓们才安心下来。

“义从”一去，司马颖也铁了心不离开邺城了。

一七八　变起肘腋

司马冏在朝堂上并不是没有安排有名望的人。

他任命政坛不倒翁司徒王戎为尚书令，以刘毅的儿子刘暾为御史中丞，以清谈名士王衍为河南尹。在自己的手下也是选拔名流：延聘新兴郡（今山西省忻州市）人刘殷（此人后来在大分裂时代的汉赵帝国，位居太保）当参谋总长（军咨祭酒）；洛阳令曹摅（魏国大司马曹休曾孙）当主任记录官（记室督）；国务院助理官江统、阳平郡（今河北省大名县东北）郡长河内郡（今河南省沁阳市）人荀晞当军事参议官（参军事）；吴国人张翰（《世说新语》上说的张季鹰，西晋文学家）当人事管理官（东曹掾）；孙惠（孙权堂兄孙贲的曾孙）当民政秘书（户曹掾）；前任大法官（廷尉正）顾荣（以前我们说过，顾荣用计很快脱离）跟顺阳郡（今河南省淅川县东南）人王豹，当主任秘书（主簿）。

同时，司马冏也是很礼贤下士的。这里面还有一则有趣的事。据《晋书·刘乔传》的记载，开始的时候，司马冏是非常敬重嵇康的儿子嵇绍的。每次嵇绍去大司马府，司马冏必定要出门下台阶相迎。后来，刘乔对司马冏建议说："孙秀诛杀裴頠、张华之际，朝臣们害怕孙秀的威势，而不得不接受孙秀赏赐的财物，如今，没有人逼迫他，可是嵇绍为什么却畜养着裴頠家的车牛，张华家婢女？乐广先生来的时候，您都不下床迎接，为什么独独嵇绍来，您要这样呢？"后来，嵇绍再来，司马冏就不迎接了。嵇绍很奇怪，就问刘乔为什么，刘乔回答说："好像是有正直的人劝说过齐王，以足下不是值得相迎的人。"嵇绍问："那位正直的人是谁呢？"刘乔回答："说到他嘛，就在你的面前。"嵇绍默默不语。

还有一次，司马冏的叔爷爷司马干，（也就是那个半疯的司马昭的三弟、司马伦的哥哥）来见齐王司马冏，当时，司马冏刚刚进京，大权在握，朝廷百官都是拿着牛肉、好酒来款待司马冏，而这个老头子却只拿了一百串小钱来祝贺，他来到齐王府，把那串小钱从口袋里拿出来，对司马冏说："赵王叛逆，你能举义，那是你的功劳，现在我拿一百钱给你祝贺。虽然如此，但是，大功难以长久，不可不谨慎。"等到司马冏辅政以后，老头子又去见司马冏，司马冏赶紧出府迎接，司马干进入齐王府，直接坐到齐王司马冏的位置上，也不让司马冏看座，对司马冏说："你可不要学那个白女儿啊！"司马伦的母亲是司马懿晚年最为宠爱的柏夫人，就因为柏夫人的缘故，司马师、司马昭、司马干的亲母亲张春华差点绝食自杀，也差点害的司马干等人跟着绝食自杀，大约因为这个芥蒂，司马干戏称司马伦为白女（通"柏女"）儿吧，对自己的小妈没一点尊敬劲。

表面上，晋王朝大事底定，齐王司马冏也没什么好担心的。

但是，齐王司马冏和哥哥司马蕤之间的关系，却差点使刚刚平静下来的晋国政坛出现危机。

司马冏并不是老大，之所以被立为嗣子，是因为在司马攸去世以后，司马冏哭天抢地，在司马炎面前痛陈自己的父亲被医生耽误的真相，赢得了家族成员和朝廷众臣，甚至包括司马炎本人的好评。

对于本应被立为嗣子的司马蕤来说，内心的感受可想而知。司马蕤很早就出继夭折的叔叔辽东王司马定国，这只能使他感叹自己命运不济，不仅如此，往往借酒浇愁，喝完酒以后，就开始发酒疯，到处找司马冏的碴。虽然司马冏嘴上不说什么，但是，内心却十分不满。

在齐王司马冏起兵以后，赵王司马伦把司马冏的兄弟司马蕤和司马寔都关押了起来，想要杀掉。幸亏当时的太子中庶子祖纳（名将祖逖的同父异母哥哥）上书司马伦，说：罪不相及，并且司马蕤和司马寔是当代道德典范齐王司马攸的儿子，应该特加宽恕。

等到司马冏领兵进入洛阳的时候，司马蕤兴高采烈地要去拜见弟弟，可是，此时的司马冏已经是大司马了，要通报以后，才予接见。

这让司马蕤大为恼火，大叫道："我因为你，差一点就死了，你却没一点兄弟之情！"

等到司马冏辅政以后，司马蕤为后军将军。司马蕤问司马冏要官，也想开府，因为开府的话，就有了属于自己的幕僚和军队。

司马冏说："武帝司马炎的儿子吴王司马晏和豫章王司马炽（后来的晋怀

帝，司马炎第二十五子）都还没开府呢，你先等等。”

要说司马冏说得不错。

但是，司马蕤更生气了，暗中与左卫将军王舆一起要废黜司马冏。

这个王舆一直都处在风口浪尖上。司马伦和司马允之斗的时候，司马允要进宫挟持皇帝司马衷，来对抗司马伦，结果王舆关闭宫门，司马允只好转而直接进攻司马伦的王府，最后被杀，可以说，王舆给司马伦帮了大忙；等到司马伦登基之前，也是这个王舆带兵进宫，招来殿中三部司马，晓谕大家投靠司马伦；在齐王司马冏义兵大起以后，司马伦的部队被司马颖所败，看到司马伦灭亡在即，这个王舆马上投靠新主子，带兵进宫，诛杀了孙秀。

而此时的王舆，也许以为自己立了大功，却没有得到相应的封赏，还是原职未动，心怀不满吧。

其实，你作为司马伦的亲信，为司马伦登基出了很大的力，不杀你，就已经不错了。

人苦不知足。

前面，王舆次次得手，不是叫这个人头落地，就是让那个家破人亡。

但是，此次阴谋却没得逞，司马冏很快就知道了消息。将王舆逮捕，并诛杀三族；将司马蕤发配上庸，改封微阳侯。后，上庸内史陈钟根据齐王司马冏的指示，将司马蕤害死。

司马蕤事件是齐王亲兄弟之间的仇杀，也看得出齐王司马冏团结能力并不强。司马冏本来打算让自己的弟弟司马寔接替自己在许昌的职位，不管怎样司马蕤在朝中也是自己一个帮手，司马寔放到地方上相互呼应，但是，司马蕤事件，只好把司马寔也留在朝中，升为侍中、上军将军，给千兵百骑。

司马蕤和司马冏这一对冤家，就像他们的堂叔东武公司马澹和东安公司马繇这一对冤家一样。这一对兄弟，也十分奇怪，你来我往，因为，司马澹投靠了司马伦，等到司马冏上台以后，就找了个不孝顺老母亲诸葛太妃的名义，把他给发配到了辽东；而与此同时，司马冏将司马澹的弟弟兼仇人司马繇从带方召回，升为尚书左仆射；司马繇还记得自己一直闲居在家的老朋友司马楙，推荐司马楙位平东将军，镇守下邳。

一七九　益州再乱（一）

就在司马冏当政数月以后的公元301年八月，平静了半年的益州再度陷于混乱。

司马冏当政以后，又重新命令入川的流民返回关中原籍。

此时的益州刺史是原为梁州刺史的罗尚。

罗尚为何许人？

我们还记得那个蜀国名将罗宪吧。他在刘禅投降以后，以区区数千人马坚守在三峡附近的永安，抵挡了吴国数万人马，并击败了吴国名将陆抗。为曹魏打下蜀国，并顺利予以占领，立下了汗马功劳。而今天的罗尚就是罗宪的侄儿。

罗尚，字敬之，从小父亲罗式就去世了，跟着叔父罗宪生活。虽然如此，但是，这个罗尚却一点没学到叔父“方亮严整，待士无倦，轻财好施，不营产业”的品格，恰恰相反，不仅性贪，而且少断，一会儿东，一会儿西的，一个决定下来，一会儿都变了。因此，蜀地的人们都说：“罗尚喜欢的，要么是奸邪的人，要么就是溜须拍马的人；罗尚憎恶的，不是忠臣，就是正人君子。家里已经很富了，还像豺狼一样贪婪，他的家里就像集市，还搜刮不止。”又说：“盗贼还好些，罗尚却是杀我；平西将军，反而为祸更大。”（其实，后世的很多史学家对史书的这种记载提出了异议，以为是成汉当权者、晋朝当权者包括当时的著作者对罗尚的污蔑，因为，一是以后罗尚以区区那么一点人马，竟然与李特相持经年；二是李雄等不少部将投降罗尚；三是包括李特起兵以后蜀民村堡坚守，并与罗尚协同作战；四是在李雄占领蜀地以后，几乎有百分之八十的居民逃离四川，这些客观情况分析，似乎罗尚也不是像史书记载的那样糟糕。持此观点的有著名史学家吕思勉先生等。个人在读《晋书》的时候，也注意到了一些蛛丝马迹可以说明罗尚似乎并非史书上说得那么糟糕，比如，《晋书·索靖传》记载，索靖为敦煌五龙之一，在晋武帝的时候被提拔为尚书郎，当时的尚书郎有四位，其他三位就是罗尚、潘岳和顾荣。并且史书记载，大家对他们都很佩服，从这一点来看，罗尚也不至于那么衰吧？并且，罗尚和刘乔同时做过王戎的参军，以王戎的眼光应该不差吧？）

此时，朝廷派遣监察官（御史）冯该、张昌二人，前往益州监督流民返乡工作。

我们过去说过：李特兄弟五人，大哥李辅，字玄政；老二就是李特，字玄休；老三李庠，字玄序；老四李流，字玄通；老小李骧，字玄龙。此时，老三李庠已经于本年年初被前益州刺史赵廞所杀，而老大李辅一直在老家略阳郡（今甘肃省天水市东），他对当地政府谎称去四川迎接一家老小，来到了巴蜀。

李辅带来了一个消息，他说：如今朝廷混乱，还是想方设法别回去。

李特同意，由此，产生了雄踞巴蜀的打算。但是，仅凭李特手下的那点人绝不可能成事的。于是，李特采取了以下措施：

一是屡次派天水郡（今甘肃省甘谷县）人阎式，晋见罗尚，请求延期；

二是贿赂罗尚、冯该，分化政府内部。

效果立刻显现出来。

一是身处四川各地的难民都知道了李特为难民做主，多次请求政府宽限日期，李特在难民中的威望进一步提高。

二是吃人家的嘴软，拿人家的手短。罗尚和冯该都答应了李特的要求，同意暂缓。

此时，动身的日期牵动着每一位难民的心。逃难到四川的流民，大部分是安分守己的，为当地人下田做工，如果没有一个人的推波助澜，也许，李特也根本鼓动不起这场气势磅礴的流民起义。

这个人就是孙秀的朋友，那个和孙秀一样坏的人——广汉太守辛冉。

说罗尚“贪残”，其实，辛冉有过之而无不及。

当时，朝廷为了表彰讨伐赵廞的功劳，要求益州府调查秦州六郡难民中追随李特一同讨伐赵廞的人员名单，作为赏赐的依据。此时，已经是广汉郡（今四川省射洪县南柳树镇）郡长的辛冉，打算包揽击灭赵廞的全部功劳，把中央命令，暗中搁置，不据实呈报，致使难民首领全都怨恨。《晋书·李特载记》称：“会辛冉以非次见征，不愿应诏，又欲以灭廞为己功，乃寝朝命，不以实上。”对于这段记载，后面一句话倒容易理解，但是，对前面一段话，因为缺乏辅助史料，就很费解。大约当时的情况是：由于辛冉是孙秀的党羽，在孙秀和司马伦被杀以后，齐王司马冏要将辛冉召回朝廷，但是，在地方掌握实权的辛冉不敢回朝，不愿意奉诏；同时，为了将功补过，他更是想贪天功为己功，埋没他人的功劳，把灭掉赵廞的功劳全都加在自己身上。由于这句话比较费解，所以，《资治通鉴》上把这句给删除掉了，只保留了后半句，估计，司马光老先生也弄得丈二和尚，百思不得其解。

史书说罗尚贪残，说辛冉贪暴，可谓一针见血，切中肯綮。因为，辛冉贪暴的事情还在继续。

在辛冉看来，流民都是强盗，赶紧把他们赶走才是上策——对于李特等人来说，的确是这样，因为，史书记载，在赵廞的默许下，李特等人真的一直是做着强盗的营生，但是，大多数的流民却不是这样子，史料记载：“流人布在梁益，为人庸力。”

也许是来自朝廷的督促，也许是辛冉等人的鼓动，罗尚一直在迁移流民一事上，左右摇摆，大玩两面派。

当李特送礼行贿以后，他答应暂缓；等人家刚走，又发出文告催促上道。

本来，那一年四川就遇到了水灾，庄稼此时还没有成熟，给当地人做工的流民还拿不到工钱，根本也没长途跋涉回原籍的路费，听说催促的命令很严急，个个都很忧愁。

而此时的辛冉又露出了他贪暴的本性。他知道诸如李特等流民的首领们是很有钱的，而且，在他看来，那钱都很肮脏，他命令流民回乡的必经之路梓潼太守张演在关口设卡，搜索流民的宝货资财。（不过，吕思勉先生以为，辛冉此举主要是对付李特等强盗的，而并非是对付全部流民的。）

此时，其实已经超过了罗尚等人限定的七月上路的日期。

李特再派阎式晋见罗尚，请求再进一步延期到冬季。对此，益州上层发生了争议：辛冉和犍为郡（今四川省眉山市彭山区）郡长李苾，坚持以为不能允许。而总务官（别驾）杜弢（罗尚对此人很看重，把他举荐为秀才，记住此人。）在听了阎式的分析以后，同意延期一年。但是，罗尚最终还是接受了辛冉、李苾的建议，坚持必须维持政府的威信。——杜弢遂退回发给他的“秀才证明书”，辞职回家。

此时，益州惶惶不安的形势开始朝不好的方向发展。

李特似乎成了流民的主心骨，来自益州各地的难民们不断朝李特身边集结，于是，李特就在绵竹（今四川省德阳市北黄许镇）建筑一连串庞大营寨，收容归附的难民，并直接向辛冉请求宽限日期。——此种已经含有要挟的味道了。

不过，事情还没有完。

对于李特等人的要挟和类似耍赖的行为，辛冉大发雷霆，头脑发烧，立即派人在大街小巷，张贴布告，悬赏高额奖金，通缉捉拿李特兄弟。

李特见到辛冉的布告，十分害怕，连忙派人把所有的布告都统统撕下来，然后，和自己的小弟弟李骧一起，把布告改为："能斩送六郡难民头目李、任、阎、赵、上官以及氐部落、叟部落（叟，蛮族一支）酋长人头的，一颗人头，赏布一百匹。"（《华阳国志·大同志》记载的内容稍有不同，说的是李特把辛冉的布告改为："能送六郡大姓阎、赵、任、杨、李、上官及氐、叟、梁、窦、苻、隗、董、费等，首百匹。"列举了六郡大姓的名字。）

为什么李特要这样做?

那是因为，李特深知，即便是现在，自己单独也是无力和益州政府抗衡的。六郡是指秦川的天水、略阳、扶风、始平、武都、阴平六郡，六郡流民的主体并不是李特的氐人和其他的叟族侯王，而是以六郡大姓为主的汉族人，李特单凭自己周围的氐人，甚至是加上其他的氐人和叟人也无法起事，只有获得六郡之豪的合作，起事才有成功的把握。

李特这一移花接木之计很快就起到了效果。

难民大为恐惧，投靠李特的更多，史料记载："流人既不乐移，咸往归特，骋马属鞬，同声云集。"不到一个月，已有两万人集结在李特帐下，同时，李特四弟李流也另行集结数千人。李特为北营，李流为东营。李流称为东都护。

此时，李特再一次派阎式去晋见罗尚，请求延期。

当阎式看到辛冉的军营安置在交通要道，正准备盘查、洗劫难民的时候，他叹息地说："没有贼寇，却要城守，仇人肯定要防备啊。今天却要去刺激他，大乱恐怕就要爆发。"

阎式知道辛冉、李苾态度坚决，不可能动摇，再正当的理由都没有用，遂向罗尚告辞回绵竹。

罗尚说："你现在把我的意思转告难民，我同意他们延期！"

阎式说："您受到错误意见的迷惑，恐怕不可能延期。天下最软弱，但也最不可以轻视的，就是人民。而今，您却无理地驱逐他们，众怒难犯，恐怕为祸不浅啊。"

罗尚说："你说得对，真的，我绝不骗你，你只管回去。"

阎式回到绵竹，告诉李特说："罗尚虽然如此承诺，但不能信任。为什么？罗尚的威信不够，辛冉等又各拥有强大的部队，一旦发生变化，罗尚也控制不住，我们最好还是严加戒备。"

一八〇　益州再乱（二）

李特并没有因为罗尚的允诺而掉以轻心，其实，李特这边一直在加紧制造兵器，准备作战。

实话实说，此时，即便按罗尚所说，六郡的流民似乎也不可能真的在越冬以后离开四川的，因为，过了冬，就是春耕，其实，提出越冬，就是再过一年……来年什么情况，天知道！

辛冉、李苾互相商议说：“罗大人贪婪而没有决断，一天一天这样拖下去，流民们的奸计就会实现。李特兄弟都有才干，我们一定栽到他手上，应该一战解决问题。罗大人那里，不去理他。”两人派广汉郡都尉曾元、牙门张显、刘并，集结步骑混合兵团三万人，向李特驻守的难民营发动奇袭。罗尚得到消息，也派督护田佐，协助曾元。

李特早已得到了密报，他在难民营附近安排了伏兵，一直到曾元军来到营门，李特仍然不动声色，睡在床上。

等曾元军进入一半，李特的伏兵突起，曾元军立即陷于重围，死亡惨重。李特的流民部队击斩了田佐、曾元、张显，砍下他们的人头，并送给罗尚、辛冉。

罗尚大惊失色，喃喃自语：“这些难民已经决定要走，辛冉不听我的命令，反而使难民的势力更强，现在怎么办？”——其实，李特哪里决定要走？罗尚这样说，不过是想要委过于人罢了。

经过这次胜仗，秦州六郡难民共同推举李特为主。

不过，此时的李特还要借助晋王朝。他命令六郡人部曲督李含、上邽令任臧、始昌令阎式、谏议大夫李攀、陈仓令李武、阴平令李远、将兵都尉杨褒等上书，请依梁统奉窦融故事，推李特代理镇北大将军，承制封拜，封其弟李流代理镇东将军，共同统御部众。

紧接着，李特以斩杀仇人辛冉为名，进兵围住了广汉城。

实践证明，越是善于钩心斗角的人，正经事越是干不了一件。

辛冉每次出战，李特每次都击败了他。罗尚派遣手下李苾及费远率众救援辛冉，但是害怕李特军队的威势，远远观望，不敢近前。辛冉战不能胜，守又守不住，率众逃到了德阳。（今四川省遂宁市东南，此处，《晋书·李特载记》记载为江阳，《华阳国志》《资治通鉴》都记载为德阳，根据后人考证，以为德阳属于广汉境内，应该是就近逃到了德阳，《晋书》误记，今从众。）

李特随即入据广汉，这是李特起兵以来，占据的第一个地级市，他任命李超为太守守住城池，然后，就进兵攻击罗尚所在的成都。

罗尚此时写信给李特，要求解兵。李特安排阎式给罗尚写回信，说："辛冉邪恶奸巧，曾元卑鄙小人，李苾不是将帅的材料。我从前曾向阁下以及杜弢反复讨论留住或迁移，各应怎么样去做的做法。人心都怀念故乡，谁不愿回去？但是，当难民初来的时候，只是为了一饱，到处为人出力做工，一户人家，往往分散到很多地方去打零工，现在又是秋天，雨下个不停，难民们只盼望着等到冬季庄稼收割。而这个请求，始终不被政府听从。如果被逼迫太厉害的时候，走投无路的麋鹿也会拼死抵抗老虎，难民们不肯伸出脖子，自愿去承受刀斧，所以才激起了变乱。如果采纳我的建议，放宽难民治装的期限，最多九月间就可以集合完毕，十月间就可以上道，使他们返回乡里，何至于弄到今天这种地步！"并且，责备罗尚信用谗间小人，想讨伐流民，最后还说，李特此次起兵，就是为了安定益州，立功王室。

罗尚看了回信，知道李特的志向绝不是一般人想象的那样，而是要干大事，也根本不是自己写封信就能说动的，于是，坚守成都城，并火速派人向北边的梁州（今汉中等地）和南边的宁州（今云南贵州等地）求救。

此时，李特自称使持节、大都督、镇北大将军，承制封拜一依窦融在河西故事。封兄李辅为骠骑将军，小弟李骧为骁骑将军，长子李始为武威将军，次子李荡为镇军将军，少子李雄为前将军，李含为西夷校尉，李含儿子李国离、任回、李恭、上官晶、李攀、费佗等为将帅，任臧、上官惇、杨褒、杨珪、王达、麴歆等为小将，李远、李博、夕斌、严柽、上官琦、李涛、王怀等为僚属，以阎式为参谋长，何世、赵肃为心腹。与蜀人约法三章，开仓放粮，赈济灾民，军队秋毫无犯，立即争取到了蜀国的民心。当时，流传一首歌谣说：“李特尚可，罗尚杀我。”

罗尚不断被李特击败，开始构筑长墙，沿着郫水（郫江）设营布防，连绵七百里，自都安（今四川省都江堰市）到犍为郡（今四川省眉山市彭山区），跟李特抗拒。

从李特301年十月起兵，到现在公元302年五月，已经过去了七个多月。

李特依然没有拿下成都，而罗尚也依然没有击溃李特，双方一直就这样僵持着。

公元302年五月，河间王司马颙遣督护衙博、广汉太守张微讨伐李特，衙博军进抵梓潼郡（今四川省梓潼县），张微驻防德阳（今四川省遂宁市东南）。南夷校尉李毅又遣兵五千从南方的宁州帮助罗尚，罗尚于是派遣督护张龟军繁城（今四川省成都市新都区西北新繁镇），从北面、东南、西南三个方向合围李特驻扎在广汉及成都一带的军队。罗尚专门写信告诫衙博，要持重对待，但是，衙博自以为“才兼文武”不听罗尚的劝告。

面临三面敌军，李特果断命令儿子李荡、李雄率军北上，长途奔袭驻守在梓潼的衙博军。李特本人则率军亲自进攻成都附近的张龟部队，打得张龟军大败。李荡与衙博军激战多日，也在阳沔（今四川省梓潼县北）大破衙博军，歼灭了衙博的大部兵力；梓潼郡郡长张演，放弃城池逃走；李荡乘胜向东，进攻巴西郡（今四川省阆中市），郡主任秘书（丞）毛植、五官襄珍献出郡城投降，解除了侧翼威胁。接着，李荡开始向北追击衙博，逼近葭萌（今四川省广元市西南），衙博仓皇逃走，自己所率领的军队，全数投降了李荡。衙博失败以后，晋朝廷免去衙博的职务，改任许雄为梁州刺史。

赶跑了司马颙的援军，大败了张龟的军队，李特统治了自成都以北、以东的益州广大地区，李特自封的官职也从一开始起兵时的代理镇北大将军，到打下广汉的使持节、大都督、镇北大将军，再到今天的益州牧、都督梁、益二州诸军事、大将军、大都督，并且，做了皇帝才能做的事情，改元建初，在其统治的范围内实行大赦。

在完成以上安排以后，太安元年302年八月，李特置久攻不下的成都于不顾，率军东进进攻驻守在德阳（今四川省遂宁市东南）的张微。

从起兵以来从无败绩的李特，在德阳却遇到了麻烦。

张微依高据险，与李特相持了好几天。当时李特与长子李荡分别为两个大营，张微在山上看到李特营内空虚，就不失时机地派遣步兵沿着山坡前去进攻，李特的部队逆战不利，而崇山峻岭，道路狭窄，根本没有办法战斗，李特手下的罗准、任道都劝李特先撤，但是，李特却估计儿子李荡闻讯，肯定会派兵前来援救，因此，坚决不同意后撤。

果然，李荡率军前来援救，但是，山道太窄了，一次只能通过一两个人，张微的阻击部队在山路的另一端挤着，李荡的军队无法前行，而此时，同样狭窄的山路上，张微的部队也一个一个地冲到了李特营前，李特慢慢地招架不住了。

就在这千钧一发之时，李荡对自己的司马王辛（《资治通鉴》记载为王幸，不知孰是。）说："我的亲生父亲现在深处敌寇重围之中，今天就是我的死日！"李荡身穿多层铠甲，手持长矛，狂呼向前，一步一步地挪动，和他面对的敌人都被他杀死，一直杀了十余人。

真是，横的怕不要命的。

张微的阻击部队开始撑不住了，张微发现这一危险情况，连忙派兵援救。

但是，在主将的感召下，李荡的全军个个如下山猛虎，殊死力战，终于击败了张微的部队。

一场恶战下来，征军遂溃。李特打算远撤到涪县（今四川省绵阳市）进行休整，李荡及司马王辛劝阻说："张微连连失败，士兵都已经伤亡很多，智谋和勇气全部都已近枯竭，我们最好乘胜攻击，定可把他活捉。如果让他休养生息，他再收拾余众，以后再想打他就不好办了。"李特听从了他们的意见，立即乘势发动反攻，斩了张微，并生擒张微的儿子张存；李特把张微的棺木交给张存运回安葬。并以骞硕为德阳太守，骞硕为李特略地，一直到巴郡的垫江（今重庆市），控制了川东的门户。

就在李特东征张微的时候，李特让自己的小弟李骧与李攀、任回、李恭屯军毗桥（今四川省成都市新都区南毗河河桥），李骧的四哥李流率军在成都以北，以防备罗尚。即使在李特主力东进以后，罗尚遣军与李骧挑战，还是被李骧屡屡击破。李骧在多次击败罗尚出城部队以后，开始逼近成都城墙，并放火焚烧城门。

罗尚派遣部将张兴向李骧伪降，来探听李骧部队的虚实。当时李骧的军队不过两千人，张兴得到真实情报以后，趁夜逃回成都城内，向罗尚报告，罗尚晚上派遣一万多精锐部队（《华阳国志》称是叟兵）衔枚随着张兴偷袭李骧大营。李攀战死，李骧及将士奔逃到李流的营栅，与李流的部队合力反攻罗尚的出城部队，罗尚的部队本来胜了，谁知，李流、李骧的反击太快，一下子部队就乱了，败逃回城的只有一两千人。

等到李特东征大军得胜回师，李特又击败了司马颙派遣救援的梁州刺史许雄；并击败了罗尚的郫水（郫江）水上军队，完成了对成都的合围。遂寇成都。蜀郡太守徐俭以成都小城投降，李特以李瑾为蜀郡太守驻守成都小城。罗尚只据守成都大城。

李流击破罗尚构筑在郫水（郫江）上的防御阵地，并率军进屯郫水（郫江）以西，罗尚剩下的只有成都大城，粮食补给完全断绝，这下子罗尚真的害怕了，他使出了缓兵之计，连忙遣使求和。

李特似乎胜利在望。

而此时，已经是公元302年的下半年，距离李特起兵的公元301年十月已近一年之久了。

一八一　风雨欲来

我们不得不暂时撇下纷乱了一年之久的益州战事，回到晋王朝的中央，看看在这一年之中，那里究竟发生了什么。

自从齐王司马冏在公元301年的六月进京以来，逐渐稳定了政局，晋朝中央的政局似乎正慢慢走上坦途。到了这一年的年底，也就是益州的李特起兵以后，齐王司马冏志得意满，迫不及待地将自己的三个儿子也封为王爷：司马冰为乐安王、司马英为济阳王、司马超为淮南王。

但是，过了年，到了永宁二年，也就是太安元年，公元302年，（这一年的前十一个多月，属于司马冏的永宁二年，十二月剩下几天，司马乂改元，属于司马乂的太安元年，其实，所谓的太安元年也就那么几天。这几年改元改的叫读书人头晕，大家注点意。）公元302年三月，却发生了一件看似很小但是影响深远的事件，这件事一直影响到西晋的灭亡。

那就是，在公元302年三月，晋惠帝司马衷剩下的唯一一个孙子、现在为皇太孙的小孩司马尚死掉了。

一个小孩的死亡，却牵动了每一位诸侯王和大臣们的心。

司马尚的死意味着：起码目前，司马衷这一支已经再也没有直系继承人了。——当然，这种假设和恐慌是建立在如今的皇后羊献容不能生育的基础上的，而此种假设完全无视了现年四十四岁的司马衷的生育能力。

此时，最为担心的当属齐王司马冏。在司马冏看来，自己与司马衷只是堂兄弟，一旦四十四岁的司马衷突然去世，按照目前的地位、血缘和声望，最有可能依次代立就是现年二十四岁的成都王司马颖。如果成都王司马颖被立为皇帝的话，自己肯定不能像现在这样专权了。

齐王司马冏想出了一个主意，请求立那个以好色著称于世以致弄得身体虚弱得不能接人待物的清河王司马遐的大儿子司马覃为皇太子。清河王司马遐在公元291年与司马玮一起逮捕司马亮和卫瓘中，因为无力控制荣晦，导致卫瓘一家被残杀而受到舆论的普遍谴责，此人在公元300年的永康元年已经死去了，死时年仅二十八岁，留下了四个儿子：司马覃、司马籥、司马铨、司马端。

而此年的司马覃仅仅才八岁。

不过，齐王司马冏的上表说的却是冠冕堂皇。

他说：太子东宫没有了，皇位继承人无法承继。天下大业，是必须要有继承人的。现在皇上的后宫没有怀孕的，不能幻想，也不能侥幸，这都不是安定社稷的远虑。根据礼法，兄弟的儿子，也就像是自己的儿子。说完以后，又说了一大堆历史典故和清河王司马覃如何如何聪明睿智的话，最后说，我已经找到成都王司马颖并且和全体朝臣进行了充分的研究和酝酿，大家一致同意立司马覃为皇太子。

也就是大家在商量立皇太子的时候，那个让周处悲壮而死的太宰兼宰相（司徒）、梁王（孝王）司马肜，于五月七日也死掉了，他的死可以说是司马昭一辈的晋王朝老臣的完结，论到下一辈的王爷们继续折腾着三马建立的这个家业。

司马衷虽然心里不愿意，但是，也无可奈何，只好将司马覃立为皇太子。司马覃本来就是清河王的世子，经常佩戴着一个金铃铛，突然之间，金铃铛上的金子隐隐生出一层小颗粒，司马覃的奶奶、也就是过去司马炎的陈美人、如今的陈太妃看到以后，以为这很不吉祥，就把这个金铃铛给毁坏卖钱了。后来，陈太妃把这件事说给一个占卜的人，占卜的说：金是大晋的祥端，隆起就代表着要做皇太子，现在把它毁掉了，预示着皇太子当不长。听罢，一家人后悔不及。

于是，五月二十五日，司马衷封司马覃为皇太子，并任命齐王司马冏当太子太师；任命东海王司马越当最高监察长（司空），兼总立法长（中书监）。赏赐给孤寡老人布帛，并下令让全天下的老百姓大吃大喝五天，以示庆祝。

这个东海王司马越就是那个衣着像老百姓、一生为宗室表率的高密王司马泰的二儿子，是司马懿的弟弟司马馗的孙子。司马越和并州刺史司马腾、安北将军司马略、后来的北中郎将司马模都是亲兄弟，东海王司马越和他弟弟司马略一样，从小家教很好，礼贤下士，所以，很有名气。正因为如此，他才能和司马颙一样虽为皇室的疏属，却进入了中央的关键位置。

齐王司马冏说得再动听，谁都知道他心里想的是啥，成都王司马颖、长沙王司马乂更是一清二楚。不过，此时的司马冏如日中天，哥俩只能内心不满，而又无可奈何。

司马冏却毫不在意，他依然我行我素。侍中嵇康的儿子嵇绍、南阳士人郑方、户曹掾孙惠、记事督曹摅、主簿王豹都多次劝说齐王要居安思危、功成身退。但是，齐王司马冏置之不理。其中孙惠说："天下有五项难事、四种不可，您都兼备。冲锋陷阵，一难；招揽英杰，二难；跟将士同甘共苦，三难；以弱胜强，四难；使君王复出，五难。同时，四不可，您也有：大名不可长有、大功不可长占、大权不可长握、大威不可长居。"然后，请求齐王把朝中大权主动交给长沙王司马乂、成都王司马颖，然后辞别中央，回到自己封国。

王豹也看出了今天的危险，他向司马冏说："自从元康以来，在位的宰相全都死于非命……现在，河间王司马颙把持关右，成都王司马颖盘踞邺城，新野王司马歆位于长江、汉水之间。三位亲王正是血气方刚的年纪，手握重兵，身处要地。……"于是建议遣送所有的亲王回到各自封国，依照周王朝初期姬旦（周公）、姬奭（召公）分割王国的前例，让司马颖和司马冏两人平分天下，叫司马颖当"北方总督"（北州伯），驻防邺城；司马冏当"南方总督"（南州伯），驻防宛县（今河南省南阳市），以黄河为界，分别统御所属的亲王和公爵侯爵，共同辅佐皇帝。司马冏开始表示同意，但是，不久，长沙王司马乂知道后，大怒，他对司马冏说："这小子花言巧语，离间我们兄弟骨肉之情，为什么不拖到铜驼下面扑杀！"

看到司马乂这样义愤填膺，好像真的和自己心无芥蒂的样子，司马冏上书皇帝司马衷，用皮鞭将王豹活活打死。

说实话，王豹虽然看出了一山不容二虎，但是，他提出的建议并不高明，将国家中分为二，本身就是行不通的。作为齐王当时的处境，最好是像孙惠说的那样全身而退的好，不过，权力会使人疯狂，像留侯张良的智慧之人真的是太少了。

齐王的东曹掾吴人张翰，素来被称为江南的阮籍（江东步兵），他预感到大祸将至，对顾荣说："天下纷乱，恐怕灾祸还没有完。有四海名望的人，想退隐也难。我本来就是山林野人，在这个世道上没什么名气。朋友，你还是要睁大眼睛防备眼前的危险，用智慧多考虑考虑以后的事情吧。"顾荣拉着张翰的手，痛苦地说："我也想和你一起去采摘南山上的蕨菜，去自在地喝三江的水啊！"当时，正逢秋风初起，张翰突然思念起故乡的茭白菜、睡莲粥和肥嫩的鲈鱼，叹息说："人生值得珍贵的是随心所欲，不要太勉强自己，我怎么能跑几千里地做官，去追求名气和爵位呢？"当即连辞职报告都不打，驾上车就回江南去了。政府也因为这，把他除名了。——说到张翰，还想说两句他的"来"，本来贺循因为朝廷征召要到洛阳做官，路过吴郡，在船上弹琴。张翰和人家也不认识，听到琴声，就跑人家船上言谈，一谈之下，十分投机，这时候才问人家去哪里，知道人家要去洛阳，张翰随口就说，正好我也去洛阳有事。连家里也不打声招呼，就随贺循来到了洛阳——就是如此潇洒任性而为的一个人。曾经有人对他说："你是可以纵横一时的人物，为什么就不想建功立业，为身后的名声着想呢？"张翰回答："我身后的名声，还不如当下的一杯水酒有用！"张翰，字季鹰，他的这段弃官不做的洒脱佳话一直被后人津津乐道，八百年后的爱国诗人辛弃疾的名词《水龙吟》中的"休说鲈鱼堪脍，尽西风，季鹰归未?"就是用的这个典故。

一八二　含商之怨

齐王司马冏对河间王司马颙在讨伐赵王司马伦之初那种首鼠两端的表现，一直耿耿于怀。

这一点，司马颙也是心知肚明。他清楚地知道，如今的司马冏只是还没有站稳脚跟，一旦腾出手来，自己没好果子吃。

就在司马冏公元301年六月辅政了一年零六个月以后，一个既偶然又必然的事件促使了河间王司马颙率先举起了反对司马冏的大旗，使这个平静了一年半的晋国政坛又一次掀起了一场不大不小的风波。

而这一事件的根源却来自两个小人物之间的个人恩怨。

两个小人物之间的个人恩怨又一次决定了晋朝政坛的走向，他们是——李含和皇甫商。

李含（与李特将李含重名重姓），字世容。老家是陇西狄道人，侨居始平。此人很有才干，老家和寄寓的这两个郡都把他同时举为孝廉。安定人皇甫重和皇甫商兄弟是州里的豪族（并非高门大族），皇甫商年少轻狂，以为李含是寒门出身，想和李含交朋友，但是，虽然李含是寒门，却看不惯身为豪族的皇甫商的霸道无理，就拒绝了。这让皇甫商很没面子，一直怀恨在心，就暗示州里招李含为门亭长（城门设亭为门亭），想借此羞辱李含。“塞翁失马焉知非福”。正好州刺史郭奕（那个三叹羊祜的郭大业先生）很早就听说过李含很贤能，出州门的时候见到了当警卫的李含，郭先生当即下车擢升李含为别驾（州的总务官），成为刺史的副手。很快地，李含又被举荐为秀才，被任命为秦王司马柬封国秦国的郎中令，并被司徒选为始平郡的中正。

等到秦王司马柬去世以后，李含的幸运之神逐渐远去。

司马柬死后，作为司马柬的下属，应该为司马柬服丧，但是，一般来说，上司埋葬以后，就可以除服了，而李含也是如此。但是，因为尚书赵浚（后被赵王司马伦所杀）对于李含不巴结自己怀恨在心，就上书皇帝说李含不应该除服，本州的大中正傅祗也推波助澜，要贬斥李含。而傅祗的从兄傅咸却为李含喊冤，但是，无奈赵浚与后宫关系紧密，最终，李含还是被贬斥为五品，过了一年多，才任命为寿城邸阁督。司徒王戎上书说，李含曾经身为大臣，即使降品，也不能让人家做吏，而不做官，经此一说，李含才被任命为始平的县令。

赵王司马伦篡位以后，有人对孙秀说："李含有文武大才，不可以让别人给挖去了。"于是，孙秀让李含做了东武阳令。河间王司马颙请李含做自己的征西司马，又很快升为征西将军府的长史，很是信任，从此，李含成为司马颙的左膀右臂。司马颙在齐王司马冏起义之初，诛杀响应司马冏的夏侯奭；送齐王司马冏的使者给赵王司马伦；派遣张方救援司马伦，这些都是李含的主意。从中可以看出，这个在晋王朝的宦海中沉浮多年的李含对于孙秀的知遇之恩是铭刻在心的。

等到司马颙发现司马颖、司马冏的力量很大的时候，变计让李含追回张方，转而支持二王，但是，李含却并不是十分积极，当听说司马衷复辟以后，就很快从潼关回师了。

而曾经是梁州刺史的皇甫商在赵王司马伦当皇帝的时候，被司马伦所任用，此时，又因为司马伦的倒台而被免官回家。皇甫商路过长安的时候，去拜见司马颙，司马颙对他安抚得很周到。李含不乐意了，对司马颙说："皇甫商这个人是司马伦的亲信，害怕朝廷追究他的责任，才跑到这里，还是不要经常和他见面的好。"皇甫商听说后，更是怒火中烧。

不过，皇甫商的确是个在官场上能够左右逢源的人才。很快地，他又被新上任的司马冏任命为齐王府的参军。这次，皇甫商从家乡到中央上任，路过司马颙的地盘，司马颙是不得不宴请。而李含作为长史，自然要陪着客人。

皇甫商想到上次回来，是那么的落魄，如今回去，自然情绪好了很多，但是，一见到李含，气却就不打一处来。

酒喝到一半，新仇旧恨就借着酒力，发作了出来，于是，两个人在司马颙面前大吵了一架，司马颙把二位劝解开来。

等到皇甫商到了洛阳，也许就是这个皇甫商的主意，司马冏把李含这个司马颙的智囊从司马颙身边调离，弄到中央做了翊军校尉（六校之一），当然这一举措是变相削弱司马颙的力量，不过是用一种叫你感觉是拉拢你的姿态进行的。因为，翊军校尉位置十分重要，齐王司马冏在两年前进宫逮捕贾南风的时候，身份之一就是翊军校尉。

而此时，被司马颙所杀的夏侯奭的哥哥也在齐王府里任职，多次对司马冏说自己的弟弟被司马颙冤杀，出主意的就是这个李含；同时，李含还和司马冏的右司马赵骧关系不好，身边还有一个永远也不可能成为朋友的皇甫商，并且，从关系的远近上来说，人家都是司马冏的功臣，你李含又是什么呢？李含一直在惶恐不安中度过……

这一天，正好，齐王司马冏要进行阅兵，神经高度紧张的李含担心赵骧利用阅兵的时机，将自己诛杀。

他立即如惊弓之鸟一般，一个人骑马偷偷离开洛阳，不分昼夜朝长安方向狂奔而去。

李含西去，又将引来一场轩然大波……

一八三 河间向阙

马不停蹄，李含径直进入了长安城。

听说亲信李含连夜回了长安，司马颙预感出了大事，他当夜就召见了李含。

李含对司马颙谎称，自己受到皇帝司马衷的密旨，要求河间王司马颙发兵讨伐司马冏。并且说："成都王司马颖是当今皇帝的直系亲属，在讨伐赵王司马伦的战斗中，立下了汗马功劳，但是，司马颖在立下大功以后，却谦虚地回到了自己的封国，因此，很得人心。齐王司马冏以疏远的亲属却专权跋扈，令天下所有的人都侧目而视。如今，传檄让司马颖的哥哥长沙王司马乂在京师内讨伐齐王的话，齐王得知这个消息，肯定会惊恐不安而提前诛杀了长沙王。这样，我们就可以以此为口实，号令天下一起讨伐齐王司马冏，司马冏肯定会失败。除掉司马冏以后，再立成都王司马颖，除掉威逼我们的齐王，立下和皇帝更亲的成都王，从而安定天下，这可是不世的大功啊！"

司马颙深表赞同，他上书皇帝，指斥齐王司马冏的种种不轨行为，然后说自己将率精兵十万，共会洛阳，并让司马乂"同奋忠诚，废冏还第"。共同推举成都王司马颖为宰相，代替司马冏。

消息传来，司马冏大为恐慌，他立即召集百官商量对策。

司马冏开口，先自我表白一番，他说："过去孙秀作恶，逼迫皇帝，社稷倾覆，没有人能够抵御。是我纠合义士们，扫除了元凶，我作为臣子的忠心，神明可鉴。二王现在听信了谗言，擅自兴起大兵，需要依靠大家的尽忠出主意，来重建和谐啊！"然后，他转向司徒、尚书令王戎，说："您替我好好筹划筹划吧！"

王戎说："大王您首先举义，匡定了大业，这是开天辟地以来从来没有过的。（真会拍马）但是，论功行赏，却没有让人人满意，因此，朝野失望，人心都怀有二心。如今，二王带领百万甲士，其兵锋的确不可抵挡，如果您以王爷的身份放弃大权，将不会失去爵位。放弃权柄，推崇礼让，这是求得平安的上策啊！”

司空、中书监司马越也表示赞同。

司马冏的第一谋臣葛旟大怒，高声叫道：“赵庶人司马伦听从孙秀，犯上作乱，当时众口喋喋，但是却没有一个人敢于首先倡议。而大王您亲自冒犯刀枪，亲自身穿铠甲，进攻敌人的城围和战阵，才有了今天。关于记功封赏的事情，那是因为大王需要处理的事情太多，现在还没有全部赏赐完，政府的有关部门人浮于事，没有及时上报名单和意见，责任不在大王。二王起兵是因为听信谗言，我们应当齐心协力进行讨伐，如今竟然听信了敌人的煽动，让大王放权回家！自汉魏以来，你们看王侯放权归家的有哪一个能够保全自己的妻儿老小的？提这个建议的人应当斩首！”

葛旟这么一说，百官吓得再也不敢发言。王戎急中生智，说去上个厕所，在厕所里假装服用的五服散药力发作，一下子掉到厕所里，人事不醒，众人慌慌张张地把他抬到家里，这才幸免于难。

会议结束以后，齐王司马冏就派遣董艾率兵企图偷袭司马乂……

史书记载，长沙王司马乂“身长七尺五寸，开朗果断，才力绝人，虚心下士，甚有名誉。”是一个极有人格魅力的人。根据《晋书·司马乂传》记载：在举义的诸王中，长沙王司马乂入洛以后，是“拜为抚军大将军、领左军将军。顷之，迁骠骑将军、开府，复本国”，虽然升为骠骑将军，但是，却剥夺了左军将军的职务，可以说是明升暗降，外示优崇，实际上则是剥夺了其对禁卫军权的掌握。对此，司马乂早就憋了一肚子的气，因此，在得知董艾率兵前来以后，他绝不会坐以待毙，立即带领着手下一百多人，亲手用刀砍断车子上的帷幔，乘着敞篷车指挥着士兵飞也似的径直朝司马衷的皇宫奔去。他走的和司马允一样的路子，那就是要抢先抓住司马衷这个大傻作令旗。不过，司马允因为尚书左丞王舆关闭了宫门，没有进得去皇宫，而在与司马伦的战斗中被杀。

这次，司马乂比自己的兄弟司马允要幸运的多。

司马乂进宫以后，在控制了皇帝司马衷的同时，也控制了守卫皇宫的禁卫军，开始发宫中左右卫、三部司马的兵进攻齐王府。

司马冏也赶紧派遣董艾在皇宫西门摆开阵势，展开厮杀。

由于齐王司马冏为控制皇帝，而在自己的王府延伸搞建设，把皇宫的千秋门城墙打通，使皇宫西阁与齐王府相连。司马乂一方面为了阻止齐王士兵由此冲入皇宫；另一方面，为了烧毁齐王府邸，于是，就派遣宋洪等人放火焚烧了千秋门和神武门以及与齐王府连接的宫殿楼阁。

双方的激战就这样进行着。

当天夜里，弓箭在人们头上飞来飞去，城内火光冲天，浓烟滚滚。群臣有的去救火，被大火吞没了很多人。

开始的时候，司马乂“保护”着皇帝司马衷，让司马衷坐在皇帝专用的车子里面，在南止车门指挥军队进攻司马冏。后来，司马冏让黄门令王湖跑到武库中把所有的驺虞幡都偷出来了，然后，让士兵们举着驺虞幡高声唱道：“长沙王假传圣旨！”

司马乂看到齐王的人拿出了驺虞幡，立刻想到当年自己随着自己的亲哥哥楚王司马玮诛杀司马亮和卫瓘的时候，看到驺虞幡时的那一幕，当时，自己和其他士兵一样立刻扔下了手中的武器，伏地哭泣。驺虞幡的出现，让自己的哥哥含泪断送了性命，再也不能让历史重演了！

他索性把皇帝司马衷请上了上东门（又称建春门，是洛阳城东门三个城门中最北的一个），公开展示，朝对面喊话，说：“齐王谋反，帮助他的诛灭五族！”混乱中，对面射来的弓箭都落到了司马衷的面前。

关于洛阳的城门，根据《洛阳故宫名》的记载确实不少，由于年代久远，考证起来很烦琐，暂抄录于下，仅供参考：“洛阳有飞兔门、含章门，又有建礼门、广怀门，有明礼门、泰夏门、司马门、阊阖门、南止车门、东西止车门、西华门、神虎门、雲龙门、东掖门、西掖门、千秋门、南端门、笙镛门、神仙门、敬法门、却非门、含德门、上东门、广阳门、津门、小苑门、开阳门、中东门、司马门、北阙门、玄武门、南掖门、北掖门、南端门、金门、九龙门、白虎门、春兴门、青锁门、金商门、宜秋门。”

这一夜，就是一场皇帝司马衷与驺虞幡的较量。

在皇帝面前，驺虞幡失去了往日的威力，皇宫内的禁卫军因为有司马乂裹胁着的皇帝，因此，斗志越来越勇。相反地，司马冏一方则逐渐显出了败象。

《资治通鉴》上说，双方在洛阳城内连续作战了三天；而《晋书·司马冏传》则称，经过一夜的激战，到第二天天明，司马冏就败了。不过，《晋书·司马乂传》也明确地说，双方连战三日。综合起来看，整个经过应该采信三日，因为《晋书·司马冏传》的叙述可以认为是对战斗最为激烈的一夜的叙述，经过了那一夜的激战，第二天就结束了，而在那一夜以前的战斗情况只是没有具体描述罢了，这样理解的话，三处记载似乎也并不矛盾。

实践证明，活白痴还是能胜过一面破旗子。

齐王司马冏的部队开始军心涣散，最后，司马冏的长史赵渊看再这样耗下去，没有出路，就杀了中领军何勖，抓住了司马冏投降。

司马乂将司马冏拉到大殿上，司马衷看到昔日的齐王，顿生恻隐之心，他的嘴角动了动，想发话从轻处罚。

但是，还没等司马衷开口，站在身边的长沙王司马乂就厉声呵斥手下将士，赶快将司马冏拖出杀掉。

司马冏被人拖出去的时候，还留恋地不时回头，想让皇帝发一句话，可是，一直以来长期受到惊吓的皇帝，此时已经不敢再吱一声了。

很快地，齐王司马冏就被拖到阊阖门外，就地斩首，将其人头传遍六军，并将齐王司马冏的三个刚刚封王的儿子司马超、司马冰、司马英全部囚禁在金墉城内；废黜司马冏的弟弟司马寔，把司马冏的亲信党羽全部诛灭三族，杀两千多人。

司马冏被诛杀以后，如今最老的半疯爷爷司马干又一次从自己家中出来，哭的是一塌糊涂，他哽咽着对身边的人说："宗室越来越不行了，只有此儿最好，如今却又被杀害了，从现在开始，我看是要完蛋了啊！"

司马冏的无头尸体暴露在西明亭内，三天之内没有人敢来收尸，最后，司马冏的下属荀闿等上书皇帝请求殡葬，司马衷同意了。

顺理成章，司马衷以长沙王司马乂为太尉，都督中外诸军事。大赦天下，改元太安，此时，这一年其实只剩下了几天了。

一八四　李雄主政

听说司马乂顺利除掉司马冏，李含的部队随即退回了长安。

晋王朝中央政府又暂时归于平静。这能让我们抽出点空闲，赶紧把目光投向岌岌可危的益州。

太安二年，也就是公元303年的年初，对于李特来说，似乎一切都在掌控之中。

成都附近的很多村堡都投降于李特，李特一一予以安抚，对于投降的成都小城，李特也同样大度，除了征用马匹以外，一无所取。

唯一值得忧虑的是：经过一年多的战争，粮食已经远远不能满足军队以及随从军队作战的流民、家属的需要。李特决定把部分流民分散到各个纳降的村堡中去就食，让壮勇督领村堡。

此时的流民其实就是兵员，家属有时也能成为兵员，把兵员分散的确是用兵大忌。

四弟李流当即就告诫李特说："殿下神武，已经攻克了成都小城，但是，村堡都新近才投降，我们的粮食又不多，应该把占领的州郡中大姓子弟征召来作为人质，统一送到广汉，关在两个军营里，并收集猛锐的士兵，严加防卫。"又给李特的司马上官惇写信说"纳降就如同对待敌人那样，要严加戒备"的道理。李雄也这样劝谏自己的父亲李特，李特恼了，说："如今大事已定，为什么还要横加猜疑，让人再次离叛呢！"

就在此时，朝廷中司马冏被杀，司马乂顺利掌权。一切又暂时恢复了平静，司马乂腾出手来命令荆州的部队沿长江西上，救援益州。

率领这支增援部队的是荆州刺史宗代和建平太守孙阜，部队人数共有三万。

进攻目标是德阳。

李特派遣李荡、李璜增援德阳太守任藏，共同防守，此时的荆州部队兵威甚盛，已经投降李特的各个村堡都怀有二心。

益州从事任睿（《晋书》称任明、《晋书·罗尚传》称任锐）对罗尚献计说："李特如今凶逆，开始侵暴百姓，（估计是经过一年多的战争，李特军队粮食很少，不得不开始向村堡征粮了。）又把人众分散在各个村堡里，骄怠无备，这是上天要灭亡他啊。可以告诉各个村堡，秘密约定日期，内外一起发动攻击，肯定能击破他。"

罗尚命令任睿夜里从城里逃出，假装向李特投降，李特询问城中的虚实，任睿回答："城内的米谷都快要吃光了，只剩下了财物和布帛。"然后，他请求回家看望一下亲人，李特同意了。任睿偷偷联络各个村堡，定下二月十日同时行动，各个村堡都表示同意。

到了二月十日，罗尚从成都大城派出部队，突然朝李特的军营发起了进攻。各个村堡也一起行动，把散在各堡的流民全部杀死。

李特猝不及防，身边的部队人数很少，经过两天的激战，李特的部队大败，收合余卒，准备逃往新繁。

罗尚的部队也没有再追赶，就得胜回城。

看罗尚的部队掉头回城了，李特越想越气，反而反身领兵去追击罗尚的部队，想打罗尚个措手不及，两军又转战了三十余里。

罗尚在城中望见，又从城内出动援军，双方一场血战，李特的部队再一次被击败。

这次，阵斩了李特、李辅、李远，三人都被焚尸，并传首洛阳。

李特的死，对于流民来说，不啻晴天霹雳，一片恐慌。李荡、李雄收集残兵败将，退到了赤祖（今四川省绵竹市东），李流自称大将军、大都督、益州牧，据守东大营，李荡、李雄据守北大营。而此时，荆州晋军孙阜也攻陷了德阳，生擒守将蹇硕，李特任命的德阳郡郡长任臧也退保涪陵（涪城，今四川省绵阳市）。

紧接着，到了三月份，罗尚又派大营督护何冲、常深，乘胜攻击退到赤祖的李流；涪陵人药绅也聚众起兵，配合政府军攻击李流。当李流、李骧合军抵抗药绅的时候，何冲的政府军却乘虚而入，攻击李流的北大营，而在北大营留守的氐人头领苻成、隗伯，看到政府军势大，就在营内叛变，响应何冲。

此时，情势十分危急。

李特的老婆、李荡李雄的老妈罗氏当时也在营中，她立刻身披铠甲，率军抗拒，隗伯挥刀进击，一刀砍中了罗氏的一只眼睛，罗氏顿时血流满面，但是，却越战越勇。

正当这千钧一发的紧要关头，李流击败了常深、药绅，率军回营，从后面夹击何冲，毫无提防的何冲军顿时大败。苻成、隗伯也率领他们的部下，突围投奔成都。

李荡骑马狂奔，追赶晋军，被长矛刺中身死。

李流率军乘胜追击，直抵成都城下，罗尚再度闭城自守。

流民与晋军再次陷于僵持。

虽然取得了这场反击战的胜利，但是，李特、李荡相继死亡，而荆州宗岱、孙阜也即将抵达，这让李流十分不安。

李流的妹夫李含建议：不如投降。

李流表示同意。

李流的小弟李骧、侄儿李雄苦苦劝阻，李流就是拒不采纳。

与晋军的谈判在紧锣密鼓地进行着。

到了五月，谈判已经基本谈妥。

李流让他的儿子李世和李含的儿子李胡，到荆州孙阜的大营去充当人质。

这时，被任命为梓潼郡（今四川省梓潼县）郡长的李胡哥哥李离，听到这个消息，从梓潼飞马赶回来，打算阻止。

但是，等到李离到的时候，人质已经上路了，决定已经无法改变。

李离懊恼地从李流和父亲李含那里告辞出来。

李雄见到他对他说："当前的生路只有一条，（那就是继续战斗）可是两位老人家（李流、李含）却不听我们的，这可怎么办啊？"

李离说："强迫他们听我们的！"

这是《资治通鉴》的说法。而《晋书·李流传》却说的是那样的冷血：当时，李离出来以后，见到李雄，与李雄商量袭击孙阜的荆州部队，李离对李雄说："如果事情弄成，你我约定三年一届，轮换着当头。"李雄说："那成，不过，现在两位老人不同意，可怎么办？"李离回答："我们逼迫他们同意。

如果逼迫不了，就行大事。（意思是杀掉两位老人）李流是你的叔叔，你不好意思杀，那我父亲就交给你去杀，这还有什么说的！（意思是，李流就交给我了！）”史书在记载了李离的话以后，还加了三个字，“雄大喜”。千载以降，读至此处，让人毛骨悚然，不寒而栗。

两人分头对大家做工作，他们对流民们说：“你们想想，我们杀了多少当地人！一旦放下武器，就成了一堆鱼肉，任人宰杀，唯一生路是，袭击孙阜的大营，去险中夺取富贵。”

大家都愿追随他俩。

李雄、李离率领部众对毫无防备的孙阜大营发动奇袭，大破孙阜的荆州部队。

此时，正好荆州部队的统帅荆州刺史宗岱在垫江（今重庆市垫江县）去世，于是，孙阜再无战心，率军退出四川。

流民起义又一次躲过了灭顶之灾，从此，李流感到十分羞愧，（大约不是一个羞愧能够说的通的，而是通过此举，李雄已经牢牢地掌握了部队的控制权。）把军事事务全都交给李雄一手负责。

一八五　此起彼伏（一）

为了增调荆州部队去平息益州的流民叛乱，就需要征发大量的壮丁，征发荆州壮丁的诏书是“壬午”那天发的，所以，这批壮丁也被称作“壬午兵”。壮丁们都不愿意远离家乡，到益州那里做替死鬼，可是，朝廷的命令又十分严急。每队士兵不能在路过的州县里停留超过五天，如果超过了五天，该郡县的一把手就要被免官。因此，郡县的长官往往亲自出面督促士兵壮丁们上路。壮丁们走一段路以后，又都聚集起来，赖着不走，以抢劫偷盗为生。同时，由于这一年荆州地区粮食大丰收，各地的饥民闻讯赶来就食，也有几千。

一时间荆州的社会治安形势趋于恶化。

而在此主政的新野王司马歆本身却很不地道，此人在司马冏当政的时候，和司马冏很铁，曾经劝说把司马颖给罢免，等到司马冏被杀以后，吓得不得了，赶紧巴结成都王司马颖，争取司马颖的谅解。虽然此人善于见风使舵，但是，对于老百姓却是另外一副嘴脸，史书记载说他“为政严急，失蛮夷心”。

这就引出了一个煽风点火的人——张昌。

张昌，是义阳（今河南省新野县）的蛮族，晋时称为溪蛮。张昌年少的时候，曾经做过平氏（今河南省桐柏县，今该县有平氏镇）的县吏，他武力过人，常常自己给自己算命打卦，相信自己会富贵。还喜欢谈论攻战之事，同事们都嘲笑他。

就在朝廷下诏征发“壬午兵”之前，张昌有半年时间下落不明，召集了数千人，并且偷来了官用的旗帜、伞盖等物，对外宣称自己是受了朝廷的命令，让来招募士兵的。在这一段时间，朝廷政局动荡，司马颙正要与司马颖等合击司马冏，而社会上已经有民间预言家宣称江东地区将出现未来的皇帝，张昌就利用这个传言，煽动百姓，使大家更不愿为现在的朝廷卖命。

太安二年（公元303年）五月，也就是司马乂顺利除掉司马冏以后五个月，也正是益州流民李流把军事指挥权让给李雄的那个月，荆州的张昌以为时机成熟，更名为李辰，率领自己的人马在安陆县的石岩山（今湖北省安陆市南）上屯聚，距离郡有八十里远，流民和逃避兵役的人们纷纷前往归附。江夏太守弓钦派军多次讨伐，都被张昌击败。渐渐的张昌的部众越来越多，就来反击江夏，弓钦出战，却又被打得大败，带着家眷与部将朱伺一起弃城，逃奔武昌（今湖北省鄂州市）。

在张昌攻下了江夏郡以后，就制造舆论说："将有圣人出现。"

在江夏郡，张昌偶然遇到了山都县（今湖北省穀城县东南）的县吏丘沈，张昌指认丘沈就是那个不世出的圣人，然后恭恭敬敬地把这个丘沈迎接了过来，立为皇帝，设置百官。让这个丘沈改名叫刘尼，假称是汉朝皇帝之后，然后，张昌自封为相国，封张昌的哥哥张味为车骑将军，弟弟张放为广武将军，各领兵。

然后，又在岩石中建造宫殿，在岩石上放置竹子编成的鸟形，披上五彩斑斓的布，在旁边放了一堆肉，天上的鸟一群一群地飞下来吃肉，远远看去，蔚为壮观。张昌宣布是凤凰从天而降了，又说天上还落下了珠袍、玉玺、铁券、金鼓等等。建元神凤，郊祀、服色依汉朝的样子。

同时，派人四处造谣，说是："江淮以南要出现叛乱，官军准备大规模出动，见人都要杀光。"

一时间，汉水流域的老百姓是人心惶惶，投靠张昌的络绎不绝，不到一个月，人数就达到了三万。张昌的军队装束十分独特，人人头上缠着红头巾，红头巾上还扎着羽毛。

上述举措，无一不显示出张昌富于想象力的大脑。

就在张昌初起的时候，新野王司马歆就上书皇帝，要求亲自去征讨。此时，长沙王司马乂当政，已经与成都王司马颖、河间王司马颙产生了一些裂痕，而我们知道，司马歆原来是投靠司马冏的，但是在司马冏倒台以后，赶紧又去巴结司马颖，司马颖基于团结一切可以团结的人的思路，重新接纳了司马歆，如今二人关系相当铁。当政的司马乂担心司马歆是和司马颖暗中通过气的，害怕让他起兵会另有企图，就不同意司马歆派大军去攻打张昌。接到朝廷禁止出兵的诏书，还是那个曾经主张司马歆在讨伐司马伦的战争中站在齐王司马冏一边的从事中郎孙洵对司马歆说："古人说得好：一日放纵了敌人，会造成数代的祸患。大王你身为一方诸侯王，担负着保一方平安的重任，即便是上表的同时，就出兵讨伐敌人，又有什么不可以的！如果使祸害蔓延，怎能是朝廷让你镇守一方的本意呢！"

司马歆一听，说得有理，就想再次起兵。

可是，司马歆的亲信、上次建议司马歆站在司马伦一边的王绥却说："张昌不过是个小贼，派遣偏将即可剿灭，不值得违背皇帝的命令，您亲自去！"新野王司马歆派遣骑兵都督靳满去讨伐张昌，双方在随郡西进行了一场大战，靳满被击败，张昌得到了靳满扔下的很多兵器铠甲。

这也是张昌之所以能够从容上演了一出又一出幻想大剧，引来三万之众的原因吧。

靳满战败，一下子让司马歆慌了。他赶紧上书皇帝请求援兵，他说："张昌、刘尼，妄称自己是神圣，追随者数万人，他们戴着红头巾，一脸胡须，跳刀走戟，武艺高强，锐不可当，请求派遣中央军，三路救援我。" 跳刀是指：将刀掷之空中，再用手接着，《通鉴》胡三省注说：跳刀，舞刀也。今乡落悍民两手运双刀，坐作进退，为击刺之势，掷刀空中，高一二丈，以手接之。走戟是指：舞动大戟盘旋回转，快速如飞。胡三省注：左奔右赴，为刺敌之势；又环身盘戟，回转如萦；又以戟矜拄地，跳过矜上，特为儇捷，此所谓走戟也。

看来荆州地区的战事确实是在急剧恶化，司马乂终于意识到事态的严重性。任命骑兵指挥官（屯骑校尉）刘乔当豫州刺史，驻屯汝南郡（今河南省息县）；宁朔将军刘弘当荆州刺史与前将军赵骧（领精兵八千）、平南将军羊伊驻屯宛县（今河南省南阳市）。命令河间王司马颙派雍州刺史刘沈率州军一万人，与司马颙的直属部队五千人，出蓝田关，讨伐张昌；司马颙对诏令拒不接受，不仅如此，而且，在刘沈率军走到蓝田（今陕西省蓝田县），司马颙还逼他交出了军队。

因为，张昌在击败了司马歆派来的靳满以后，几乎没有休整，就立刻分兵三路攻城略地：

一路，派遣将军黄林率军两万，向东北方向的汝南郡攻击，企图消灭刘乔，此一路由于黄林的前锋李宫在接近汝南的时候，还想趁机抢掠居民财物，被刘乔派出的大将李杨突然攻击，结果李宫部队猝不及防，大败，然后，黄林不得已回师向南包围弋阳（今河南潢川）；

二路，派遣将军马武南下进攻武昌，诛杀了太守刘根；

三路，张昌亲自率领主力进攻南阳和襄阳，对此，《晋书·张昌传》的记载与《资治通鉴》的记载略有不同。《晋书·张昌传》记载，张昌率军“西攻宛，破赵骧，害羊伊。进攻襄阳，害新野王歆。”也就是说，张昌先是攻击南阳，然后，攻击的襄阳。而《资治通鉴》的记载则相反。根据当时张昌大本营所在位置是安陆来看，襄阳距其较近，并且，《晋书·张昌传》所称的宛也不是在安陆的西边，而是北边。个人认为，《资治通鉴》的说法较为合理。也就是说：张昌自己率领主力部队，在消灭了新野王司马歆的部将靳满以后，立即进攻身在襄阳的司马歆，当张昌抵达襄阳对面的樊城的时候，司马歆渡河与张昌接战，结果，晋军无斗志，四散而逃，司马歆被击杀。

上次，司马歆没有听从王绥的话，而是听从了孙洵的话，站对了阵营，没有与司马伦一起玉石俱焚；而这次，司马歆没有听从孙洵的话，而听了王绥的话，却弄得个身首异处！

在司马歆被杀以后，朝廷任命刚任荆州刺史的刘弘接替司马歆的职务，任镇南将军、都督荆州诸军事，与属下进驻襄阳。击杀了司马歆，张昌队伍士气大振，马不停蹄北上包围了南阳，乘胜击败了赵骧的禁卫军，杀掉了平南将军羊伊。在攻占了南阳以后，张昌又回师南下襄阳，企图再次击败刘弘，但没有攻下。

张昌所取得的这一系列胜利，仅仅用了一个月左右的时间，也就是说，五月张昌起事，还是在本月，就已经占据了如此大范围的地区，可谓神速！

一八六　此起彼伏（二）

张昌的叛乱，尤其是新野王司马歆的死，（这是流民击杀的第一个王爷和方面军总司令）惊动了远在邺城的成都王司马颖，他此前已经任命将军石超（石崇的侄儿）为振武将军，去征讨荆州贼李辰，此时，他拜表南征，（给皇帝的上书一送走，就出发，不等皇帝的答复）一路上响应的人很多。但是，司马颖毕竟是远水，解不了近渴。

而张昌的叛乱却使得一个人脱颖而出，并最终成为东晋初期的第一名将，那就是——陶侃。

说到陶侃，就不能不说陶侃的领路人刘弘。

刘弘，字和季，小的时候和司马炎家是邻居，两人又是同岁，所以从小就在一起玩，关系不错。曾经做过羊祜的参军，后来，做到宁朔将军、假节、都督幽州诸军事，并领乌丸校尉。

而陶侃，字士行，本是鄱阳人，后迁居庐江。在魏晋时期，庐江郡是五溪蛮聚居的地方，陶侃的相貌又与汉人不太一样，史书上说他“俗异诸华”，因此，有人骂他“溪狗”。

陶侃的父亲曾经是吴国的扬武将军，扬武将军只是一个杂号将军，地位并不高。再加上父亲早死，陶侃小的时候家里就已经很贫寒了。陶侃的母亲湛氏只是陶丹的小老婆，等陶丹死后，湛氏一个人靠纺织养育陶侃，立志要让陶侃出人头地，她用纺织积攒的钱财让陶侃结交地位比自己高的人。

年少的时候，陶侃曾经做过浔阳的“鱼梁吏”，这种“鱼梁吏”，又称作“散吏”，不仅不是“吏”，实际上，就是一种徭役。在做鱼梁吏的时候，陶侃曾经给老母亲弄了一陶罐腌鱼，湛氏把原罐封好交给送来的人退还，同时附了一封信责备陶侃，说："你做这样一个小吏，拿公家的东西给我，不但对我毫无裨处，反倒增加我的担心。"

在母亲的砥砺下，陶侃"少长勤整，自强不息"。（见《初学记》注引王隐《晋书》），正巧，鄱阳郡的一个孝廉范逵路过陶侃家，当时，连日冰雪，陶侃家十分贫寒，什么都没有，而范逵的仆从车马又很多。陶侃的母亲对陶侃说："你好好招待客人，其他的你不用管了，我去料理。"于是，湛氏把自己睡觉铺的草垫撤下来，亲自切成细草段，作为马料给范逵的马喂料；偷偷把自己的长发剪下来做成两条假辫子，卖掉换来招待客人的酒食；把支撑草房的房柱都截了一半当烧火的木柴。次日，范逵上路，陶侃又亲自送了将近一百里的路程，等范逵听说陶侃母亲如此招待自己，十分感动，说道："不是这样的母亲是生不下如此的好儿子的！"他对陶侃说："你想到郡里做官吗？"陶侃说："想，但是没有途径。"范逵路过庐江，见到太守张夔，对陶侃大加赞美。在范逵的极力推荐之下，张夔招陶侃为郡里的督邮，领枞阳县令，很快又升为郡里的主簿。实现了从下贱的吏到官的艰难飞跃。（《世说新语》也详细地记载了这件事，但是，细节上与《晋书·陶侃传》稍有不同。）

张夔的老婆有病，需要请名医，但是，那位名医家住几百里以外。而其时，天正下着大雪，郡守的下属们都面露难色。陶侃说："侍奉上司就如同侍奉自己的亲生父亲。郡守的老婆就像是自己的亲生母亲，哪有自己的父母生病，做儿子的不尽心竭力呢？"陶侃一个人请求在风雪中去请医生。这件事不能不令张夔深受感动，很快地，张夔举陶侃为郡里的孝廉，让陶侃去首都洛阳去发展。

陶侃实现了从地方到首都的第二次艰难转型。

到京师以后，开始时，张华并不看好他，陶侃每次接见却都显得神情平和，后来，张华偶然和他交谈，一谈之下，对陶侃啧啧称奇，便任命他为郎中。虽然郎中可以晋升为各类官职，但是，像陶侃这样出身寒门，又是吴地的人，是根本没有指望出人头地的。当时，伏波将军孙秀（吴国的孙秀，不是赵王身边的那个）因为曾经是吴国降将，中原人都不想当他的下属，孙秀看到陶侃身为无人问津的寒官，就招他作为自己的舍人。即便如此，在当时的社会环境下，陶侃依然受人轻视和嘲笑，有一次，和陶侃同乡的豫章国郎中令杨晫同车去见中书郎顾荣，顾荣对陶侃很赞赏，但是，却遭到吏部郎温雅的嘲笑，他对杨晫说："为什么要与小人坐一部车？"杨晫说："这个人可不是一般的人。"

在洛阳待了五六年，陶侃仍然没有发迹，后来，才在朋友的举荐之下，在四十多岁的时候才被任命为荆州南部一个偏远小县——武冈县做一个县令，此时陶侃的心情可想而知，上任不久，陶侃又与上司太守吕岳关系很僵，心灰意冷的陶侃便选择了辞职回家，在家乡被推举为郡的小中正。张昌的叛乱迅速蔓延，这让朝廷十分不安，朝廷任命了刘弘为南蛮校尉，荆州刺史。在任命以后，刘弘就辟陶侃为南蛮长史，让陶侃带兵充当前锋去襄阳，讨伐张昌。

公元303年六月，也就是在张昌拿下南阳、击败了赵骧、诛杀了羊伊以后，张昌又率军在南阳东北的方城（今河南省方城县）击败了前来增援的新任荆州刺史刘弘。

随后，张昌并没有举兵继续北上，而是南下襄阳，但是，围攻襄阳却迟迟不下。

而此时，陶侃极有可能就在襄阳，因为，从《晋书·陶侃传》记载：（刘弘）“遣先向襄阳讨贼张昌，破之。”这句话中可以看出，张昌之所以攻襄阳不下，就是因为陶侃之力。等到刘弘随后来到襄阳，对陶侃是赞赏有加，他说：“过去，我曾经当过羊祜公的参军，当时，羊祜曾经对我说，我以后一定也能做官做到他的位置。今天，据我观察，你也一定能成为我的后继啊！”

七月，张昌退出襄阳，分遣诸将陈真、陈兰、张甫等人分别南下攻下了湖南的长沙、湘东、零陵、豫章等地；另派石冰率军东进，攻破了江州（今江西省九江市）、扬州（今江苏省南京市）；临淮人封云也起兵响应石冰，攻占了徐州。此时，荆州、江州、徐州、扬州、豫州等地全部或者部分被张昌占领，张昌在所占之地都设置了官吏。虽然如此，张昌所设置的官吏都是些没有知识没有文化的下层人士，所以，只是“以劫掠为务”，因此，慢慢地得不到地方人民的拥护，致使张昌在统治区内“人情渐离”。

朝廷也没有给张昌太多的喘息机会。

也就是在这个月，刘弘进入襄阳以后，立即着手进剿张昌。他派遣司马陶侃为大都护，率领参军蒯桓、牙门将皮初等率众进攻竟陵（今湖北省天门市）；豫州刺史刘乔派遣将军李杨、督护尹奉进攻江夏，对张昌实施向心攻击。

陶侃等众将与张昌的部队苦战了很多天，大破张昌，张昌部队投降的人数超过一万。

张昌逃窜到下俊山（今湖北省通城县境内）。

此时，整个荆州全境彻底被平定。不过，张昌本人直到第二年（公元304年）秋天，才被生擒，“传首京师，同党并夷三族”。——这是《晋书·张昌传》的记载，而《晋书·惠帝本纪》的记载却说，在公元303年的八月，也就是张昌起兵以后的三个月，“刘弘及张昌战于清水，斩之。”不知道哪个对。

陶侃以军功被封为东乡侯，食邑一千户。

一八七　二王向阙（一）

荆州刚刚平息，张昌的部将石冰还在淮扬之间纵横，而在晋国的朝廷内部却又发生了大的危机。

仅仅八个月前，也就是太安一年（公元302年）的十二月，长沙王司马乂才在河间王司马颙的号召下，顺利地除掉了执政正好一年半的齐王司马冏。而如今，河间王司马颙却又一次发难，号召成都王司马颖和自己一起把长沙王司马乂赶下台。

那么，这是为什么呢?

一切都还源于司马颙、李含的原初打算。

本来，司马颙的如意算盘是：以公文的形式，公开号召身处京师的司马乂讨伐司马冏，在司马颙和李含看来，以司马乂无兵无权的现状，被齐王司马冏杀掉是百分百的事情。然后，他们再以替司马乂报仇为名，联合成都王司马颖、新野王司马歆、范阳王司马虓（虎吼的意思，是司马懿的弟弟司马馗的孙子，和司马腾是堂兄弟，与司马炎为族弟，都是比较疏远的宗室）等一起讨伐齐王，等事情成功以后，再立成都王司马颖为皇太弟，司马颙自己则做宰相，从而掌握朝廷的大权。

当时之所以让李含屯军阴盘，前锋抵达新安，距离洛阳一百二十里却徘徊不进，没有对洛阳展开攻击，也是在等待齐王司马冏杀掉司马乂的消息。

然而，事与愿违。

那个长沙王司马乂不愧为将门虎子，比他亲哥哥司马玮强多了，在齐王将要偷袭他的时候，司马乂头脑十分清晰，他迅速入宫，掌握了皇帝，并利用宫中禁卫军一下子把齐王司马冏给灭了。

这无疑是出现了黑马。

原来名不见经传的司马乂如今竟然被封为了太尉，并都督中外诸军事。而成都王司马颖还是他的大将军，更不用说自己了，还是原来的河间王！都还只是地方一官。

这难道不是瞎忙活了一场吗？

如今的结果，让司马颙难以释怀。

因此，司马颙在司马乂上台以后，就一直在找碴儿。

长沙王司马乂上台伊始，面临的首要问题就是如何解决越来越严重的益州李特流民叛乱。

他派遣侍中刘沈假节，去统率益州的罗尚、梁州的许雄等军，一方面是协同益、梁二州部队；另一方面，也是为了把西南的军权掌握在自己的手上。但是，就在刘沈路过长安的时候，却被河间王司马颙擅自截留，司马颙硬是把刘沈留在自己的幕府，做自己的总参谋长（军师），另派自己的心腹手下席薳拿着刘沈的节，去代替刘沈前往。

这明显就是犯上。

明眼人一看，就知道，司马颙是在和中央争夺对益州、梁州军事的最高统治权。因为，在司马颙的眼里，梁州固然就当属于自己的势力范围，那么，如今趁着混乱的益州，把自己的手趁机伸进去，难道不是一件美事？

司马乂还不想与司马颙翻脸。

但是，这口气却不得不出。你不是把刘沈留在你的幕府中了吗？那我再以皇帝的名义，任命他为雍州刺史，就卧在你的身边，恶心你，也顺便防备你……

等到五月荆州张昌猖獗的时候，司马乂再次命令司马颙出兵五千，并让自己的亲信雍州刺史刘沈出兵一万从蓝田长途来南阳支援。

司马颙却拒不奉诏，并且，在刘沈带兵经过长安的时候，他原形毕露，把刘沈又一次扣下，连刘沈的那一万名士兵也成了司马颙的了。

可以想象得出司马乂听到这个消息以后，内心是何等恼怒！——这个司马颙简直就是不可理喻的人，你不是和我司马乂对着干，你简直就是和叛乱分子们一个鼻孔出气！

司马颙的手段还在继续施展。

你中有我，我中有你，你既然让你的人刘沈盘踞在我的眼皮底下，那我也让我的人去你的身边。

司马颙上表皇帝，请求允许让自己的智囊李含做河南尹。司马乂还没有允许，这时，却又发生了一件出人意料的事情。

皇甫商在齐王司马冏时代，就是司马冏的参军，（他历任三王，赵王司马伦、齐王司马冏、长沙王司马乂）到了长沙王时代，又被长沙王任命为参军。而皇甫商的哥哥皇甫重还是司马颙的手下——秦州刺史。

李含与这哥俩的仇怨丝毫没有随着时间而消失。

李含知道司马颙与司马乂翻脸只是时间问题，因此，必须早做准备，以免在事发以后自己的后院失火。

李含对司马颙说："皇甫商如今为司马乂所重任，皇甫重势必不会和我们一心，应该早一点把他除掉，以免后患。可以上书皇帝请求任命皇甫重做京官，等他路过长安的时候，把他逮捕。"

司马颙当即表示赞同。

但是，皇甫重很快就知道了李含的计谋。

他发出公开檄文，上报尚书省，说司马颙信任李含，将要发动叛乱，自己将招集陇上的豪杰，请求讨伐李含。

接到皇甫重的文书以后，司马乂隐忍为国，以为兵事屡屡兴起，现在朝廷内部刚刚安定一段时间，不应该再发生内讧了。基于以上考虑，司马乂就让司马衷下诏同意了司马颙让李含做河南尹的请求，并要求皇甫重罢兵。

然而，等到李含去洛阳上任了，可是，皇甫重却仍然不罢兵。

司马颙派遣金城（今甘肃省兰州市东榆中县）太守游楷、陇西（今甘肃省陇西县）太守韩稚等四郡兵从西路进攻秦州（今甘肃省甘谷县）的皇甫重。

侍中冯荪是司马颙一党，他建议司马乂把皇甫重召回洛阳；与此同时，司马颙则秘密给李含带信，要求他和冯荪、中书令卞粹合力，杀掉司马乂。

皇甫商对司马乂说："河间王司马颙让我哥哥进京，都是李含陷害的；如果不早点将李含杀掉，必为后患。并且，河间王司马颙过去的一切举措，也都是李含的主意。"

同时，侍中冯荪、中书令卞粹与河南尹李含三人的密谋也被司马乂发觉了，司马乂果断地将三人杀掉了。

一八八　二王向阙（二）

李含等人的死，立刻引起了司马颙的强烈反应。

他立即以讨伐皇甫商为名义，派遣张方为都督率领精兵七万，朝洛阳进发，同时，派人联络成都王司马颖共同起兵。这是太安二年，公元303年八月的事。

司马颖是在讨伐荆州张昌叛乱的路上接到司马颙的文书的。河北军团在讨伐荆州妖贼张昌的号召下，声势浩大，义从如云，人数达到了空前的二十万之众，司马颖以清河内史陆云为使持节、大都督、前锋将军。

这兴许也是张昌击败南阳守军以后，不敢乘胜北上的主要原因吧……

在此之前，骠骑从事诸葛玫、司徒长史牵秀借着被司马乂派出讨伐张昌而投奔司马颖，已经向司马颖报告了司马乂诛杀李含等人的消息，司马颖对于司马颙的反应早已做了心理准备。

而此时，张昌被荆州刺史张弘和豫州刺史刘乔击败的消息也传到了司马颖这里。

司马颖决定响应司马颙的号召，顺势朝洛阳进发，讨伐自己的哥哥司马乂。

按道理说，司马颖丝毫没有理由抱怨司马乂。

司马乂当政以后，事事都向司马颖咨询，《晋书·司马颖传》记载，当时“颖悬执朝政，事无巨细，皆就邺咨之。”同时，哥哥司马乂对于当今皇帝司马衷礼数也没有什么缺失的地方。

那么，问题就出自司马颖自己的身上。史书记载，司马颖在齐王司马冏被杀以后，“既恃功骄奢，百度弛废，甚于冏时”。但是，由于自己身在邺城，而哥哥司马乂身处朝廷，所以，无法随便行事。所以，才想取而代之。

司马颖身边的智囊卢志劝谏司马颖说：“过去您曾经有让皇上复辟的大功，

把赵王司马伦平定以后，您就安静地回到了邺城，归功于齐王司马冏，推辞了九锡的赏赐，不担任朝廷的职务，赈济阳翟的饥民，埋葬黄桥的白骨，这些都是大德大义的事情，天下人没有不以您为依靠的。张昌扰乱荆州，您也扫清了，南边因您而重新平定，这时，您振旅而还，把军队驻扎在郊外，您穿着文官的衣服入朝拜见皇帝，这才是霸王应该做的事情啊！”

卢志前此，在司马颙号召一起讨伐司马冏的时候，就曾劝谏过司马颖，那次，司马颖就没有听进去，这次，他同样不听。参军邵续对司马颖说：“我听说兄弟就像人的左右手，如今明公您面临天下的敌人，却想自己砍去自己的一只手吗？我实在是弄不明白。”

其实，邵续是明白的，糊涂的是司马颖。

此时司马颖的部队因为出兵的时候是以讨伐张昌为名，所以有很多义从，部队人数达到了空前的二十多万，加上司马颙的七万精兵，再加上司马乂的数万禁卫军，这次三王交战的总兵力达到空前的三十万人，也是晋王朝内讧继两年前（公元301年）讨伐司马伦之后又一次涉及地方的、最大规模的一次战斗，而此次的惨烈程度、死伤人数与上次相比都有过之而无不及。

司马颖补充了司马颙的讨伐理由，把这次起兵的目的增加了一条，那就是诬陷羊皇后的父亲专权恣肆。其实，司马颖何尝不知羊皇后的父亲羊玄之一直是一个老实本分的人？——在二王起兵以后，很快这个可怜虫就被吓死了。——只是在司马颖看来，如果仅仅是为了讨伐左将军皇甫商，那这场战争似乎是在河间王司马颙的主导下进行的，你司马颖起兵只是为了给司马颙的一个部将李含报仇，这的确有点丢份，等胜利以后，谁的功劳大？并且，这个羊献容还是孙秀所立，羊玄之的老婆可是孙秀一党孙旗的女儿，在诛杀赵王司马伦以后，齐王司马冏竟然放过了这个羊皇后，这让身处外藩的司马颖一直不爽。如今是拿出这件陈年老账说事的时候了。司马颙和司马颖的正式文书是这样说的：“司马乂论功不公平，与上书右仆射羊玄之、左将军皇甫商专擅朝政，杀害忠良，请求诛杀羊玄之、皇甫商，把司马乂遣送回他自己的封国。”

看到二王起兵，司马乂只有应战。司马衷下诏说：“二王竟然敢向中央举兵，我要亲自率领六军讨伐奸臣和叛逆。命令司马乂为太尉，都督中外诸军事。”这是《资治通鉴》的表述，但是，考察《晋书·惠帝本纪》发现，在司马乂诛杀司马冏以后，就已经被任命为这个职务了，而此时，皇帝司马衷任命司马义的职务是大都督，大约《晋书·惠帝本纪》的记载是对的。

此时，司马颙派遣的大将张方所率领的七万关中兵团已经出了函谷关，从西面压向洛阳；而司马颖则任命平原内史陆机为后将军（《晋书·司马颖传》称为前将军，此处依据陆机本传说法）、河北大都督，都督北中郎将王粹、冠军将军牵秀等诸路人马二十余万，从东面进逼洛阳。

在司马颖任命陆机为集团军前锋总司令的时候，陆机一则以为自己家三世为将，这是道家最为忌讳的事情——杀人太多，可能反噬自身；二则自己是吴国人，一旦处于中原人之上，王粹、牵秀等都不服气。所以，陆机坚决推辞。但是，司马颖就是不同意。陆机的好朋友、同是吴国人的孙惠（曾经劝谏过司马冏的那位）也劝陆机把前锋都督的职务让给王粹（灭吴主将王濬之孙）。

陆机回答说："如果再推辞的话，司马颖会说我在这种情况下，首鼠两端，这反而会加速祸害的来临啊。"

在临出发的时候，司马颖勉励陆机："如果大功能成的话，将封你为郡公，位列部门首长，你努力啊！"

陆机回答："过去，齐桓公任用管仲而建立了九次会盟诸侯的大功，燕惠王因为怀疑乐毅而功败垂成。今天的事情，还在于您而不在于我啊。"——这话说得意思到了，但是，也的确不太谦虚。

司马颖的左长史卢志还对十年前陆机对他的那次羞辱耿耿于怀。

他对司马颖说："陆机自比管仲乐毅，而把你比作昏君，自古以来命将出征，从来就没有过臣子欺凌君主而能够成功的啊。"

司马颖听后默默不语。

陆机率领的部队从朝歌（今河南省淇县）一直绵延到河桥（今河南省孟津县东黄河渡口），战鼓声闻几百里地，史书记载，从汉魏以来，还没有像这次出征那样的盛况。

——但是，在这盛况之下，却有一种不祥之兆。

那就是：在陆机统军之初，大将的牙旗（旗杆上装饰有象牙，代表主帅）竟然折断了！

一八九　二王向阙（三）

八月二十四日，司马衷的大驾驾临洛阳城西的十三里桥。司马乂对全体士兵大声问道："将士们！今日西讨，想让谁带领你们？"六军之士全体高声回答："愿意跟随嵇绍侍中，勠力前驱，虽死犹生！"拜嵇绍使持节、平西将军。命令嵇绍、左将军皇甫商率军一万，西上宜阳（今洛阳市西南），阻击从西面而来的张方关中兵团。

紧接着，八月二十八日，御驾返回洛阳城北的宣武场，进行了战前的阅兵和动员。

此时，司马乂把注意力放在了从东北方向来的司马颖河北军团。而让嵇绍、皇甫商西去担任阻击关中兵团的任务。九月六日，司马衷御驾率军进驻河桥（今黄河富平津大桥）。九月二十日，司马衷御驾住宿洛阳城东的豆田，就在这一日，成都王司马颖渡过了黄河，屯兵黄河南岸，以清水（今孟津县东）为屏障，在黄河南岸扎下大营，在黄河之上建立浮桥，通往北岸，同大木函内盛石头，沉于河底用来固定浮桥，称之为"石龟"。

在军事进攻的同时，司马颖也没有忘记使用阴招，他往洛阳城内派遣了刺客，试图暗杀司马乂。刺客以通报重要军情为名，拜见司马乂。在司马乂接见的过程中，当时负责侍卫的是长沙国的左常侍王矩，看见来客脸色不对，立即将其诛杀。司马颖此计不成。

司马颖的兵团人数虽多，但是，各路将帅根本不听主帅陆机的指挥，基本上处于各自为战的状态。司马颖有个亲信宦官叫孟玖的，此人深得司马颖的信任，孟玖的弟弟孟超也是这次行动的万人小都督。还没有接战，这个孟玖就纵兵大抢。陆机也知道不敢得罪此人，但是军纪又不能不整肃，就派人抓了几个现行犯。谁知，即使这样暗中给你孟超送人情，人家还是不领情，孟超带着一百铁骑，直接闯入主帅大营，在陆机的帐前硬生生地把那几个人夺走了。临走，还对陆机破口大骂道："狗奴才，看你的都督能做几天！"（貉奴能做都督不！貉，是魏晋时期南方的少数民族之一，晋平江南以后，很多貉人被贩卖到中原的达官贵人家里做奴才，这样称呼陆机就是侮辱他。）陆机的司马孙丞建议杀掉孟超，但是，陆机没有采纳。

王粹、牵秀虽然和陆机曾经同为贾谧的二十四友，但是，在两人看来，资格都比陆机老，更应该任命自己为统帅。比如说牵秀吧，很早就与司马炎的舅舅王恺相互嘲讽，又很早就做司空张华的长史，对陆机打心眼里不服——你陆机三世为将，又当如何？还不是被我朝所灭？你身为败将之后，又有什么值得夸耀的呢？你三世为将，我爷爷牵招难道不也是大名鼎鼎的嘛！王粹就更不用说，本身就是灭吴主将王濬的孙子。

这样的军队，简直就是一盘散沙。

九月二十五日，禁卫军主力在皇帝司马衷的带领下，前往缑氏（今河南省偃师市东南），反击成都兵团牵秀的进攻，在皇帝的旗帜面前，牵秀被击退。

对东军取得了初战胜利，司马衷当即下诏大赦天下。

然而，洛阳西边的战局却恶化起来。

就在两周以前的九月十一日，河间兵团的张方对刚刚进入西线阵地的嵇绍、皇甫商军队进行奇袭，大败皇甫商。

洛阳西门洞开。

此时，几乎所有的禁卫军都随着司马衷和司马乂奋战在东线，洛阳城可以被称作没有防守的城池，城内几乎无兵可调。张方的军队趁势突入首都洛阳，焚烧了清明门和开阳门（洛阳东城：建春门、东阳门、清明门；西城：广阳门、阊阖门、西明门；南城：开阳门、津阳门、平昌门、宣阳门；北城：大夏门、广莫门），奸淫烧杀，大肆抢掠，杀人近万。

在得知洛阳失守的消息以后，司马乂匆匆保护着皇帝司马衷回城。

就在洛阳城内，双方发生了残酷的巷战。

张方的士兵看见皇帝的伞盖，纷纷后退，张方制止不住，霎时大败，被杀死了五千多人。《晋书·张方传》称："众遂大败，杀伤满于衢巷。"首都的大街上布满了尸体。

中央军主力取得了又一次胜利。

张方退守洛阳城西六公里外的十三里桥，张方部下害怕再次受到攻击，都很担心，建议张方乘夜撤回关中。

张方回答："打仗胜负都是常事，可贵的是能够因败取胜，转危为安。虽然我们刚刚失败，但是，我偏偏前突构筑阵地，这就叫出其不意！"

当夜，张方不是带着残兵败将西还，而是趁着夜色从刚刚溃逃到的十三里桥，原路返回，进逼到距离洛阳城西七里的地方，安营扎寨，构筑工事。

虽然司马乂在东西两线都取得了胜利，但是，并没有打破僵局，司马乂还需要一次决定性的胜利。

一九〇　二王向阙（四）

可是，对于司马乂而言，局势不容乐观。

主要还是兵力问题，由于对付张昌，禁卫军去了很多，如今兵力太少了。

西线张方被从城内赶出，但又卷土重来；东线司马颖军也趁着司马乂回师打击张方，而迅速推进到洛阳城下。

东线首先是成都兵团的石超（石苞之孙、石崇侄子）逼近司马衷曾经驻驾的缑氏，然后，放火烧毁此地，皇帝遗留下来的衣服器皿，全部都被焚毁。随即，东路的各路大军纷纷来到洛阳城下。

司马乂已经被逼到了绝路。

不过，庆幸的是，禁卫军在大敌面前丝毫没有退缩，个个斗志昂扬，誓死保卫皇帝。

十月七日，禁卫部队首先在洛阳的东阳门（东城中门）外，再一次击败了最先抵达城下的成都兵团的牵秀部队和来自许昌的范阳王司马虓部队。

禁卫军又一次取得了胜利。

然而，成都王的部队还是源源不断地开来。

此时，司马颖也意识到了决战决胜时刻的到来，他派遣鹰扬将军、十分骁勇的马咸（名将马隆之子）也来到前线协助陆机。

第二天（十月八日），稍事休息的禁卫军在皇帝司马衷和大都督司马乂的亲自带领下，出现在了洛阳东城北面第一门——建春门。对面就是司马颖部队前锋都督陆机大本营。

一场大战拉开帷幕。

我们说过，陆机的手下诸位将领都是“北土旧人”，都不愿意受一位亡国将领的节度。

尤其是那个孟玖的弟弟孟超，更是嚣张，会战一开始，这个孟超根本就不听陆机的将令，直接就带着自己的部队冲入中央军的阵中。

孟超所部很快就被歼灭，孟超本人也被当场斩杀。

然后，司马乂令旗一挥，从阵中冲出数千铁甲骑兵。

他们由骠骑司马王瑚率领，这几千骑兵并非一般的铁甲骑兵，他们不仅自己身披重铠，手持长枪，而且在战马的两侧，也捆绑着长戟。

这队古代坦克黑压压地冲入河北军团主力马咸的阵地，他们在马咸军中是横冲直撞，如入无人之境。

马咸军立刻大乱，马咸被俘，旋即被斩首。

看到敌人阵脚大乱，司马乂瞅准时机，立即命令部队悉数出击，发起总攻。

霎时间，金鼓齐鸣，杀声震天。

陆机军大败，向洛阳城东北的七里涧溃逃，一时间，被诛杀的尸首堆积如山，堆成的“尸坝”把七里涧的涧水都阻住了。

经过一天的大战，司马乂的中央禁卫军一共阵斩司马颖成都兵团大将贾崇（《晋书·陆机传》记为“贾棱”）等16人，只有石超率部仓皇逃走。

这十六人有的是当时被杀，有的是被俘以后被斩首，16颗人头全部悬挂在洛阳的铜驼街上示众。

——《环宇记》铜驼街引陆机《洛阳记》记载：汉铸铜驼二枚，在宫南四会道头，夹路相对。俗语云，金马门外聚群贤，铜驼陌上集年少，言人物之盛也。而无此《注》所引二语，盖各有删节。《类聚》九十四引《洛中记》，有铜驼二枚，在宫之南四会道头，高九尺，有肉鞍，两个相对。

这就是著名的“建春门之战”，史书上也有把司马颖这次进攻洛阳的整个战役统称为“河桥之役”的，可能是因为，司马颖的大本营驻扎在河桥附近吧。

虽然如此，关于此战的细节却十分模糊，有些记载还相互矛盾。比如：关于王瑚击杀马咸的问题，根据《晋书·马隆传附马咸传》说的是：（马咸）率兵屯河桥中渚，为乂将王瑚所败，殁于阵。那么，马咸究竟是在建春门被杀，还是在河桥中渚被杀的？个人以为，是在建春门，大约在《马咸传》中记载的马咸驻守河桥中渚，只是马咸军最初的驻防地，在建春门之战的头一天被司马颖调到前线，被杀。

再如，我们通过史料，根本无法知道，双方在建春门之战中各自投入了多少兵力，也无法清楚双方的战前部署，包括司马颖的前锋总司令陆机，在此战中究竟是如何部署的，由于史料缺乏，我们也都无法知晓了。

一九一　三陆之死

双方希望一战定胜负的情形并没有出现，东面的司马颖和西边的张方像苍蝇一样继续贴在洛阳附近飞来飞去，就是不走。

建春门的大败，使成都王司马颖的部队损失惨重，前后被杀六七万人。这个数字是惊人的，如果在其他战役中，胜负早已决出。怎奈司马颖家大业大，满不在乎。

战败了，就得有人负责，首当其冲的自然是前锋都督——陆机了。

其实，对于陆机的馋毁自从陆机被任命为前锋都督起，一刻就没有停息过。

一是来自宦官孟玖方面。开始的时候，孟玖就对二陆不满，缘由是孟玖想让自己的父亲当邯郸县长，对此，左秘书长卢志等人都不敢违抗。可是，右司马陆云却坚决反对：“当这样大县的县长，按规矩都是要有能当宰相府秘书资格的人才能当，怎么能用一个宦官的父亲？”

等到弟弟孟超在军中公然与陆机发生冲突，孟超更是在军中大肆散布谣言说：“陆机就要叛变。”并又写信给他哥孟玖，说陆机首鼠两端，欲进不进。等到建春门会战，孟超兵败身死，孟玖更是怀疑陆机借刀杀人。

二是来自卢志方面。卢志一直就是司马颖的得力助手和智囊，陆机等人的到来，压得卢志喘不过气来，渐渐地，卢志的话司马颖也是爱听不听了，这让卢志内心无限焦灼。更为重要的还是多年以前，在二陆刚到洛阳的时候，卢志为了羞辱二陆，装作无知的模样，当着二陆的面提陆逊、陆抗与二陆的关系，谁知，陆机反唇相讥，就势把卢志的父亲、爷爷的名讳也说了出来，并说我们的关系就像你们的关系一样。弄得卢志在大庭广众之下无地自容，被人们传为笑谈。——按理说，你卢志也不应该耿耿于怀，因为，是你先挑起口水战的呀！不过，人世间

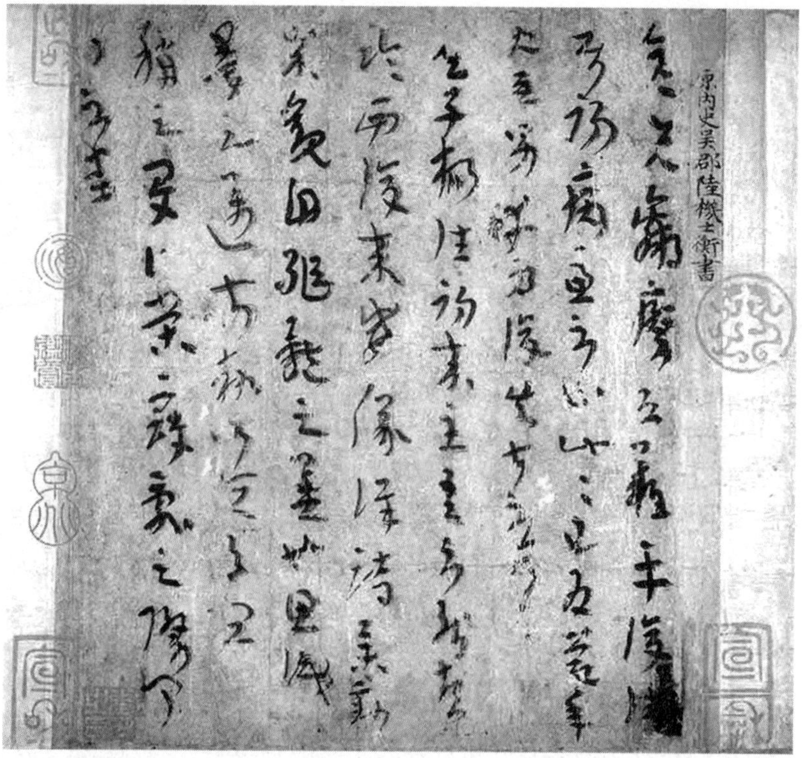

陆机《平复帖》

有太多不可理喻的人，实在是没办法的事情。

三是来自王粹、牵秀等中原旧人。王粹，是灭吴名将王濬的孙子，并且娶了司马炎的女儿颍川公主为妻，那是相当的牛气；牵秀则是魏国名将牵招的孙子。这些人都是老牌的中原名士，自视甚高，一旦屈居陆机之下，让他们很没有面子。另有一些大将如公师藩、王阐、郝昌等人都是孟玖提拔的人，唯孟玖马首是瞻，根本没什么立场，也是对陆机虎视眈眈。陆机身边无强宗大族作为后盾，孤身一人身负大名立于危朝，人人侧目，谁都想落井下石啊！

在四面围攻之下，尤其是在听到前线将领牵秀、公师藩、王阐、郝昌等人众口一词的诬陷以后，司马颖不能不相信了，他大发雷霆，命牵秀率军逮捕陆机。军事参议王彰劝阻说：“今天的事，强弱相差太大，连傻子都知道我们一定胜利，何况陆机通晓事理，怎么会首鼠两端？可是，陆机是南方人，殿下突然把他擢升到统帅高位，北方将领由嫉妒而生怨恨，不肯服从，不过如此而已。”

但是，司马颖不听。

当听到牵秀率军抵达，陆机从容脱下军服，换上便装，戴上白帽，把老朋友牵秀接进帐中。

他神色自若地对牵秀说："自从吴国灭亡，我陆家兄弟受到国家的厚恩，入宫则侍从皇帝左右，出外则刨符拜将。成都王让我做统帅，我再三推辞，也没有推辞掉。今天被诛杀，这难道不是命运嘛！"

然后，他坐下来给司马颖写信永别，言辞悲凉凄恻。

等一切做完后，陆机叹息一声，对两个儿子陆蔚、陆夏说："华亭（今上海市松江区西）白鹤叫声，怎能再听到啊？"

牵秀在军中遂斩陆机，陆机死时四十三岁，陆机的两个儿子也同时遇害。

司马颖杀掉陆机以后，又派人去逮捕陆机的弟弟陆云、平东将军府总监（平东祭酒）陆耽、军政官孙拯，全下监狱。

陆云性格开朗，善于团结人，因此，在陆云被捕以后，司马颖的记室江统、陈留郡人蔡克、颍川郡人枣嵩等纷纷上书司马颖，认为："陆机谋略差错，招致失败，诛杀他已经足够。至于说他叛逆，所有的人都知道并无其事。应该先列举出陆机叛逆的证据，如果有证据，再诛杀陆云等不晚。"

江统等人恳求不已，司马颖迟疑不决，这事一直拖了三天。

蔡克带着数十名下属晋见司马颖，请求宽恕陆云，在司马颖面前，叩头流血，哭泣落泪，坚决恳请，说："孟玖把陆云痛恨入骨，远近无人不知，而今果然遭到毒手，深替明公惋惜。"

说得司马颖也感到悲伤，脸上露出要宽恕陆云的表情。

孟玖就在一旁侍奉，一看这种情况，赶紧把司马颖扶进后房。

孟玖出来后，催促手下火速诛杀陆云、陆耽，并屠灭了陆机三族。

在狱中的陆机原手下孙拯被审问官严刑拷打数百次，打得血肉模糊，脚踝骨都露到外面，而孙拯誓言陆机是冤枉的。

审问官知道孙拯刚烈，对他说："谁不知道二陆冤枉？先生怎能不爱惜自己的身子？"

孙拯仰天长叹："陆家兄弟乃是当世奇才，我受他们信任爱护，虽然不能救他们一命，但我怎忍心再对他们诬陷！"

孙拯的门徒费慈、宰意二人，前往监狱为孙拯明冤，孙拯叫他们快走："我坚持正义，为的是不辜负二陆，死自应该，你们为的又是什么呢？"

费慈、宰意异口同声回答说："您不辜负二位陆先生，我们又怎能辜负您？"

孟玖知道孙拯不可能屈服，遂让审问官撰写一份假的口供，证实陆机的确通敌。

司马颖诛杀陆机以后，常感后悔，等见到孙拯的"笔录"以后，大喜，对孟玖等说："要不是你这么忠心，还查不出这等邪恶的勾当呢。"

司马颖心安理得地又下令屠灭孙拯三族，并斩费慈、宰意二人。

思想如果不是陆机感激司马颖把自己从齐王司马冏的屠刀之下救出，他是断断不会远赴河北为司马颖效力的。然而，表面华丽、内心空无一物的司马颖却蒙蔽了陆机的理智，在当初陆机离开洛阳，来到邺城的时候，如果知道仅仅两年之后，自己和自己的家族均死于这个救命恩人之手的话，陆机又当如何呢！？

每每读史至此，总是掩卷叹息。陆机那句"华亭鹤唳，岂可复闻乎"的悲凉哀叹，常常让我想起李斯在被腰斩以前，含着热泪对儿子的那句感叹："我再想和你出上蔡东门牵黄犬逐狡兔还能得到吗？"（吾欲与若复牵黄犬，俱出上蔡东门逐狡兔，岂可得乎！）

这里面有着对平淡生活的无限向往，有着对自己一生追逐名利的沉痛懊悔，有着对于世事难测的怨恨，有着历经繁华一梦的怅茫，抑或还有着风雨过后的大彻大悟，还有很多，很多……

一九二　长沙被杀（一）

陆机被杀，司马颖的东线攻势暂时停顿了下来。

战争已经进行了两个多月，仍然胜负未决。司马乂深知如果长期这样耗下去，是十分危险的。他本来是想通过接连的胜利，让自己的弟弟知难而退，但是，司马颖却像橡皮糖一样黏糊，真让人头痛。中央的高层官员也一致认为，毕竟司马乂和司马颖是骨肉兄弟，大约是可以用言辞说和的。于是，中央召开高层会议进行讨论，定下谈判的调子：让司马乂与司马颖以潼关为界，司马乂管理关西诸侯，司马颖管理关东诸侯。

定下了和解方案，下一步就是选定谈判人选。经过讨论，定下名气很大的中书令王衍作为代理太尉，光禄勋石陋（和杜预结仇的石鉴之子）为代理司徒，代表中央和司马乂一同前往邺城谈判。

此时的司马颖早已不甘心只躲在幕后了，他已经隐忍了两年之久，在他看来，两年前司马冏当政的时候，自己就不应该退居二线，当时就应该和司马冏争这个最高权力。结果，又白白折腾了两年，叫司马乂白捡了一个便宜。

如今，还只让自己和你“分陕而居”，太小看人了吧？

司马颖拒绝了。

听说司马颖拒绝了朝廷的建议，司马乂有点恼火，但是，恼火归恼火，劝说还得进行。

司马乂强压怒火，给弟弟写下了一封长信，做最后一次努力。

信中，司马乂回顾了先帝创业的艰辛，从孙秀逼退皇帝，改天换日，说到兄弟二人齐心协力推翻司马伦，让皇帝司马衷复辟。接着，又回顾了齐王肆行非法，“主上怨伤”，也很快被荡除。

然后，再进行深刻的批评和自我批评，说你我都是骨肉至亲，不能共同辅佐皇室，“经济远略”。

最后，对司马颖和司马颙进行谴责，并显示朝廷的决心，说：如今，你和司马颙又兴兵围困京师，这让朝廷上下十分愤怒，将士用命，杀死了你方很多士兵，即使你任命的将领陆机也私通国家，可见，你的部队被逼迫着前行一尺，就会退却一丈，不愿意给你卖力。因此，我还是劝你安安生生地回到藩镇，自求多福吧！

这封书信的效果可想而知。

接到书信的司马颖也不示弱，当即写了一封回信。

同样也是一副忧国忧民的架势，从司马师开始说起，全面回顾了爷爷们创业的艰难，随即归到正题，说，羊玄之和皇甫商二人作威作福，本来想着你老兄能再次在首都就把他们给杀了，送给我，谁知道，你本人怎么那么糊涂，反而成为贼首！你上矫皇帝的诏书，下离间你的爱弟我，还任用豺狼，像你这样作恶，怎么能求到幸福呢？前不久，虽然陆机在黄桥兵败，但是，我方在温县也胜利了，一败一胜，彼此彼此，没什么值得炫耀的。

说完以后，还不忘吓唬哥哥：我现在是武士百万，猛将如云，要和哥哥你共同整顿海内。如何你能听从太尉司马颙的命令（司马颙是公元301年六月，与齐王司马冏、成都王司马颖一起被任命的，这一点也叫司马颖受不了，你想想，我以前职位都在你头上，你司马乂现在偏偏要主持朝廷，让人心里能平衡吗？）斩掉皇甫商等人的头，扔下武器，我也退回邺城，好不好？是进是退，请哥哥深思。

司马乂当然不能接受，让你杀掉卢志，你司马颖愿意吗？在这紧要关头，如果杀掉皇甫商，等于是自断臂膀，谁还跟着你司马乂干下去？即使杀了皇甫商，你司马颖也许还能找出其他的理由，继续进攻洛阳，到时候，我可真的成了孤家寡人了！

和谈破裂。

那就只有继续打。司马乂趁着东线暂缓，腾出手来先进攻西线的张方部队。

公元303年十一月，司马乂率军进攻张方，但是，张方在洛阳近郊的驮水桥以西构筑了多层防御阵地，司马乂攻击失利，不得不退回城内。

而司马颖又一次推进到京师附近。

张方破坏了洛阳城西的蓄水池——千金坝，于是流经洛阳的河川、洛阳城内的水井以及磨坊用的水源，全都枯竭。司马乂不得已，发动各亲王、公爵和三公级官员家中的奴仆婢女，用手捣谷米，来供给军营，一品以下的官员，自身如果不在军营，那么家里十三岁以上的男子都要当兵；又征调奴仆组建军队，称为四部司马。

这时候，洛阳城内的局面陷入绝境，谷米每石价格高达一万钱。虽然如此，但是，将士同心，都愿意誓死保卫皇帝，保卫京城。

骠骑将军府主任秘书（主簿）祖逖以及王瑚对司马乂说："雍州州长刘沈，忠义果敢，而他所拥有的兵力，又足以控制司马颙。最好请皇上下诏给刘沈，命刘沈出兵袭击司马颙，司马颙为了自救，一定召回张方，这是上策。"

这的确是扰乱敌人后方的上策，可惜的是，来得太迟了。司马乂当即表示同意。刘沈接到诏书后，向四方传达这项命令，很多郡县起兵响应。他一共集结起七个郡的兵力，大约有一万余人，开始进攻司马颙所在的长安。

另外，司马乂又派皇甫商暗中西行，携带皇帝的亲笔诏书，命金城郡（今甘肃省兰州市东）郡长游楷等四郡拒绝执行司马颙的命令，停止对皇甫重的攻击，并命皇甫重在解围以后进军讨伐司马颙。皇甫商化装成普通平民，已走到新平郡（今陕西省彬县），但是，在那里他遇见了他的一位堂甥，而这位堂甥素来憎恨这位堂舅（可见皇甫商是比较骄横的，连自己的亲戚都笼络不住，不用说李含了），就报告了司马颙。司马颙遂逮捕皇甫商，斩首。

按理说，你司马颙、司马颖起兵之初的理由已经不存在了：皇甫商被司马颙抓住斩杀了；羊玄之已经被吓死了。你们总可以退兵了吧？

司马乂深知，目前自己处于劣势，唯一能够帮助自己坚持的，就是将士们的忠心，而这个忠心来源于对皇帝司马衷的忠心。因此，即使是在战况最为紧张的时候，二十八岁的司马乂对四十六岁的哥哥皇帝司马衷，也是毕恭毕敬，半点不敢懈怠，虽然城中粮食日渐缺乏，可是士卒毫无离心，斗志昂扬。

面对洛阳这座庞大的城池，张方已经感到无可奈何，大约他的军粮已经不继，他打算整装回军长安。

而就在此时，洛阳城内却发生了意外的突变……

一九三　长沙被杀（二）

对于这次政变的表述，《资治通鉴》《晋书·司马乂传》《晋书·司马越传》的记载略有不同。

前两者都是明确说明，是东海王司马越认为胜利无望，而暗中与禁卫军将领勾结，在公元304年的一月二十五日，突入大营逮捕了司马乂。

而《晋书·司马越传》的表述则是，殿中将领们以为胜利无望，逮捕了司马乂，然后，推举司马越为主，司马越还称病不干，最后，是皇帝下诏要求他主政，他才勉强出山，一副被逼无奈的模样。

其实，这两种不同的表述，并不矛盾，明眼人一看便知，这是史家有意为之，目的是让后来者更清楚司马越的为人而已。

那么，还是言归正传。

时光就这样进入了公元304年这一具有历史坐标意义的年份，（因为，就是在这一年，中国境内产生了两个新生的政权：西南的成汉，北面的刘汉，故此，历史学家把这一年正式作为五胡十六国的起始之年。）这场战争从去年八月一直持续到了今天，整整打了四个月，却仍然没有结束的迹象，而此时，司马颖的后方也开始不稳，常山人王舆（此王舆不是多次参与政变的左卫将军王舆，彼王舆已经于公元301年六月因与齐王哥哥司马蕤一起企图废黜齐王司马冏而被杀。）会聚了一万多人，准备偷袭邺城司马颖的后方。

如今，这场战争到了最最紧要的关头，哪一方能挺住，胜利就属于哪一方。

就在此时，东海王司马越胆怯了。

司马越，是高密王司马泰的二儿子，他爷爷是司马懿的四弟司马馗。在宗室中，除了司马孚家以外，出人物多的就数司马馗家了。司马馗的大儿子司马权倒是没出什么有名的儿子；二儿子司马泰有四个儿子：司马腾，东瀛公，长期担任并州刺史，很快就会走上历史前台；随着司马越的飞黄腾达他的这两个弟弟司马略、司马模，也鸡犬升天：司马略，曾经历任安南将军和安北将军，主持荆州和青州军事；还有司马模，北中郎将，镇守邺城，司马模的儿子是著名的“睡王”司马保，体重高达四百斤（史称八百斤，按照晋代度量折算相当于今天的四百斤）；司马馗小儿子司马绥的儿子，就是范阳王司马虓，此人在齐王司马冏时代，就已经为安南将军，镇守许昌了，这次司马顒和司马颖兵向洛阳，司马虓也投身到司马颖一方。

司马乂应该考虑到司马越与司马虓的堂兄弟关系，对司马越提前有所提防……

这次政变的经过大约是这样的：

司马越看到局势没有好转的迹象，他不愿意玉石俱焚。当他觉察到经过这近半年的战守（中间有个闰十二月），部分殿中将领们都有点身心俱疲，心理承受力达到了极限，就秘密与殿中的将领联络，策划实施抓捕长沙王司马乂的行动。

正月二十五日深夜，（《晋书·惠帝本纪》记载的时间则是公元303年的十一月间发生的事情，《资治通鉴》记载为公元304年一月，今从通鉴。）司马越指示殿中诸将与左卫将军朱默在司马乂临时居住的地方逮捕了司马乂。

日夜为战事操劳的司马乂万万没有想到，阵线从内部突然崩溃。

一面把司马乂送往金墉城囚禁，另一面，这些被人当枪使用的中下级军官“逼迫”着司马越出面收拾残局。

在万般无奈之下，司马越从幕后走上台前，上书皇帝司马衷，要求罢免司马乂的官职。

把奏章递上去以后，司马越又表现出一副自责的样子，同时提出自己也辞去现在担任的职务，回家待罪。考量司马越之所以这样做，也许是因为，当时的情形十分复杂，姑且不说城外的情况，就是城内也是异常险恶。虽然把司马乂暂时弄到了金墉城，虽然部分禁卫军将领对司马乂不再抱有信心，但是，绝大多数士兵和部分司马乂的亲信将领却对司马乂忠心耿耿。如今司马越真的公开站在司马乂对立的一面，也许立刻会有杀身之祸。

所以，老谋深算的司马越，作出一副无辜的模样，先是把殿中将领们推出来去实施行动，但是，这里有一个无法逾越的矛盾，那就是，如果要使得这场政变有合法性，那就必须要拿到皇帝司马衷的诏书，而直接参与政变的中下级将领们是没有资格上书皇帝要求罢免大都督司马乂的。这让司马越十分头痛，于是，第二天，他只得又作出被大家逼迫的姿态，勉勉强强地出面上书司马衷，要求罢免司马乂，同时，又显示出一副无私的模样，提出辞去自己的职务。

司马衷当然“不允许”，不仅不允许他辞职，而且，还在他中书监的基础上，加官为尚书令，全面主持帝国的日常工作。并在当天，下诏大赦。

司马越只好接受。

身在金墉城的司马乂还在做着最后的挣扎，他上书司马衷说：“陛下您对我很好，把朝廷的大事全都托付给我。臣下我小心翼翼，既忠且孝，这一点神明可以做证。诸王和朝臣为着一己之私，听信谗言，把我逮捕。我不会爱惜自己的生命，只是为我大晋皇室迟微，子孙凋零，陛下您孤立无援，情形危险。如果我死了，对于国家有好处，那倒很好，我恐怕我死以后，只是让奸恶的人心中高兴，对陛下您没有丝毫的益处啊！”

我估计司马乂的上书没有送到司马衷的手上，即使送到他的手上，又有什么作用！

城内政变完毕，久闭的洛阳城门终于打开了。

但是，当疲惫的城内禁卫军看到在寒冬里冻得瑟瑟发抖、面无人色的围城部队的时候，他们突然发现，他们原来的担心是多余的，因为只要他们再坚持那么一下，甚至是一天、两天，那些比他们疲惫很多倍、目前已经毫无战斗力的围城部队也许就败退了。

禁卫军将领们开始后悔起来，他们开始怀疑自己是否走错了一步，是否是上了某人的大当，因为，对面这样几乎形同老百姓的衣衫褴褛的部队，根本不是躲在城中养精蓄锐的禁卫军的对手。

他们又私下里讨论重新营救出与他们出死入生四个多月的主帅——司马乂，试图重新拿起武器，把这帮不成样子的军队赶走！

事情就是如此的微妙，也是如此的滑稽。

这令司马越异常担心。他清楚地知道，一旦司马乂被营救出狱，那就是自己人头落地之时。

他动了杀心，如果杀掉了司马乂，那也就断绝大家重新抵抗的念头。

但是，狡猾的司马越又不敢真的站出来，凶神恶煞的去扮演那个刽子手的角色。

这时，禁宫咨询官（黄门侍郎）潘滔（此人后来与刘舆、裴邈被人合称为“越府三才”。）对他建议说：“你不必亲自动手，自会有人替你把障碍肃清。”潘滔说出了一个借刀杀人的毒计，派人秘密把关押司马乂的处所通知了城外的张方。

正月二十八日，还驻扎在城外的张方派遣自己的心腹将领郅辅带领三千精兵，突然闯入金墉城，强行带走被关押的司马乂。

把司马乂带回到大营以后，张方命令燃起了一大堆熊熊的烈火，把司马乂像烤全羊那样绑在铁棍上，放置于那团烈火之上，活活地烤死！

司马乂死时年仅二十八岁，他从前年的十二月取代齐王司马冏当政，到今年正月被杀，当权仅仅一年多一点。

张方这个恶魔，用此种无耻残忍的手段处死了司马乂，当时，司马乂的哀哭之声，声震张方的三军，人心都是肉长的，张方的士兵听到长沙王持续不断的哀号之声，也都忍不住痛哭流涕。

我常常想，在诸王中间，其实只有司马乂就像他的名字那样是最忠义的一个人，正如他自己说的那样，一直小心翼翼。我们注意到，在司马乂当政时期，他没有像其他人那样要求司马衷一再改元，似乎，司马乂一直不想折腾。同时，从史料记载上看，他也没有做多少十分过分的事情。尚书令乐广的女儿就是自己的敌人成都王司马颖的王妃，有人对司马乂进言，说乐广可能会有二心，司马乂没有不分青红皂白地把乐广诛杀，而是把乐广叫来，问明情况。当时，乐广沉默了一会儿，徐徐答道：“我怎能为一个女儿的利益，而冒着被杀掉五个儿子的风险？”听了乐广的话，司马乂也没再说什么。即使在战场最危急的时刻，司马乂对待自己的哥哥司马衷还是那么尊重，这在贾南风死后，司马衷很少遇见此等待遇。

不过，司马乂在对敌斗争中不是没有失误，从整个战争进程上来看，司马乂还是多多少少缺乏那么一点大局观和战略思想。比如，自始至终，没有很好地利用皇帝司马衷向全国下诏，命令各地勤王；再如，祖逖的建议虽然很好，但是出台得太晚，作为主帅的司马乂应当考虑但是却没有考虑到利用司马颙、司马颖身后的地方势力去分化瓦解敌人后方，进而达到削弱敌人的目的。因为，这是第二战线，与第一战线具有同等重要的作用，可是，司马乂的眼光却仅仅盯着洛阳周边地区，被敌人牵着鼻子走路，最终造成困守孤城的被动局面。

另外，在张方此人出现之初，我就没有像对待其他人那样，详细地交代他的身世来历。这是因为，真的十分憎恶此人。不光是笔者，而且，我发现《晋书》的作者也没有过多地交代他的身世，甚至没有说明他的字是什么。由此联想到《世说新语》中对那些名士们均是亲切地称字而不称名的现象，我相信，史家这种故意不显示此人字号的做法，大约也是一种无言的唾骂吧。

一九四　长沙被杀（三）

司马乂完了，但是洛阳及其周边的事情还没有完。

司马乂被残忍地杀害，司马颙和司马颖一方取得了胜利，作为从贼的朝廷三公级及部长级以上官员，都亲自到邺城向成都王司马颖请罪，司马颖这才进入首都洛阳，司马颖派遣奋武将军石超等率军五万人，把守洛阳的十二个城门。宫廷禁军将士，只要是司马颖从前所忌恨的，全部予以诛杀，剩下的也都全部调离原工作岗位，由司马颖的部队接防。推荐并任命卢志当中书监（原司马越的职务），但仍留邺城，负责主持丞相府事务。

初步做了上述安排以后，司马颖又匆匆赶回了邺城，这倒不是司马颖思念母亲，或者是留恋故土，而是他担心常山王舆组织的那些人马，还有北方一直虎视眈眈的王浚。

王浚，字彭祖，父亲王沈和王济的父亲是堂兄弟，也是那位高贵乡公曹髦一直非常看重，但在讨伐司马昭的时候，立刻去给司马昭报信的那位。有其父必有其子。王浚的母亲姓赵，家境贫寒，“出入王家”，就怀孕生了王浚。史书上故意写下了此赵女为“良家女也”，如此写来，反而叫人生疑：好女子你出入王家，做什么？结果还怀孕了……

这样没有脸面的事情，使得王沈也很没面子，每当看到这个小不点，都像是挨了一记耳光一样，把很多年前自己见不得人的事重放一次，因此，王沈一直以王浚为耻。直到王浚十五岁的时候，父亲王沈去世了，所幸的是王沈没有子嗣，家族中只好把王浚立为王家之后。由于太原王家特殊的地位，王浚在贾南风时代就已经是东中郎将了，镇守许昌。在贾南风毒杀司马遹的时候，王浚也尽到了地主之谊，为孙虑害死司马遹提供方便。因此，被封为宁朔将军、持节、都督幽州诸军事；在司马伦篡位、三王起义的时候，王浚与当初的司马颙一样首鼠两端，不过王浚做得更彻底，他下命令不让境内的老百姓去“赴义”，即参加成都王司马颖的军队。这自然让司马颖内心十分恼火。

等到司马冏当政，接着又是司马乂当政，事情接二连三，司马颖一直无暇顾及北面的王浚，腾不出手来去修理他。王浚也明白司马颖的心思，他自知自己的力量无法与司马颖抗衡，为求自保，王浚将自己的一个女儿嫁给了鲜卑段部的首领段务勿尘，并上表皇帝，请求将辽西之地给段务勿尘，封其为辽西公；王浚还将另外一个女儿嫁给了鲜卑宇文别帅苏恕延。（史书又记为素怒延，宇文部本为匈奴人，后冒称鲜卑，前此，曾经与鲜卑慕容部结怨，苏恕延被慕容廆击败。）

这次司马颖、司马颙兵向洛阳，让王浚感到很不舒服，他虽然对司马颖不满，但是，又不敢公开起兵对抗司马颖，暂时处于观望状态。

王舆和王浚的存在，正是司马颖在洛阳前线频频折返邺城的主要原因。

不过，就在司马乂被诛杀不久，以拥护司马乂为旗号聚众起义的王舆很快就被手下人斩首，并向司马颖投降了。

而王浚方面，司马颖还不想立即撕破脸皮，暂时两安吧……

此时的司马颖似乎一切都十分顺畅，但是，远在西北的司马颙的处境却并非如此的美妙。

冤有头，债有主。

司马颙多次欺负刘沈，开始的时候，人家刘沈是中央命官，总统益州、梁州诸军，路过你这里，你司马颙擅自把人家拿下，把朝廷的节杖也没收了，硬逼着人家做你的幕僚；等到张昌在荆州叛乱，朝廷让人家派兵增援，还是路过你这里，你硬是把人家一万人马给没收了，害的长沙王司马乂下令刘沈只带回四百武士回到本州。你这是什么事！

讨伐司马颙，刘沈当仁不让。

刘沈接到诏书以后，立即驰檄四方，集合七郡之众以及防守诸军、坞堡甲士共约万人，以安定太守衙博、新平太守张光、安定功曹皇甫澹为前锋，袭击长安。

在张方围困洛阳的时候，本来河间王司马颙是驻军郑县（今陕西省华县）的高平亭，作为张方声援的。然而，当听到雍州刺史刘沈于公元303年十一月起兵的消息以后，司马颙大惊失色，匆匆回军渭城（今陕西省咸阳市），连忙派大营督护虞夔率领步骑一万进抵好畤（今陕西省乾县），迎战刘沈部队，双方经过激战，远道而来的虞夔部队被以逸待劳的刘沈军打得大败；这让司马颙吓得屁滚尿流，匆匆退入长安，急忙下命张方火速回军。

好在是，此时张方已经将司马乂除掉，他派兵掳掠洛阳官府的和私人的奴仆婢女一万余人西返，可是，张方的部队走到半路，军粮却吃尽了。（可见，如果司马乂不死，不说胜利，起码是个平手吧。）

于是，就发生了一场惨烈的人吃人的惨剧——也许以张方的谋略和残忍，他在掳掠奴婢之初，极有可能早已盘算好了，是要杀这些人吃的——军粮用人代替，杀人之后，把人肉羼杂在牛肉、马肉中让士兵吃掉，从他酷杀司马乂到吃人，此人与野兽何异？

这是我们所说的第一件大规模吃人事件，此类事情在大动乱时代，还屡屡发生，不过，那很多是发生在所谓的野蛮人身上的，而这头一件却恰恰发生在晋人身上。

刘沈渡过渭水，在长安外围构筑壁垒，包围了长安，司马颙出城迎战，但是屡战屡败，长安情势十分危急。

刘沈命安定郡（甘肃省镇原县东南曙光乡）郡长衙博（讨伐李特时被击败的那位）、人事官（功曹）皇甫澹，率精锐部队五千人袭击长安，这支突击队突入长安门，奋战而前，直冲到了司马颙营帐之下。可是，约定随后到达的刘沈援军，却未能及时抵达增援。

司马颙的部队发现刘沈的突击部队无以为继，个个殊死奋战。冯翊郡（今陕西省人荔县）郡长张辅，率众来救援司马颙，率军突然发起攻击，双方就在司马颙的府门外展开大战，斩衙博父子，抓到了皇甫澹，司马颙对皇甫澹的壮勇十分欣赏，打算饶了皇甫澹，但是，皇甫澹坚决不投降，于是被杀。这样，刘沈的后继突击部队也大败，退出了长安，残兵屯驻在城外的军营里。

当晚，吃人张方从洛阳回师的军队也赶回了长安，他迅速派他的将领敦伟夜袭刘沈军，刘沈全军大惊崩溃。刘沈与麾下一百多名亲兵往南逃跑，在逃亡途中被陈仓令抓获。

受到惊吓的司马颙，把刘沈恨得牙根发痒，他把刘沈叫到跟前，厉声质问。

但是，刘沈淡淡一笑，从容回答道：“你对我的知遇之恩轻，君臣之大义重，我不能违背天子的诏书，权衡利弊，苟延残喘。我起兵之日，就已知道必死，如今，纵然被你剁成肉酱，我也是甘之若饴。”

这段异常平静的话，把司马颙气得发疯，一向以轻财爱士著称的司马颙恼羞成怒，他下令先把刘沈用鞭子打得体无完肤，然后实施腰斩。

新平郡（今陕西省彬县）郡长张光是刘沈的智囊，也同时被逮捕。司马颙责问张光，张光回答：“刘雍州不用我的谋略，大王你才有今天。”司马颙佩服他的胆量，定了定神，换了一副脸色，请他饮酒欢宴，并向中央推荐任命他当右卫司马。

张光，字景武，江夏钟武人。史料记载，他“身长八尺，明眉目，美音声”。当初，赵王司马伦为关中都督的时候，氐、羌反叛，北地太守张损战没，而张光此时正是北地都尉，他率领一百多人驻守在马兰山北，一直和敌人战斗了一百多天，后来，梁王司马肜派遣司马索靖率兵迎接张光，因为，大家都以为必死，看到援军到来，全军悲泣。回到长安以后，司马肜上表皇帝，称张光“处绝围之地，有耿恭之忠，宜加甄赏，以明奖劝”。于是提拔为新平太守，加鼓吹。

朝中，在司马颖的暗示下，司马衷不得不改元，把太安改为永安。

司马衷下诏增封司马颖二十县，拜为丞相；这还不够，河间王司马颙上书司马衷，要求废黜太子司马覃，立司马颖为皇太弟。

在永安元年二月（公元304年），司马衷下诏废黜了皇后，（一废）废皇太子司马覃为原来的清河王。

三月，司马衷下诏立司马颖为皇太弟，都督中外诸军事，丞相如故。大赦，并让天下人大吃大喝五天，（关键是：吃什么？喝什么？）以太尉司马颙为太宰，以太傅刘寔为太尉。

司马颖与司马颙梦寐以求的目的终于达到了。然而，帝国的西南、东南局势似乎并不那么美妙，而北部、东北局势也是充满了骚动和不安。就连朝中也在酝酿着动荡的气息。

一九五　西南危局

每当遇到五胡十六国时期，写书人都会面临一个两难的困境：由于各地事情纷繁复杂，头绪众多，如果按照《资治通鉴》以时间排序的写法，往往会使事件分成很多小段，让读者感觉不太连贯；但是，如果按照《通鉴纪事本末》的写法，虽然每一件事情从头到尾说得很完整，但是，往往又会让人在横向对比各个事件的时候，在先后次序的认识上出现很大困难。

为此，笔者尝试着在尊重时间顺序的基础上，就同一时期发生的各个事件分成相对较长的大段，试图解决这一问题。不过，实际效果如何，还有待于进一步检验。

言归正传。

在了解了司马颙、司马颖诛杀了司马乂以后，我们不得不再一次将目光转向动乱中的西南地区。也不得不再次把时间拉回到荆州张昌开始作乱、关中司马颙即将出兵讨伐司马乂的公元303年六月。

也就是在这个月，取得流民起义实际最高统治权的李特之子李雄，率军击杀了汶山郡（今四川省茂县）郡长陈图，并乘势攻取了郫城（今四川省成都市郫都区）。

七月，李流随即把大营迁移到郫城。

经过一年多的战争，巴蜀居民纷纷离开城镇，跑到山中，据守险要，构筑堡寨；也有很多人索性离开了四川，或者向南逃亡到宁州（今云南省），或者向东逃亡到荆州。

号称“天府之国”的四川，城池和村落全部没有人居住，看不到灯火炊烟，在这种情况下，李流的部队根本抢不到一点粮食，开始发生饥馑。

这时，在郫城的西北面不远，只剩下涪陵（涪城，今四川省绵阳市）居民一千余家，依靠青城山的隐士范长生生活，范长生长年居住在山间洞穴之中，“求道养志”，山中囤聚了大量的粮食。

事情凑巧的是：汶山太守陈图被击杀以后，罗尚的平西将军府军事参议官徐舆，对这个乱世中的职位还是十分感兴趣，他请求罗尚派他去当这个汶山的太守，并保证去联络范长生，合力讨伐李流。

但是，徐舆的建议遭到了罗尚的拒绝。这让兴冲冲的徐舆感到无地自容，不禁大怒，当即就偷偷出城归降了李流。

李流直接就任命徐舆当安西将军，这让徐舆死心塌地地想要为流民军出点力，于是，他把当初献给罗尚的主意，稍加修改，献给了李流，请求李流派遣他去劝说范长生供应粮秣。

也许是徐舆与范长生有故交，也许是老范动了凡心，他同意支持李流，把囤积多时的粮草慷慨地拿出来，充当李流的军粮。

流民军又一次奇迹般地度过了可能覆灭的关口。军威复振。

九月，李流病死，李雄复称大将军、都督、州牧。罗尚多次派军进攻郫城，李雄使出了一个诈降计，他让卜泰诈降罗尚，对罗尚说：“因为饥饿，李骧和李雄相互不和，李骧想去江西就食。如果偷偷来袭，我为内应，能够成功。”约定由卜泰点火为号，罗尚派遣隗伯出城攻击郫城，李骧在半道上设伏。卜泰从城上放下梯子，隗伯军看到火光，个个争先，爬梯上城。李雄瞅准时机，放兵猛击，隗伯大败。李雄抓到了隗伯，看到隗伯身负重伤，再加上隗伯的女婿是自己手下猛将梁双，就饶了隗伯一命。李雄军一直追到成都城下，对城上谎称已经攻下了郫城，骗开了成都少城城门，罗尚只得退保成都太城。

双方就这样僵持着。

直到李雄想到也去断了罗尚的军粮为止……

他命令自己的小叔李骧率兵南进，进攻从宁州而来的唯一的粮草补给通道——犍为（今四川省犍为县），打下了犍为，俘获了太守龚恢。龚恢曾经做过天水西县令，李骧部将任回曾经是龚恢手下的小吏，任回问：“认识过去的手下吗？”龚恢回答：“认识你。”当时守护在龚恢身边的只有功曹杨涣，任回对杨涣说：“你是一位义士。我的力量恐怕救不了，龚恢可能要被杀，你赶紧跑吧。”杨涣说：“背主求生，不如守义而死！”与龚恢一起被杀。

李雄任命李溥为犍为太守，从而完成了对成都的合围。

公元303年闰十二月，李雄向困守成都太城的罗尚发起总攻。此时的罗尚军粮食已尽，罗尚不得已留下牙门将张罗（《晋书》记载为罗特）坚守待援，罗尚本人带着亲兵趁着夜深人静，从牛鞞水（郫水）向东逃走。

张罗不傻，看到主将溜号，就大开太城城门，投降李雄。

此时，也就是长沙王司马乂即将被烤杀前，李雄完全占领了成都，但是，老范的粮食哪够部队吃这么久啊？部队又断粮了。

李雄率部进入威严无比、但又空无一物的成都太城以后，什么也没有抢到，部众们已经饥饿不堪，李雄只好再从城中退了出来，前往郪县（今四川省中江县东南广福乡）寻找粮食，没有足够的粮食，士兵们只好靠挖掘山芋维持生命。

对比一下，将要出现的张方吃人疗法，氐人李雄要比张方强了很多。

此时的李雄基本上占据了益州的大部，罗尚带领着残兵败将退守到了东部的江阳郡（今四川省泸州市），派军司辛宝向中央奏报败状。司马衷下诏，命令罗尚暂时统御梁州所属的巴东（今重庆市奉节县东）、巴郡（今重庆市）、涪陵（今贵州省沿河县西北）三郡，为以后可能进行的讨伐做后勤保障工作。

在接下来的几个月里，四川的李雄和罗尚都处于找粮食状态，相互之间还没劲狠掐……

一九六　刘弘宁荆

就在公元303年司马颙、司马颖与司马乂交战正酣，四川的李雄、罗尚满地找粮食的时候，荆州的刘弘和陶侃顺利讨平了张昌的叛乱。

刘弘的镇南将军、都督荆州诸军事的职务其实是长沙王司马乂任命的，而都督豫州诸军事的范阳王司马虓早对相邻的荆州垂涎三尺，当刘弘与张昌初战失败，退屯梁地（今河南省汝州市）的时候，范阳王司马虓就派遣长水校尉张奕乘虚占据了襄阳。等到刘弘来接管襄阳的时候，张奕拒绝，刘弘无奈，只好发兵讨伐，并斩杀了张奕。

这一过节，直接影响到以后一些事件的发展轨迹。很快地，司马颙和司马颖兵向洛阳，司马虓站在了司马颖一边，此时，刘弘有心帮助司马乂，但是，部队正全力以赴平定张昌的叛乱，心有余而力不足。他采取了中立自保的策略，全身心地处理好荆州地区的事务。

一是选官任能。当时，因为张昌的叛乱，荆州各地官吏被杀的被杀，逃跑的逃跑，刘弘根据朝廷的授权，亲自选拔名士伍朝为零陵太守；提拔立有大功的皮初为襄阳太守；陶侃为镇南将军府代理司马；蒯恒为山都县令；晋升原沅乡县令虞潭（吴国名臣虞翻之孙）为醴陵县令；提拔在张昌叛乱中忠于朝廷的仇勃为归乡县令、张贞为信陵县令。刘弘奏章上到朝廷司马乂处，朝廷以为，襄阳是大郡，虽然皮初有功，但是，还是谨慎的好，也是为了拉拢刘弘，就把襄阳太守的职务任命给了原来的东平太守、刘弘的女婿夏侯陟。刘弘接到朝廷的批复以后，对下属说：“天下为公。如果必须姻亲才能任用的话，荆州共有十郡，我刘弘哪里找来十个女婿呢？”然后，他再次上书强调，按照规矩，上下级如果是直系亲戚，是要回避的，并且，皮初的功劳应当得到襄阳太守的回报。朝廷最后同意了。

二是劝课农桑，宽刑省赋。当时，因为四川李特之乱，造成四川逃往荆州的流民有十余万户，因为这些人十分贫困，往往偷盗抢劫。刘弘给流民粮食和粮食种子，分配给流民田地，让他们能够生产生活下去，并选拔流民中的贤才，加以任用；过去，在襄阳近郊的岘山和方山的山泽中不让百姓捕鱼，刘弘下令说："根据礼法，即使是名山大泽，也要与百姓共利。如今，政府和大族都一起兼并土地，老百姓就无法生活了。立即予以改变。"

三是关爱部伍。据《说郛》卷六十六引宋窦苹《酒谱》称："晋时荆州公厨有斋中酒、厅事酒、猥酒，优劣三品，刘弘作牧，始命合为一，不必分别，人伏其平。"《晋书·刘弘传》也有类似的记载，说的是，刘弘还下令把人为分为上中下三等的酒，混合在一起，不论是官还是兵还是民，大家都喝一种品质的酒。还有一次，在一个寒冷的夜晚，刘弘晚上睡不着，出来散步，听到了城上值班打更老兵的叹息声和痛苦的呻吟声，他就把那位瘦弱的老兵叫到跟前，相问之下，才知道老兵已经年过六十，还患有疾病，却连一件短袄都没有。刘弘心情非常沉痛，当时就把自己身上穿的皮衣和厚帽脱下给老人穿戴上，并把老兵的头领狠狠地教训了一番。

四是帮助邻境。退到巴东的罗尚，部队饥寒交迫。他派遣总务官（别驾）李兴，前往襄阳晋见刘弘，要求救助粮秣，刘弘部属认为道路既远而又崎岖难行，而且，荆州本州也不富裕，只想把零陵郡（今湖南省永州市）一郡的官米拨付五千斛，刘弘说："大家对此没有深思啊。全国是一个整体，彼此没有分别，我们现在供应给他粮秣，就不必忧虑来自西方的灾难了啊。"于是，批准拨付零陵郡官米三万斛，罗尚靠这些粮食得以自保。前来的李兴深为刘弘所感染，他愿留在襄阳当刘弘的军事参议官（参军），刘弘夺过李兴的手版（"笏"，部属参见长官所带的"笔记本"，既用于记事，也表示尊敬），把他送回江阳郡。同时，刘弘又派人事官（治中）何松，率军进驻巴东郡（今重庆市奉节县东），作为罗尚的后援。

刘弘每次下命令给地方长官，总是亲自写信，反复交代叮嘱，解释道理做法，所以，荆州人人感激欣悦。当地曾经流传着这样一句话，说的是："能够得到刘公的一纸书信，比身边有十部的从事都强。"

在纷乱的中国版图上，荆州在刘弘的治理下，是一块难得的暂时平静之地；而刘弘也是继羊祜之后，荆州地区迎来的第二位贤明的父母官。

一九七　东南乱象

撇开暂时宁静的荆州地区，我们把目光转向与之相邻的帝国东南江州和扬州等地。

我们还记得在张昌围攻襄阳不下以后，分兵四处略地，他往东南地区派出了自己的将军石冰。

公元303年七月，也就是朝廷中司马颙、司马颖与司马乂即将激战的时候，石冰的部队迅速攻下了扬州，击败扬州刺史陈徽的军队，随即，扬州各个州县全部陷落；接着，石冰又率军攻破江州〔州政府设豫章（今江西省南昌市）〕，临淮郡（江苏省盱眙县）人封云，也聚众起兵，攻击徐州，响应石冰。

在荆州平定，张昌被杀以后，刘弘并未越境进入江州、徐州和扬州去讨伐石冰，因此，在公元303年的下半年，晋帝国的东南地区一直处于石冰的控制之下，西晋的地方统治已经陷于瘫痪。

直到江东的大族自发地举义反抗……

关于江东大族的形成和在三国两晋南北朝时期特殊的地位，现代著名魏晋史学者都做过深入的研究。在东汉末年黄巾大起义以后，江南地区出现了一种以家族为纽带的武装组织——宗部。比如《三国志·太史慈传》注引《江表传》的记载，太史慈就对孙策说过，……鄱阳民帅，别立宗部，阻兵守界……还说海昏的宗伍“唯输租布于郡耳，发召一人，遂不可得”。这些宗部往往和江南原已存在的山越一样，为躲避战乱，藏匿深山，不向政府缴纳赋税。当时，江南著称的大族有会稽的虞、魏、孔、贺四姓；吴郡的朱、张、顾、陆四姓；丹阳的朱、纪；阳羡（今江苏宜兴）的周姓等等，《抱卜子·吴失篇》曾经说到吴国的大族是“势力倾于邦君，储积富于公室……童仆成军，闭门为市，牛羊掩原隰，田池布千里……金玉满堂，姬妾溢房，商贩千艘，腐谷万庾……粱肉余于犬马，积珍陷于帑藏”。

因此，孙吴建国与宗部展开了持久的较量，平地的宗部被消灭，但是深处偏远山区的宗部却不可能全部消灭。并且，在消灭了对立的宗部以后，孙吴却不得不向服从自己的宗部妥协，建立了一种与大族分割劳动力和兵员的特殊领兵制度，史书上关于把俘虏分配给大族的记载很多，江南的豪门大族都领有自己的兵，而且这种领兵权往往是世袭的，如，朱然、陆逊、贺齐等人既是江南大族，又是孙吴的领兵大将，都有自己的部曲。

就在石冰肆虐江南的时候，江南走出了一个人，那就是壮烈而死的建威将军周处的大儿子——周玘。

周玘，字宣佩，史书记载他坚毅果决，有他爸爸周处之风，但是，文采赶不上他父亲。周玘密谋起兵推翻石冰设置的吴兴太守区山，就暗中联络了原南平内史（相当于太守）王矩（王机的哥哥，二王都容貌秀美，史书记载王矩出门，也像潘岳一样，受到群众的围观，后王机反叛的事情，以后我们还要详细介绍）、前吴兴太守顾秘，共同推选顾秘为都督扬州九郡诸军事。前执法监察官（侍御史）贺循（贺邵之子）在会稽郡（今浙江省绍兴市）起兵，庐江郡（今安徽省舒城县）郡长华谭、丹阳郡（今江苏省南京市）人葛洪、甘卓（吴国名将甘宁的曾孙），也都先后起兵，响应顾秘。

公元303年十二月，周玘、王矩、顾秘聚合人马，一时俱发，攻入城中，斩杀了石冰任命的吴兴太守区山和新任命的各级官吏。

石冰得到消息，迅速派他的将领羌毒率军数万前来讨伐周玘，周玘率军阵斩了羌毒，扬州部分地区重新归属晋朝。

而此时，石冰企图占领安徽的寿春（今安徽省寿县）这一军事重镇，他亲自率领主力从临淮郡（今江苏省盱眙县）向寿春推进，驻防寿春的征东将军刘准得到情报，惊慌失措，计无所出。

广陵郡（今江苏省淮阴市）的粮运官（度支）陈敏，正巧率领着运粮部队停留在寿春，陈敏对刘准说：“石冰的部众，都因为不愿长途去四川远征李雄的原因，才被迫当盗贼，不过是一群乌合之众，很容易就能够被击败，我愿率领运粮的部队替你去破敌。”

刘准立即表示同意，并增加了陈敏的部众，命他迎击石冰。

陈敏率部与超过自己兵力十倍的石冰主力部队展开了数十次的激战，正如陈敏所说的那样，石冰的部队的确就是一群没有经过军事训练、临时拼凑起来的难民，根本禁不起正规军的冲击，陈敏所向披靡，逼得石冰逃往了建康。

陈敏一直追到了建康，与周玘的部队一起消灭了石冰盘踞在芜湖的将领赵驡（音：龙，野鸭的意思），然后与周玘一道对石冰进行毁灭性的打击。

到公元304年的三月，（也就是司马颖赢得对司马乂的胜利以后两个月多月）石冰从建康北逃，投奔在徐州的封云，结果，封云手下的司马张统看到败局已定，将封云和石冰一起斩杀，投降了晋朝。

自此，江南重新安定下来，陈敏也因功被封为广陵相，而周玘等人则“不言功赏，散众还家”。这就是史书上所说的周玘“三定江南”中的“一定江南”。

张昌的叛乱从公元303年五月起兵，到公元304年三月经过了大半年被彻底讨平。反观张昌起兵之初，气势如虹，席卷荆州、江州、徐州、扬州、豫州，势力最盛的时候几乎接近吴国疆域，但是，即使是在司马颙、司马颖和司马乂交战正酣的时候，晋王朝仅仅派遣偏师甚至是江南大族自发的讨伐，就很快将其扑灭。个中原因到底为何呢?

个人认为，张昌“兴也勃焉”的主要原因还在于，晋王朝地方上没有兵力。这可以追溯到晋武帝司马炎平定吴国以后，他以为天下从此太平了，下诏撤销州郡的武备，“大郡置武吏百人，小郡五十人”。当时，山涛和卢钦就建议司马炎这样做不合适，司马炎虽然称赞说：“（你们说的是）天下名言啊。”但是，最终并没有采纳。这区区一百人的武装力量等于是地方上根本没有军队。这是张昌开始的时候迅速膨胀的主要原因。

他“亡也忽焉”的原因大概就在于：一是没有明确的政治主张，由于势力的迅速膨胀，根本没有机会培养贤能的人才，也就是说合格的军地干部缺乏，致使在地方上的新任官吏土匪习气严重，只知道扰民抢劫，不知道安民，赢得人心。二是根据张昌部众“皆以绛科头”，被称为“妖贼”，又考察《三国志·吴志，孙策传》裴松之注引《江表传》“策曰：昔南阳张津为交州刺史……常著绛栢头，鼓琴烧香，读邪俗道书”，表明南阳是有天师道徒活动，并且“以绛科头”也是天师道徒的一个宗教标志。这种被正统称为妖贼的以宗教迷信为号召的叛乱，吸引而来的大多数人属于基层群众，而被上层有知识和文化的人所摒弃，如，《晋书·张昌传》记载，李权等人纠合五百多家不从“妖贼”等，其实这与第一点是共通的。三是一时发动，部众缺乏较好的军事训练可能也是另外一个重要的原因。

一九八　荡阴之役（一）

我们的目光从西南转到了中南，又从中南转到了东南，如今在这三方渐趋平稳的时候，我们不得不再一次把目光收回到刚刚平静下来的晋王朝中央——因为，那里很快又要再起波澜。

司马颖被册立为皇太弟以后，又一次回到了邺城自己的老巢。在返回邺城的同时，因为是皇太弟了嘛，他把御用车马器皿等物品也一同带到了邺城。

晋王朝又一次出现了两个政治中心——洛阳和邺城。

我常常想，如果司马颖没有选择安居邺城，也许，晋王朝也不会又有这一系列的杀戮，然而，历史容不得假设，与武帝时期诸王一个个宁愿待在洛阳相反，成都王司马颖似乎只有住在邺城才心里踏实。

如今的成都王司马颖不仅仅是丞相，而且是不远将来的一国之君。他深深地知道，以目前晋王朝的局势，即使是自己现在就当上这个皇帝，也不好有效地行使权力，因此，他更加注意在朝廷中培植自己的势力，清除异己的力量。

虽然身处邺城，但司马颖对于洛阳的局势，丝毫不敢掉以轻心。他在临走前，任命石超为中护军，带领从事中郎成夔驻扎五万兵马，屯卫洛阳，并撤换禁卫军将领的举动，为的就是巩固自己在京师的力量。

不过，这种举动恰恰触动了另外一些人的利益，而司马颖远在邺城，也使得这些人很容易地再一次发动政变。

这些人就是在司马乂执政时代的既得利益者群体，这一群体以原宫中禁卫军将领和司马乂长沙王府（骠骑将军府）将领为主体，当然也包括野心勃勃的东海王司马越在内。

他们在长沙王时代是一言九鼎的，如今，却形同被赦免的前叛臣，身边成都王的国兵压得他们透不过气来。不少禁卫军军官心里惶恐不安，有的人因为各种关系被司马颖留任，但是，大多数人被免职，还有的由于被司马颖所厌恶，甚至被斩杀。在这些人看来，司马颖的胜利来得是那么侥幸，司马乂的失败又是那么窝囊，当时的动摇是那么的愚蠢，眼前的境遇又是那么地无望。

野心家东海王司马越呢，自己上下其手，玩掉了司马乂，从而使得自己免去了玉石俱焚的命运，并因此被任命为代理尚书令，但是，在司马颖看来，自己毕竟是一个阵前倒戈的两面派，这个代理的尚书令究竟能代理多久，仍然是个未知数。而一切诏书的发布审定者中书监卢志却住在遥远的邺城，朝中屁大点的事情都是邺城说了算，这让司马越深感不快。

司马越再一次想到了冒险——把司马乂曾经功亏一篑的事业接过来，把自己的“过错”再弥补回来，以皇帝的名义对盘踞在邺城的司马颖进行一次名正言顺的讨伐。

公元304年七月，就在司马颖被任命为皇太弟三个月以后，洛阳方面发出了讨伐邺城成都王司马颖的声音。

右卫将军陈眕（《晋书·惠帝本纪》这样记载，而《晋书·司马颖传》则记为左卫将军，今从本纪）、殿中中郎逯苞、成辅以及长沙王司马乂的故将上官巳，勒兵召全体大臣入宫。

陈眕，是何许人？

他的父亲就是和张华同僚的陈准，那个曾经和张华一起建议选派孟观去剿灭齐万年，在司马允与司马伦交战的时候，试图帮助司马允而让司马衷派人拿出白虎幡的那位。

陈眕本人也曾经是贾谧的二十四友之一。

在宫殿上，司马衷被裹胁着，对大家宣布要讨伐司马颖，并任命东海王司马越为讨伐军总指挥（大都督），惠帝亲自御驾亲征。

同时，向天下发出讨伐的檄文，大赦天下，恢复了羊献容的皇后地位（这是羊献容第二次恢复为皇后，距离司马颖二月废黜皇后相距仅五个月）。

此时，武帝司马炎的二十五个儿子中，只剩下惠帝、吴王司马晏（比惠帝还愚蠢的那位）、司马颖和老小豫章王司马炽（后来的晋怀帝）。吴王司马晏、豫章王司马炽也都随同司马衷一起北征。另外，陪伴司马衷北征的还有司徒王戎、东海王司马越、高密王司马略（司马越的三弟）、平昌公司马模（司马越的四弟）、襄阳王司马范（已故的楚王司马玮的儿子）、右仆射荀藩（荀勖之子，荀勖是司马晏的岳父）等百官。留下司马乂的故将上官巳、苗愿驻守洛阳。

听说皇帝要讨伐成都王的消息以后，石超吓得赶紧逃回了邺城。

一九九 荡阴之役（二）

檄文下发以后，引起了巨大的震动。

等皇帝率领的禁卫军到达安阳的时候，从四面八方会聚的义从加上原有的部队已经达到了十多万人。

消息传到邺城，城内是一片恐惧。

司马颖十分害怕，想要撤出邺城，逃跑。他身边的下属步熊能掐会算，他对成都王司马颖说："坚决不能动！皇帝的军队一定会被击败！"

步熊的话，给司马颖打了一剂强心针。

他召开军事会议，讨论战守的问题。东安王司马繇（司马伷之子，司马衷堂叔）此时因母亲诸葛太妃去世，正在邺城守丧，他对司马颖说："天子亲征，作为臣下的，应该解散军队，穿上白色丧服走出郊外向皇帝请罪。" 司马繇系本来就与司马越的关系密切，他用冠冕堂皇的理由直言不讳地让司马颖投降。

但是，司马颖的身边人司马王混、参军崔旷却坚决支持司马颖与皇帝一战。

司马颖决心与皇帝对垒，他命令刚刚从洛阳逃回的中护军石超为主将，任命殄寇将军、鲜卑前部人乔智明为折冲将军、参丞相前锋军事，领兵五万，前往荡阴，阻击司马衷。

接到任命后，乔智明劝说司马颖奉迎皇帝大驾，司马颖听后大怒："你号称是个明白人投身跟从我。如今主上被一群小人所逼，将要妄加罪于我，你为何要我束手就刑啊！难道说你我之间共事的情谊，就是这样的吗？"

乔智明吓得噤若寒蝉，大气也不敢出。

从乔智明的身世来看，此人这样说完全是站在一种维护皇权的理念上，似乎还看不出（以他的地位来看，也不可能）参与到高层的派系争斗中，这也是司马颖在事后对其没有处罚的重要原因吧。关于此人，史料倒是记载了一段故事：此人以德行著称，被司马颖辟为辅国将军。司马颖、司马冏打败赵王司马伦以后，被司马颖上表拜为殄寇将军，隆虑县和共县两个县的县令，因为爱民，被两县称为“神君”。鲜卑前部人张兑因替父报仇被判死刑，但是，上面有老母亲，下面还没有生孩子，乔智明知道以后，很怜悯他，就停止执行处罚，又把张兑的妻子偷偷送进监狱，并暗中想放掉他。这张兑也是个义士，为了不连累乔智明而坚决不越狱逃跑。等了一年多，张兑的妻子在狱中为张兑生下一个男孩，正好遇到大赦，张兑被释放回家了。

此时，陈眕的两个弟弟陈匡（在元康年间曾做太子司马遹的陪读）、陈规从邺城中逃出来，向他哥哥通风报信说，邺城内人心惶惶，已经离散。

陈匡、陈规的确也没有说错，不过，遗憾的是他们只知道他们逃离邺城之前的事情，而不清楚在他们走后邺城发生了什么……

但是，二人的说法给予讨伐军的影响却是致命的。对自己的两个亲兄弟的说法，陈眕深信不疑。他相信，即使司马颖还敢抗拒王师，但是，他手下应该没有几个愿意追随他的人了，因此，他相信，此次御驾亲征，必定是有征无战。

然而，他低估了司马颖的决心，也同样低估了石超的能力。石超的五万有备而来的军队，以迅速动作突然出现在荡阴，二话不说，迅速向皇帝的队伍发起了突然袭击。

这根本就是无厘头！没见过这样的！在皇帝的面前竟然搞突然袭击！

毫无防备、只等司马颖束手就擒的王师被打蒙了。

霎时间，王师四散奔逃，石超部队的弓箭如雨一样射来，连司马衷乘坐的御用车子也落满箭。当时，双方的士兵就在皇帝司马衷身边厮杀，皇帝的随身侍卫和百官全部逃散，只剩下嵇康的儿子嵇绍下马登上司马衷的御车，端坐在皇帝身边，保护着司马衷——几个月前，嵇绍跟着百官去邺城谢罪以后，就被废为庶人，此次北伐前，才被恢复官职，他本来不需要参加，但是，想到此次皇帝亲征，嵇绍快马从家中跑到洛阳，临出发的时候，同僚侍中秦准对嵇绍说：“此次出征，安危难测，你备有好马吗？”嵇绍严肃地回答：“臣下护卫皇帝，死生都得追随，要好马做什么！”

司马颖的军人把嵇绍从车上拉下，在司马衷面前要砍嵇绍的头，司马衷急忙说道：“这是个忠臣，不要杀。”

军人回答："我们奉皇太弟的命令，只是不侵犯皇帝你一个人罢了。（其他的全部格杀勿论。）"就在司马衷的面前杀掉嵇绍，鲜血溅到了司马衷的龙袍上面。

军人们又去前面杀人去了，司马衷从车上摔到草丛中，左脸也摔伤了，身上中了三箭，身上佩戴的六个玉玺也全都丢失了。

可以说，司马颖开了一个坏头。过去，不管怎么说，即使再不把皇帝看在眼里，表面文章还是要做的；而这个司马颖就是那么胆大妄为——代价是惨重的：皇帝毫无尊严；而司马颖本人的威望也是一落千丈。

二〇〇 劫后余波

石超从草丛中把司马衷找到，接到了自己的军营。

司马衷饿得不行，但是，也许是石超轻装突袭，军中也没现成的食物，也许是压根就讨厌这个窝囊废，只让人给皇帝送上了一碗清水；陆续找回来的皇帝的身边下人从外面找到树上挂着的秋桃，让司马衷果腹。

听说战胜了王师，并且皇帝安然无恙，司马颖大大地吐了一口气。如果乱军中，不幸打死了皇帝，那不仅将留下千载骂名，而且，自己也会立刻成为全天下的众矢之的了。目前，这是最佳的结果：既击败了王师，又确保了皇帝的人身安全。唯一美中不足的是：司马越逃回他的东海国去了。

不过，暂时还不是考虑善后问题的时候，摆在眼前急需解决的问题就是，需要赶紧把皇帝迎接到邺城里来。

司马颖在荡阴胜利的当天就派遣中书监卢志去迎接司马衷。

石超让自己的弟弟石熙护送司马衷往邺城方向进发，跟着司马衷一起而来的是在战争中幸存的弟弟豫章王司马炽、司徒王戎、仆射荀藩三人。

司马衷来到邺城城下，司马颖率领手下在道路左边迎接，司马衷下车，开始哭泣起来——司马衷的哭泣有委屈，有痛苦，多多少少也有一丝的怨恨。不管怎样，哭泣总是一种弱者的表现，一个大男人尤其是贵为一国之君的皇帝哭泣，实在是最能引起臣下自责的一种举动，你看，我现在都被你们逼成啥样了？你们还要把我弄成啥样？

因为，皇帝的所有仪仗在战斗中已经荡然无存了。所以，当天晚上司马衷还无法进城，晚上就住在司马颖的军中。夜里，邺城一片忙碌，为皇帝的进城仪式做着准备。好在是司马颖被奉为皇太弟的时候，把御用器物弄来些，再加上本身也就有九锡之礼的那些个器物；并且，这时，居住在邺城的陈留王曹奂的儿子小陈留王也献上了皇帝专用的貂蝉（玉器）文衣（华美的衣服）鹖尾（帽子的装饰），这样才准备停当。

第二天，在得胜的邺城大军的簇拥下，司马衷隆重地进入了成都王司马颖的根据地邺城。

在司马颖的授意下，司马衷在今年实施了第二次大赦，并进行了第二次改元，改年号为建武。〔我发现司马颖像孙皓一样特别喜欢玩改元，这家伙在年初诛杀司马乂以后，就让皇帝改元为永安，本来这一年还是太安二年，（太安这个年号是两年前司马乂诛杀了司马冏以后给改的，可以说是司马乂的年号）因此，公元304年的一月还是太安二年，到司马乂被杀，司马颖改成了永安元年，永安年号管了公元304年一月到七月这六个多月的时间，如今，司马颖又让改为建武。截至目前，一年之中已经有了三个年号了，也许，如此众多的年号，也在预示着今年是一个不同寻常的年份吧。〕不仅如此，司马颖还杀了战前劝说自己投降的司马繇，在邺城城外立下皇室的祭祀场所，生杀完全自己掌控，一副很快就要继位，并极有可能迁都邺城的姿态。

在司马颖杀掉司马繇的时候，与自己的叔叔同在邺城的司马睿（东晋元帝）害怕一同被杀，趁着夜雨滂沱，逃出了邺城。等司马睿到达黄河渡口，由于司马颖为防备大臣逃往洛阳，早就下令不能让贵人过河，守卫河桥的将士看到司马睿长相非凡，将要阻止他过河，跟着司马睿一起出逃的手下宋典从后面上前，拍拍司马睿的背轻松地笑着说："舍长，政府禁止贵人过河，您老怎么也被抓了？"守河将士一听，信以为真，就放了司马睿。

司马睿来到洛阳，匆匆把母亲夏侯太妃（和潘岳长相媲美、被人称为"连璧"的夏侯湛之妹）接上，回到了自己的封国琅邪。

司马衷暂住在了邺城。

他的苦闷可想而知。当身边的人要把司马衷龙袍上的血迹洗掉的时候，司马衷呆呆地说："别洗，这是嵇绍嵇侍中的血，就让它一直留在衣服上面吧。"——他再也没有一个可以信赖的人了，自己的弟弟们可以相互残杀，兵戎相见；老婆已经没有了，身边再无一个可以帮助自己的人……

但是，对于得胜的司马颖来说，形势也并非十分的乐观。

情报显示，一方面，北边幽州的王浚正和鲜卑勾结，要起兵南下；另一方面，洛阳仍在逃回的陈眕手里。为了应对危机，司马颖对逃跑的司马越显示了一种和解的姿态，赦免司马越并请求司马越来邺城上任。之所以要这样做，还是基于司马越兄弟们特殊重要的地位：司马越的弟弟东瀛公司马腾就在自己的西边，如今是持节、宁北将军、都督并州诸军事；另一个弟弟司马略是安北将军、都督青州诸军事，在自己的东南；他弟弟平昌公司马模也是很有名望；还有一个堂弟司马虓，不久前还和自己并肩作战一起对付司马乂，如今为征南将军、都督豫州诸军事，正处于邺城正南方面的许昌。

如果和司马越完全决裂，那司马颖西、东南、南边都将变成敌人，再加上北边的王浚和鲜卑，立即陷于四面包围之中……

不过，这次邪了门了，司马越拒绝接受和解：你叫我去邺城上任，不是让我当人质是什么！

除了司马越这帮兄弟们以外，司马颖的目光还盯向了首都洛阳。

他任命周浚（与司马伷一同平定吴国的那位）的侄儿周馥为河南尹，回到洛阳。

洛阳城内陈眕和上官巳一同拥立在数月前被废黜的清河王司马覃为皇太子，主持洛阳的工作。为了拉拢周馥，任命周馥为卫将军、录尚书。长期以来一直就是司马颖同盟的司马颙看到皇帝北伐，就派遣张方率领两万人马前去救援司马颖，并抄皇帝司马衷的后路，后来，听说司马颖取胜，司马颙就命令张方就势驻扎在洛阳，如今张方的军队就近在咫尺。周馥审时度势，不愿意加入司马覃的阵营，于是，坚决推辞了清河王司马覃的任命。司马覃看到拉拢不了周馥，就要求周馥把自己河南尹手下的军队交出来，与上官巳的部队合为一军，周馥认为上官巳一直就是军中无名小人，残暴无礼，最终也不会有什么好下场，就和司隶校尉满奋一起密谋要将上官巳除掉，结果，阴谋外泄，上官巳发兵袭杀了满奋，周馥仓皇而逃离洛阳。

张方的军队来到洛阳城下，上官巳、苗愿发兵据守，一战下来，上官巳、苗愿的部队被击败，退回了城中。清河王司马覃看到上官巳、苗愿战败，大势已去，可能是对张方的吃人行径记忆犹新吧，为了避免被杀，争取个好的态度，他突然出兵趁夜袭击上官巳、苗愿二人，二人突然遭袭，仓皇逃出了洛阳。司马覃大开城门，让张方的军队入城，司马覃在广阳门迎接张方，看到这个吃人魔王，司马覃赶紧下车拜见，张方也赶忙从车上下来，扶着制止。

双方的见面似乎很有礼貌。

但是，礼貌归礼貌，立场还是要坚持，这点小恩小惠在张方面前丝毫不起作用。

等张方坐定洛阳，立即又把皇后羊献容和太子司马覃予以废黜。这是可怜的羊献容那不足一月的第二次皇后生涯的结束，也是她第二次被废黜，而司马覃则也是第二次被废。

二〇一　王浚南下

王浚与司马颖的过节早已有之。

远在三王讨伐赵王司马伦的时候，王浚自己不仅不参加讨伐军，而且还下令不让境内的壮士参加义军，这让司马颖牙根恨得痒痒的；只是朝中矛盾太多，司马颖无暇顾及，只好先行安抚，然后，再慢慢图之。在拿下司马伦以后，对王浚晋号为安北将军，仍然是持节、都督幽州诸军事。

等到司马颙、司马颖内向又诛杀了司马乂，王浚就有点坐不住了，这一点，司马颖也是心知肚明。在司马颖看来，不把幽州的王浚拿下，就不能很好地保证自己的后方安全，如今，在自己的西方还有一个司马越的弟弟司马腾盘踞在并州，因此，拿下王浚已经成为当务之急。

司马颖把原幽州刺史石堪调回，任命自己的亲信右司马和演为幽州刺史，并交给和演一个重要的任务，那就是联合乌丸单于相机杀掉王浚，合并王浚的军队。

当时，在河北很多地方都有乌丸的骑兵营。和演到任以后，与乌丸单于审登密谋，约王浚一起到蓟城城南的清泉水上出游。当时，王浚与和演在蓟城城内两条道路上，到城外两人才走到一条道上。和演打算等双方的仪仗队合二为一的时候，杀掉王浚。

到约定的那一天，各方都出发了。可是，正行之间，突然天上下起了暴雨，大家的衣服、兵器全都淋湿，就是再有雅兴，也不适合在暴雨中再去观鱼了。大家都十分懊丧，王浚懊丧的是没有玩成，和演、审登却是懊丧没有杀成，各怀心思，各自回家了事。

这件稀松平常的事情，却给予乌丸单于审登很大的刺激。

回家以后，乌丸单于审登召集部落大人商量说："和演这次密谋杀掉王浚，计划得十分周密，事情即将成功，但是上天却突然下起了大雨，致使功败垂成，这说明是上天在帮助王浚啊。违背上天的意志是不吉祥的，我们不可以与和演在一个阵营里。"审登就把和演的计谋秘密地报告了王浚。

王浚庆幸之下，秘密集合部队，约结并州刺史司马腾，连同乌丸单于审登共同围住了和演。

毫无准备的和演只得手持白旗，投降王浚。

王浚可不是心软之人，他丝毫不会考虑什么杀降不杀降的问题，和演投降之后，王浚照样将其诛杀。

诛杀了和演以后，王浚自己担任幽州刺史，并开始大规模地打造兵器，招募军队，以应对司马颖即将到来的讨伐。

听说王浚诛杀了和演，司马颖预感到事情糟了，不过，司马颖在做最后的努力，他让司马衷下诏，召王浚到中央做官。司马颖也知道王浚根本不会理会，但是，他起码要让王浚的起兵不再具有合法性。

得到了皇帝的诏书，王浚预感到战云将笼罩在幽州大地上了。他决定先发制人，于是，赶紧通知自己的女婿鲜卑段部的段务勿尘，联合乌丸酋长羯朱，以主簿祁弘为前锋，率领鲜卑、乌丸铁骑和幽州军区精锐部队合计两万多人，南下讨伐司马颖。同时，约请并州刺史司马腾东出联合攻击司马颖。并州刺史司马腾为了给自己的哥哥司马越报荡阴之仇，当然也发士卒作为王浚部队的后援，继王浚所部骑兵之后一起南下。（关于东部鲜卑，在此简要提一下：《资治通鉴》记载："段氏自务勿尘以来，日益强盛。其地西接渔阳，东界辽水。"根据马长寿先生的考证，东部鲜卑在西晋时期的分布大致是这样的：慕容部在最东，包括辽宁的锦州、义县、锦西、阜新、朝阳等地；段部在南，其北境应到辽水上游的柳城，今长城外的滦平、平泉、凌源等地；宇文部在北，居于柳城（朝阳）以北的西拉木伦河和老哈河流域，即内蒙古自治区的赤峰县、开鲁县、敖汉旗、翁牛特旗、巴林左右旗、喀喇沁旗等地。三部的交接地带位于柳城附近，三方为争夺此地多次发生战争，此时，最为强盛的是鲜卑段部。见马长寿《乌桓与鲜卑》第一百九十四页）

司马颖闻听这个消息，赶紧派遣幽州刺史王斌（《资治通鉴》称王斌为北中郎将，但是，似乎当时的北中郎将是王粹，《资治通鉴》可能记载错误），并任命石超为右将军与李毅等率军北上迎战。

王浚所领的鲜卑、乌丸部队多数是骑兵部队，而司马颖的部队则主要是步兵。关键是自从司马颖诛杀了三陆、在荡阴打败了皇帝司马衷、杀掉了第一忠臣嵇绍、并把皇帝挟持到邺城之后，司马颖再也没有了过去的声望，在忠义人士的心中，司马颖再也不是过去心中的希望，不是曾经的忠厚之王，恰恰相反，司马颖变成了恶之花。反过来，司马颖却根本不这样看问题，在他看来，自己终于达到了权力之巅，也终于可以为所欲为了。

王浚、司马腾的军队合兵进击王斌的部队，大破王斌；随后，又在平棘（今河北省赵县）击败了石超的部队，乘胜向邺城进军。

听到败报，邺城是一片混乱，百官各个收拾行装要溜，士兵也毫无战心，卢志劝说司马颖护送皇帝司马衷一起回到洛阳，司马颖同意了。当时，邺城城内还有甲士一万五千人，卢志忙了一夜，安排车辆马匹，整顿军队，收拾财物。

等到第二天天明，部队已经排好了队伍，就等一声令下出发。可是就在临走的时候，司马颖的母亲程太妃却哭哭啼啼地不愿意离开长年生活的邺城，弄得司马颖也是心烦意乱，狐疑不定。

胡人的骑兵部队很快就要抵达邺城城下，城内却是去留不决。整顿好的士兵开始哄闹起来，先是一个一个，继而，一哄而散，各自逃命去了。只剩下卢志和卢志的儿子卢谧、侄子卢綝亲率的一千名殿中虎贲还坚守着岗位。

这下司马颖和卢志全傻眼了。

卢志再次苦口婆心地劝说司马颖早点出发。司马颖同意以后，卢志又去找司马衷，见到司马衷，司马衷说："为什么败得这么惨？"卢志说："敌人距离邺城还有八十里，但是，众人都吓得跑掉了，皇太弟司马颖请求和您一起回到洛阳。"司马衷说："非常好。"

说好了皇帝，还得说服程太妃。当时有个道士姓黄，称为黄圣人的，程太妃十分信任，卢志没办法，只好把黄道士叫进后宫，这道士故弄玄虚，喝干了两杯酒，把酒杯一扔，扭头就走，意思是说赶紧离开此地。这下，程太妃才同意。

可是，来来回回一折腾，那随身的一千名虎贲也逃散得无影无踪了。卢志又跑到军营里找来了几乘鹿车（轱辘车），司马督韩玄又找来一百名左右的宦官。司马颖和手下几十名亲随侍卫，连同找到的这些宦官簇拥着皇帝司马衷快马朝洛阳奔去……

仓促之间，皇帝的所有服饰等物品全部留在了邺城，几十个人身上都忘记带钱了，也没有带干粮。狂跑了一天，后面的追兵渐远，一群人才发现饥饿难耐。询问之下，只有一个宦官背囊中幸好带了三千私钱，皇帝司马衷亲自出面说暂时借来用用。这才买来点吃的，宦官宫女们就在路边野店客房内吃饭。手下拿来粗米饭和干蒜咸菜，司马衷狼吞虎咽，吃得干干净净。到夜晚的时候，司马衷就盖着宦官带的布被子睡觉。

屯骑校尉郝昌当时有八千兵在洛阳，司马衷下诏让其火速北上迎接，司马衷这帮人跑到汲县（今河南省卫辉市）的时候，郝昌接到了司马衷。

路过获嘉县的时候，这群流民般的人从集市上买了粗米饭，却找不到盛饭的器皿，只好用大瓦盆盛一大盆，司马衷又吃了两大碗。当地的老百姓听说皇帝遭难驾临，一位老人家蒸了一只鸡献给司马衷，司马衷感激地笑纳了。

路过老家温县，司马衷想要带着大家去拜谒祖陵，可是，怎么找也找不到自己的鞋子，可能是一直坐在车子上，把鞋子也给跑掉了。皇帝只好穿上随从的鞋子，刚刚倒身下拜，眼泪就不由自主地落了下来。身边众人也都失声痛哭起来。

听说皇帝快到洛阳，张方连忙派自己的儿子张罴率领三千骑兵前去迎接。这支队伍将要渡过河桥（杜预所建）的时候，张方又用自己乘坐的阳燧车、青盖、三百名白衣卫士组成了一个简易仪仗队，去北邙山迎接司马衷进城。

二〇二　刘渊之叛（一）

王浚的胡晋部队遂克邺城。

乌丸羯朱率兵追赶司马衷，一直追到朝歌也没有追上，只好返回。

中原的大城第一次遭到异族的浩劫。邺城的居民天真地以为，此次也许不过是另外一场王爷们之间争权夺利的游戏而已，在他们看来，与老百姓何干？但是，大大出乎他们的预料。这次来的鲜卑、乌丸士兵是又烧又杀，史料记载：“士众暴掠，死者甚多。”

鲜卑乌丸士兵看到大城市的时髦女，感到个个美貌如花，于是，开始大肆抢劫妇女。为了讨好鲜卑人，王浚不仅不予制止，反而蛮横地下令：不管是自己的妻子、女儿、姐妹还是老妈，只要是女人都要统统交出，有胆敢窝藏的，一律斩首（有藏匿者斩）。

但是，骨肉相连，人们还是冒着生命危险保护着自己的亲人，于是，王浚将私自窝藏自己亲眷的八千多人都捆绑着淹死在易水之中……

八千冤魂……

自此，王浚打垮了自己南边实力最强的成都王司马颖，他依靠鲜卑、乌丸骑兵，而成为北方地区实力最强的军阀。

暂且放下王浚不表。

回过头来，说说一直蠢蠢欲动的并州匈奴。

开始的时候，司马颖为了拉拢并州匈奴，上表皇帝任命匈奴左贤王刘渊为冠军将军（《晋书・刘元海载记》记载为：宁朔将军），监整个南匈奴五部军事，虽然如此，司马颖并没有放虎归山，而是让刘渊在自己的邺城做一名领兵将领；又任命刘渊的儿子刘聪为积弩将军。

刘渊的堂爷爷刘宣与刘渊同样也是十分出名，他年轻的时候从师孙炎，喜欢《毛诗》《左传》，看书不分日夜，常常叹息："我如果遇到汉武帝这样的明主，建立的功业肯定能够超过金日磾。"每当读到《汉书·萧何邓禹传》的时候，每次总是反复吟咏，总说："大丈夫如果遇到汉高祖、光武帝这样的明主，是不会让这二位独擅其美的啊！"晋武帝司马炎当政的时候，并州刺史王广向司马炎推荐刘宣，司马炎接见以后，叹息道："我没有见到刘宣以前，以为王广说的是假的，见到以后，才发现刘宣的举止言谈十分得体，真是如珪如璋啊，他肯定能安抚住匈奴本部的。"就任命刘宣为匈奴右部都尉。从刘宣、刘渊、刘聪、刘曜等人的传记中，我们可以看出当时的匈奴汉化之深，几乎与汉人没有什么差别，不过，他们虽然接受了汉文化，但是，在内心深处还是有着强烈的本民族认同感。

看到晋室失去对国家的控制力，刘宣与匈奴首领们商量："过去我们的祖先和汉人约为兄弟，同甘共苦。自从汉王朝覆亡，魏晋代兴，我们匈奴单于虽然有一个虚名，连一寸土地都没有。我们的王爵侯爵，跟平民没有什么差别。我们的部众虽然衰弱，但仍不少于两万，为什么一直俯首帖耳，被人呼来唤去！我们安于这种委屈已经一百年了。左贤王刘渊英明盖世，上天如果无意让匈奴复兴，绝不会叫这种人降生。今天，司马氏骨肉相残，四海混乱不安，兴复我匈奴故业，正是此时。"

大家一致推举刘渊当大单于，并派亲信呼延攸前往邺城禀告给刘渊。

刘渊向司马颖请假，撒谎说要回去主持一个族人的葬礼，司马颖没有批准。刘渊没办法，只好让呼延攸先回，给刘宣带话说："召集匈奴五部的部队，同时，召集宜阳的其他杂胡，对外宣称是帮助司马颖的。"当然，他最后的目的是为了背叛。这是发生在荡阴之役以前的事情。等到司马颖被封为皇太弟以后，刘渊被任命为太弟屯骑校尉；荡阴之役的时候，司马颖任命刘渊为辅国将军、都督邺城城北防守；荡阴之役以后，司马颖封刘渊为冠军将军，封卢奴伯。

等到安北将军王浚和东嬴公司马腾起兵南下，刘渊乘机向司马颖建议："如今，王浚和司马腾两个军区强梁跋扈，军队人数有十余万之多，禁卫军和附近各郡将士，恐怕抵挡不住他们。我为殿下回去一趟，说服匈奴五部，共赴国难。"

司马颖说："五部的兵力能不能确保召集起来？即令可以召集，鲜卑乌桓的骑兵强悍迅疾如风云，怎能抵挡？我打算陪同皇帝回到首都洛阳，躲避他们的锐气。然后，再号召天下，以顺讨逆，你以为如何？”

刘渊说：“殿下是武皇帝的儿子，有着伟大的功勋，声威和德行远近传播；四海之内，谁不愿意为殿下效死？匈奴五部兵力，怎能召集不来？王浚不过是一个蠢材，司马腾是疏远的皇族，他们又有什么力量能跟殿下一较长短？殿下一旦离开邺城，就是向别人显示力量衰弱，洛阳怎能到达？即令到了洛阳，大权也不会掌握在您的手上了。您从洛阳发出的诏书，又有几个人会听从呢？并且，东胡的强悍超不过匈奴五部之人，请求殿下安抚激励你的部众，用镇静的态度来稳定人心。我将为殿下用两部的兵力击败司马腾，用剩下的三部兵力摧毁王浚。两个小儿的人头，很快就可悬挂高竿之上了。”

刘渊不愧为言语高手，他先把司马颖的马屁拍得山响，又事事处处为司马颖着想，一下子把司马颖说蒙了。

当下，司马颖大为高兴，立即封刘渊为“北单于”兼参丞相军事（丞相府军事参议官），就在王浚、司马腾的军队来到邺城以前，把刘渊放回了并州。

刘渊等人是套牢匈奴这头奔牛的羁绊，如今，放回刘渊，匈奴这头奔牛就要横冲直撞了。

刘渊走后，司马颖任命的并州都护王育对司马颖说：“刘渊一去，王育我请求给殿下把他捉来，要不然，恐怕他不会回来了。”司马颖又任命王育为破虏将军，结果，王育非但没有抓到刘渊，反而，被刘渊拘留，后来，任命为刘汉帝国的太傅。王育是否是刘渊的同党尚且是两说，而《晋书》竟然把他列入《忠义传》中，真是不知道所云。

二〇三　刘渊之叛（二）

刘渊如释重负地回到了左国城（今山西省吕梁市离石区北）。可以想见，一路上刘渊是何等得意：多少年的人质生活终于一去不复返了！

根据司马颖任命刘渊的职位为“北单于”以及起先给他的“北部都尉”等名号，似乎可以推测，刘渊的确并非史书上记载的那样，属于南单于的嫡系。关于这一点，过去我们也做了一些探讨，比如，说刘渊是屠各种的；刘渊部族属于南匈奴别部等等，这些说法应该是真实的。然而，等到刘渊回到左国城以后，刘宣等人给其所上的尊号却不再是“北单于”，而是“大单于”了。如果说，“北单于”之号是晋王朝认可的封号，那么，“大单于”则是刘渊自封的，是不被晋政府承认的，因为，在晋政府的心目中，一定还有一个南匈奴单于的嫡系，也就是于夫罗单于的后代吧？

刘渊的“大单于”就等于是并州境内全部匈奴包括隶属匈奴的杂胡的最高首领。这显然不是晋王朝的本意。

刘渊上尊号以后，二十天之间，就在离石集结了五万人马，就把离石（西河郡郡政府所在地）作为大本营。

刘渊并未马不停蹄地全军回援邺城，也没有像他对司马颖信誓旦旦的那样，派遣二部去打击司马腾，三部去打击王浚——其实，当时的匈奴族人汉化程度比鲜卑要深得多，很多匈奴人也已经放弃了游牧生活方式，而学习汉人的农耕技术，做汉人的佃客，昔日彪悍之风已经减少了很多。刘渊在司马颖面前的保证，其实完全就是在吹牛。

不过，为了表示自己不食言，他象征性地派遣左於陆王刘宏，率精锐骑兵五千人，前去跟司马颖的将领王粹会师，以阻截并州州长东嬴公司马腾。但是，等刘宏赶到的时候，王粹已经被司马腾击败，刘宏也没再深入，撤退回家。

这边，刘渊磨磨蹭蹭，那边，邺城势如危卵。

当听说司马颖弃邺城南下洛阳以后，刘渊故作姿态，对自己的手下说："司马颖不听我的劝告，稍一失败，就放弃邺城，往洛阳奔逃，真是个奴才！不过，我和他有过承诺，不能不去帮助他。"装模作样地命令右于陆王刘景、左独鹿王刘延年等率领步骑两万，准备进攻鲜卑。

刘宣等人见状，连忙劝谏说："晋朝不讲仁义，视我等如同奴隶。过去右贤王刘猛不堪忍受压迫，而率部反抗，只是当时上天还没有厌弃晋朝，所以右贤王兵败被杀，这是我们匈奴人的耻辱啊。如今，司马氏骨肉相残，这正是上天厌弃晋朝，要把天下交给我等的好机会啊。单于您亲自积德行善，连晋人也很信服，正应当带领大家去兴我邦族，恢复呼韩邪单于的大业，鲜卑和乌丸正可以做我们的外援，为什么要和他们结怨而去帮助仇敌呢？今天，上天让我们做灭晋的事业，不能违背啊！违背上天的意思不吉祥，不听大众的意见不成功；上天给予的却不接受，那就反而会受到灾祸。请您不要再怀疑了！"

作秀做到了这个份儿上，刘渊感到火候到了，这才吐露心声，他厉声说道："大丈夫立身，当如同崇山峻岭那样巍峨挺拔，怎能心甘情愿地做蝼蚁一般低三下四的人！帝王哪有总是一个姓的道理？过去，大禹出身西戎，周文王也是东夷的，看来，只要有德行，上天就会把国家授予你。如今，我们有众十万，都是能够以一当十个晋人的好汉，击鼓征讨乱晋，一定如摧枯拉朽一般好办。如果好的话，就可以建立如汉高祖那样的统一基业，即使做得不好，也不失为拥有魏国那样的半壁江山。虽然这样说，但是，估计晋人还是不会拥护我们的。我考虑的是：汉朝拥有天下的时间比较长，汉的恩德还存留在老百姓的心中，所以，刘备虽然偏居四川一州之地，却能够与中原抗衡。我是汉人的外甥，过去曾经约为兄弟，兄亡弟及，不也是能说得通的吗？我们暂且称国号为汉，追尊后主刘禅，用来招徕汉人。"并说："大丈夫应该做汉高祖刘邦、魏武帝曹操一类的开国帝王，呼韩邪有什么值得仿效的呢？"

刘宣等人赶紧跪下，行稽首大礼，惶恐地说："这是微臣没有想到的。"

刘渊再次从离石迁往左国城（离石北），打出纪念刘禅的旗号，招徕远近的胡汉平民，又招徕了数万人。

左国城，对于匈奴人而言，具有特殊的含义：据《晋书》记载，建武初，乌珠留若鞮单于子右奥鞬日逐比自立为南单于，入居西河美稷，作为单于庭，就是今天的左国城。刘渊在自己的左国城一直忙乎着立国的事宜，根本无暇去看东南遭到血洗的邺城。

经过充分的准备，公元304年十一月，也就是在成都王司马颖仓皇逃离邺城两个月以后，刘渊在左国城的南郊建立祭坛，先不称皇帝，而只称“王”，正式即位为“汉王”，改元元熙，大赦境内。追尊后主刘禅为孝怀皇帝，立汉高祖刘邦、光武帝刘秀、昭烈帝刘备三祖和汉文帝、汉武帝、汉宣帝、东汉明帝、章帝五宗的牌位，立庙供奉。

立妻子呼延氏为王后；设置百官，以刘宣为丞相，崔游为御史大夫，刘宏为太尉，范隆为大鸿胪，朱纪为太常，崔懿之、陈元达为黄门郎，族子刘曜为建武将军。

这个初称为汉，继称为赵的少数民族国家从今开始，共存续了二十七年。

二〇四　张方迁都

进入洛阳的晋惠帝司马衷、成都王司马颖和程太妃等人都有一种脱离苦海的感觉。

他们把张方看作一棵救命的稻草，张方不仅先派自己儿子的三千铁骑远迎皇帝，而且，还组织了规模不大不小的入城典礼。在典礼上，张方亲自带领一万多骑兵让司马衷坐在用云母装饰的车上，两边是高举各色锦旗的骑兵。在张方拜见司马衷的时候，受宠若惊的司马衷赶紧下车亲手把张方扶起。

张方从这年的七八月，就一直屯驻在洛阳。洛阳的朝政一切都由张方做主。

此时，与司马颖交恶的东海王司马越还在自己的封国，试图再举；他的弟弟并州刺史司马腾联合王浚把司马颖打败以后，身边却冒出了一个刘渊，这使得他无暇再战；只有豫州都督的司马越堂弟司马虓和长袖善舞的东平王司马楙稍微消停些，当他们发现，如今的朝堂之上竟然是张方一个人说了算，这让二人心里十分难受，不过，碍于司马颙的面子，二人也不好深责张方，他们上书司马衷，提出令各方都能接受的妥协方案。

一是，关于司马颖的处置方案。司马颖不能担负皇太弟的重任，应该降封为一个小郡的王，特地保全他的性命。

二是，关于司马颙的地位问题。他全权负责关中事物，包括关中地区州郡以下的人员任免都是他一个人说了算，同时，朝廷中的大事，也要咨询于他。

三是，关于张方的问题。司马颙加给张方的官职是右将军、冯翊太守，虽然为国效力，但是此人不达变通，应该让他回到自己在关中的驻地，临时加给张方的官职暂予保留。

四是，关于朝中执政的问题。司徒王戎和司空司马越应该执政，前面说了那么多，这才是两人要说的重点内容。

五是，关于北方的王浚。应该对王浚增加赏赐，以保证他能够长期作为帝国北部的屏障。

最后一点是表忠心：意思是说，皇帝您如果这样安排的话，我们一定会忠心为国，竭尽全力捍卫皇室，陛下您也就不用再为国事操心了……

两人是司马越的代言人。

这种安排，在司马越看来，也可以说是在与司马颙公开摊牌前的让步。对司马颖宽大处理，对司马颙一贯以来帮助司马颖，也既往不咎，保存你司马颙在关中的领导地位——不过，作为代价，你把你伸到朝廷上的黑手给缩回去，张方嘛，你也打道回府。一句话，还是那个分陕而治的老套路，不过，我司马越在朝廷上做主导，一把手。

最后，不得不提醒您老，我们的朋友遍天下，北面的王浚，并州的司马腾，豫州的司马虓，徐州的司马楙，东海的司马越……

司马越似乎对于多少年前王豹对齐王司马冏的提法记忆犹新，不过当时的王豹说的是让司马冏和司马颖划黄河而治。而此时的司马越，基于自身面临下野的处境，倒是希望和河间王司马颙划华山而治吧……

但是，要知道，即使是分什么而治，也还是有一个主次问题的。

按照司马虓、司马楙的建议，那个主当然就是司马越了（王戎不过是个陪衬），这对于目前手握着皇帝的张方和司马颙而言，根本不会接受。

不过，假如把皇帝司马衷弄到自己手上，以我司马颙为主的话，那时候再谈什么划什么而治的话，倒是可以考虑的。

也许，这是司马越的投石问路之举，在二人上书以后，司马虓就带兵离开了根据地许昌，北上荥阳，距离皇帝近些。

在洛阳的几个月里，张方的军队甚至比土匪强盗还土匪强盗，他们抢劫了可以抢劫的一切东西。甚至于在司马衷回到洛阳以后，还在城外挖掘了司马衷与贾南风的小女儿哀献皇女司马女彦的坟墓。——据臧荣绪的《晋书》记载，司马女彦聪明岐嶷，八岁便能写字读书，讽诵《诗经》《论语》。在将要去世的时候，贾南风想给心爱的女儿封一个名位，司马女彦对妈妈说："我年龄还小，没有成人，根据礼法，下葬是不用公主礼仪的。"不过，贾南风爱女心切，等到下葬的时候，谥为哀献皇女，并用长公主的礼仪送葬。

连哀献皇女的墓都给挖了，还有什么不能抢的呢？等到把该抢的都抢完了，士兵们开始吵嚷着把抢来的东西带回家去。除此之外，也许有近处虎视眈眈的司马虓的军队让他们不安吧？

张方和手下开始商量逼迫皇帝把国都迁往长安——其实，像如此大事，不会不是司马颙的主意，张方只不过是一个工具罢了。从永宁元年（公元301年）齐王司马冏当政开始，河间王司马颙无时无刻不在处心积虑地想要爬上最高执政的位置，他首先想到利用长沙王司马乂为诱饵，使司马冏除掉司马乂；结果，事与愿违，司马乂却出人意料地除掉了司马冏；这让司马颙爬上最高执政的愿望落空了；接着，他又不惜联合成都王司马颖兵向洛阳，除掉了司马乂；然而，除掉司马乂以后，他和司马颖一样不愿意待在洛阳，而是更愿意远远地待在自己的大本营，遥控朝廷；这让身处朝廷同样有一颗躁动之心的东海王司马越不甘寂寞，企图利用皇帝司马衷的大旗一举除掉司马颖，不过，不幸的是，荡阴之役司马越兵败溃逃；而紧接着，王浚、司马腾又把司马颖赶出了邺城。

如今，司马颖这个皇太弟是当不成了，虽然如此，但是，说实在话，自己也的确少了一个很重要的盟友。如果说在过去关东地区还有一个司马颖，那么，如今的关东除了一个豫州刺史刘乔似乎还心向于自己以外，再也没有一个关系铁的哥们儿，相反地，倒是遍布司马颖的前对头们——也可以说是自己的对头。

所以，还是把皇帝弄到自己身边的好。不过，此次还是显示出司马颙一贯不出头的做法，他深知，迁都一事势必要引起轩然大波，只让张方出面，自己在幕后还有回旋余地。

张方也深感此事棘手，他与手下的人密谋多次，张方的担心主要还是朝中众臣的不合作态度。商量来商量去，张方决定请司马衷出去拜谒祖陵，趁机裹胁着皇帝西去。不过，也许臣下已经耳闻了些许的风声吧，司马衷没有上当，坚决不同意出城。

但是，张方主意已定，不容你不从。

十一月初一，他带兵强行进入宫中，司马衷一看张方来者不善，吓得赶紧躲到后园的竹林之中。——此时岂是捉迷藏的时候？

张方的士兵找到了司马衷，把司马衷硬拉了出来，张方在马上对着司马衷行了稽首大礼，说：“胡贼四处纵横，而洛阳的宿卫很少，陛下您今天光临我的军营，我张方将捍卫贼寇，绝无二心！”强迫司马衷坐上了车子。

司马衷又哭了，卢志劝说司马衷："陛下，今天您只能听从右将军的话。臣下驽怯，不能于事有补，但是，我只能尽我的微忠，一刻也不离开陛下您的身边吧。"这时，皇帝手下只有十二个亲信宦官跟随，中书监卢志也是紧紧跟随着皇帝。

而张方的手下却趁机争先恐后地把宫中的流苏帏帐割下来做马鞯（马鞍下面紧贴马的皮子）。

等到皇帝司马衷来到张方的营垒以后，憨厚的司马衷又发了一回昏，他对张方说，你这里条件太差，请你的士兵进宫把御用的器皿都拿来，把宫女们也带来。

晋朝皇宫遭到了一次空前的浩劫：御用的器物、宫中的宝贝被士兵们瓜分殆尽；如饥似渴的士兵们见到同样如饥似渴的宫女们，直接举办了婚礼；魏晋以来，皇宫中保存的无数宝贝丧失殆尽。

抢完以后，张方还想掩饰罪行，企图放一把火把洛阳皇宫烧掉，卢志苦苦劝谏，他说："一百一十四年前董卓烧掉了洛阳，至今人们还痛骂他，您如何要仿效他呢！"

董卓在平民老百姓心目中的无耻形象太深刻了，一听卢志如此说，这次，身为平民百姓出身的残暴张方终于听从了。

司马衷和为数不多的大臣们在张方的军营里暂住了三天，然后，就向西进发了。

那么，等待他们的又将是什么呢？

二〇五　东海勤王（一）

随同司马衷的大臣主要有：皇太弟司马颖、豫章王司马炽、高光、卢志等人；司徒王戎逃到了郏县；留在洛阳的有：尚书仆射荀藩（荀勖之子）、司隶校尉刘暾（刘毅之子）、太常郑球、河南尹周馥还有没有走的官员们组成的留守政府，代表晋帝发号施令（承制行事），称为“东台”。就在司马衷还在旅途之中的时候，山中无老虎，猴子称大王。东台的官员们一商量，到十一月份，就发布了大赦的命令，又把司马颖改的那个建武年号，改回到了原来的永安，并恢复了羊献容的皇后地位。（这是今年的第五次改元，今年太狂了！也是皇后羊献容第三次复位。仅仅距离张方第三次废后才三个月。）然而，似乎张方与这位苦命的女人结下了不解的冤仇，在他得知洛阳擅自复立了羊献容以后，过了不到半年，也就是永兴二年（305年）的四月，张方再一次到洛阳把羊献容废为平民（第四次被废）。

如今，一直是司马颙盟友的司马颖已经失去了利用的价值，司马颙深知，关东的实力派司马越兄弟因荡阴之役而与司马颖有不解之仇。如今，自己把皇帝大驾接到长安，势必引起关东诸侯的不满，如果自己劝说皇帝把司马颖废黜，也许，关东诸侯能够接受这枝和平的橄榄枝。在司马衷的队伍刚刚走到弘农的时候，司马颙就派遣自己的司马周弼通报张方，要张方废黜皇太弟司马颖。

不知道张方有什么想法，结果，张方却拒绝了。车驾走到新安的时候，天气十分寒冷，司马衷掉到马下，摔伤了脚，尚书高光把自己的面衣（蔽面的头巾）献给司马衷，司马衷很感动，口头表示赞扬一次。

这支浩浩荡荡的队伍就这样跌跌撞撞地来到了长安，在晋帝司马衷在长安组成的中央政府中，一切都是司马颙说了算，他选择百官，改秦州为定州，以张方为中领军、录尚书事、领京兆太守；称作“西台”。

十二月，为了给司马越一个说法，西台下诏：罢免司马颖的皇太弟职务，以成都王的身份回到王府闲居（这当然是司马虓和司马楙的建议啦）；以司马衷最小的弟弟司马炽为皇太弟；以司空司马越为太傅，与太宰司马颙共同执掌朝政；以司徒王戎参录朝政（此时的王戎还在郏县避难）；以王衍为尚书左仆射；安南将军司马虓、安北将军王浚、平北将军司马腾各在本镇；以司马越的弟弟高密王司马略为镇南将军、司隶校尉，镇守洛阳；以东中郎将司马越的弟弟司马模为宁北将军、都督冀州，镇守邺城（递补司马颖）；以镇南大将军刘弘依旧镇守南土；周馥、缪胤各自回到本镇。为了安抚齐王一派，以齐王的儿子司马绍为齐王的后嗣。安排了上层以后，司马颙还没有忘记老百姓们，他让司马衷下诏，要求老百姓的税收减去三分之一，御用物品减去三分之二，并且，为了让司马越放心，还表示等到社会安定以后，就回到洛阳旧都。这下，你司马越应该满意了吧，几乎一切都是按照你的条件办的呀——只是，有一点：那就是皇帝在我的手上。因此，司马颙又小心翼翼地让司马衷下诏，任命自己为都督中外诸军事。

接着，大赦天下，并且改元!

也就是这一年的最后一次改元为：永兴。

再回顾一下，便于记忆：公元304年一月以前还属于太安三年，一月，长沙王司马乂被张方炙杀（还不是烧杀！而是烤死！），为了庆祝胜利，司马颖改元永安；永安年号持续六个月以后，荡阴之役，司马颖获胜，司马颖又改元建武；建武年号持续了两个月，司马颖被王浚司马腾击败，与司马衷一起回到了洛阳，接着被张方裹胁着去了长安，留守洛阳的百官擅自改元，恢复了永安年号；到了接近年底，一直与司马颖并肩作战的司马颙感到自从司马颖斩杀了三陆、抗拒王师以后，其光辉形象已经一落千丈，已经失去了存在的价值，司马越也以此为由，决定废掉了毫无价值的司马颖，立了新皇太弟司马炽，又改了年号叫永兴！而永兴元年，此时仅仅还剩下几天，就到了公元305年的永兴二年啦！真晕……

司马炽被立的时候，还顾忌曾经的皇太子、如今身在洛阳的清河王司马覃，典书令修穆力劝他就位，司马炽才同意继皇太弟位。

应该说，这样的安排对于司马越可谓是照顾有加。除了司马越本人和司马颙同掌朝政以外，让司马越的两个弟弟司马略和司马模分别主持洛阳和邺城这两个十分重要的都城，这不能不说是一个巨大的让步——为的是司马颙梦寐以求多年的都督中外诸军事这个地位。

在荡阴之役中逃跑的东海王司马越路过下邳的时候，当时驻屯在下邳的是与司马繇关系很铁的都督徐州诸军事、东平王司马楙，司马楙历来长袖善舞，当他看到司马越忙忙如丧家之犬，司马楙害怕得罪了刚刚得胜的司马颖，所以，拒绝接纳司马越入城。司马越只好逃回了自己的封国东海国。

司马越当然试图东山再起，但是，如今，司马越并没有立即接受司马颙的好意，他暂时还在观望，因此，推辞了太傅的职务。

在紧接着来临的又一次大风暴的间隙，我们再把目光扫视一下公元304年的中国吧：西北、西南和并州。

我们似乎已经淡忘了西北的皇甫重。

长沙王司马乂死后，秦州刺史皇甫重还在为司马乂坚守，他不知道司马乂早就死了，更不用说司马乂死后，还发生了那么多的事情，皇甫重更是一概不知。由于没有接到皇甫商携带来的皇帝亲笔诏书，因此，金城太守游楷、陇西太守韩稚等陇上四郡的兵并没有解除对秦州的围困。皇甫重也无力出城作战，于是，把秦州的外门全部堵死，因此，城内并不知道司马乂被杀的情况。而城外的四郡士兵每次从高筑的土山上前来攻城，皇甫重的城内部队就用连弩射杀攻城部队，并且，皇甫重还在城内挖了很多地道，以防止外军从地下挖进城来，因此，外军围困了一年多，却一直攻不下秦州城，而城内的士兵士气高昂，个个殊死战斗。直到公元305年，皇甫重派遣自己的养子皇甫昌偷偷跑出城外，等皇甫昌一到城外才发现，这世界变化之快，在城内人的心目中还在为司马乂战斗，抵抗的是司马颖和司马颙的军队，谁知道，如今的局势是司马乂早死了，而司马颖也是先胜后败，已经被打得爬不起来了，现如今有实力的当属司空司马越。皇甫昌就去找司马越，司马越感到司马颙刚刚下的和平橄榄枝，自己虽然留有余地，但是，此时还不宜先起兵衅，于是，司马越拒绝了皇甫昌的请求。

皇甫昌一看司马越没有答应救援自己的养父，立即与司马颙翻脸，他心下当然十分着急，情急之下，皇甫昌想到了一个激化东西矛盾的计策——那就是再次利用那位苦命的皇后。

你张方不是屡屡废黜皇后吗？

我偏偏就以司马越的名义再次复立皇后，看你生气不？

皇甫昌就联络过去殿中将领杨篇，对外宣称是司马越的命令，要迎立羊献容做皇后。羊献容第四次被复立为皇后。

羊皇后被立以后，皇甫昌立马利用皇后的命令，让各处发兵讨伐张方，迎还大驾。

当时，事发突然，开始的时候，在洛阳的百官都还跟从着皇甫昌起哄，但是，终究纸里包不住火，很快地，大家都知道了司马越根本没有这个意思，完全是这个皇甫昌个人导演的一场闹剧，其目的是为了救他父亲。

人们联合起来，把皇甫昌给杀了——当然，人们不敢得罪西台，羊献容又第五次被废黜。

这边，司马颙知道秦州难以攻破，只好请求皇帝派遣御史前来宣读诏书，命令城内投降。虽然御史宣读了诏书，但是，皇甫重知道这并非朝廷的本意，还是坚决不执行。可皇甫重也急于了解外面的情况，他派勇士抓住了御史的车夫，皇甫重问道："我弟弟皇甫商率领大军前来救援，是不是快到了？"

车夫如实回答："已经被河间王司马颙所杀。"

一听，皇甫重脸色一下子变白了。他突然陷入绝望之中，立即叫人诛杀了车夫。

但是，这个消息风一样传遍了秦州城里的每一个角落，城内所有的人都第一时间知道了再也没有希望中的救援部队。

生存的欲望战胜了一切，人们聚合起来，把皇甫重杀死，向城外投降了。

皇甫重被平定以后，司马颙把那个在刘弘进攻长安中立了大功的冯翊太守张辅（刘乔的姨家表弟），任命为秦州刺史，此人曾经做过蓝田令、御史中丞，历来不为豪强所屈，比较强势。张辅上任伊始，为了建立自己的威严，一到任就杀了天水太守封尚，接着，又去招陇西太守韩稚开会，韩稚的儿子韩朴知道如果父亲此去必定凶多吉少，杀掉持不同意见的人，联络天水部众，率兵进攻张辅，双方在遮多谷口交战，张辅军被打得大败，张辅本人也被天水的帐下督富整所杀。作为邻郡的凉州，司马杨胤对凉州刺史张轨说："韩稚擅自诛杀了刺史，明公你作为一方诸侯，应该前去讨伐。"张轨派遣两万人马进讨韩稚，韩稚投降；接着，鲜卑若罗拔能进犯凉州，张轨又派司马宋配迎战，斩若罗拔能，俘虏十多万人口，自此，张轨在西北名声大振。

西北暂时安定。

西南李雄和罗尚仍在相持。

到了公元304年的下半年，李雄似乎找到了一些食物，就开始思量着登基的问题了。他先是很谦虚地找到范长生，以老范是个高人，请求老范下山为皇帝，替民做主，自己和自己的手下做他的臣子。这玩笑开得有点大，老范是坚决不肯。

在诸将的坚决要求下，李雄称成都王，建元建兴，定都成都，废除晋法，大赦境内，与民约法七章。以叔父李骧为太傅，哥哥李始为太保，折冲将军李离为太尉，建威将军李云为司徒，翊军将军李璜为司空，材官将军李国为太宰。

李雄吃饱了在忙着称王，罗尚吃饱了却打算着打回成都。

他从泸州移屯重庆，然后，派遣部队进攻蜀国的中部地区，斩杀了李雄的从祖李冉，抓获了李骧的妻子昝氏和她的儿子李寿。

但是，到了十二月，李雄的太尉李离北上进攻汉中，杀了晋战帅赵汶。

到公元305年，李雄拜范长生为丞相，老范从西山坐着软轿而来，李雄亲自在门口迎接，尊称为范贤。

老范已来，就劝说李雄做皇帝好玩，公元305年六月，李雄又一次的大赦境内，改元太武，即皇帝位，国号蜀。加封老范为天地太师，其余人员也都加封了官职。范长生的一千多家部曲也享受免除税赋的特权。（此是《晋书·惠帝本纪》的说法，但是《资治通鉴》却说是光熙元年即公元306年的四月李雄即位。）范长生之所以受到李雄的极大尊崇，除了老范曾经接济过李雄部队以外，更重要的是，李氏宗族本身就是天师道信徒，而范长生在天师道内的地位很高，可以说，李成政权近似于一个政教合一的政权。

再关注一下并州的局势。

刘渊在司马腾的地盘上称王，司马腾不能不管。就在刘渊聚众之初，司马腾就曾经向并州北部的拓跋鲜卑酋长拓跋猗㐌请求派军援助，攻击刘渊。拓跋猗㐌和弟弟拓跋猗卢，在西河郡（今山西省吕梁市离石区）击败了刘渊，与司马腾在汾河东岸结盟而还。

等到刘渊建国以后，司马腾又派将军聂玄前去攻击，双方在大陵（今山西省文水县）会战，结果，聂玄大败。

接着，刘渊乘胜略地。

他命侄儿建武将军刘曜顺势往东南方向进击，企图占领上党盆地，进而夺取壶关。刘曜一连夺取泫氏（今山西省高平县）、屯留（今山西省屯留县）、长子（今山西省长子县）、中都（今山西省平遥市）；又命冠军将军乔晞攻击晋帝国的西河郡的介休县（今山西省介休市）。晋国介休县长贾浑拒绝投降，贾浑说："我给大晋防守此城，却没有能够保全，我怎么能苟活而侍奉贼人，那又有什么脸面再在世间对着我的后代呢？"乔晞大怒，将要杀掉贾浑，乔晞的大将尹崧劝说道："将军你饶了他吧，用来给尽忠的人做个榜样。"乔晞不听，斩了贾浑，并打算收贾浑的妻子宗氏当老婆，宗氏一面啼哭，一面诟骂道："屠各奴才！哪有杀害了别人的丈夫，却要无礼于人的道理！你心里何安？为什么不快点杀我？"仰天大哭，乔晞又斩了年仅二十多岁的宗氏。刘渊得到报告以后，还想树立自己仁义之师的名声，他大怒说："假使上苍有知，乔晞难道能有后裔？"然后，召回乔晞，贬降四等；并收殓贾浑尸首安葬。

在消除了自己进攻太原司马腾的侧翼威胁以后，公元305年六月，刘渊开始对太原的司马腾发起了进攻。司马腾再次向鲜卑拓跋酋长拓跋猗迤求救。猗迤的智囊晋人卫操劝说拓跋猗迤支援司马腾。拓跋猗迤率数千轻骑兵南下，杀了汉国将军綦毋豚，再次击退了刘汉政权的进攻。

司马衷下诏，擢升拓跋猗迤代理"大单于"，加授卫操为"右将军"。

尽管如此，并州的司马腾仍处于岌岌可危之中……

二〇六　东海勤王（二）

陆机的朋友白沙督孙惠对三陆之死刻骨铭心。

这从他给淮南内史朱诞的书信中，就可见一斑，他信中说："想不到三陆相携着身处昏暗的朝廷，一时之间全部被杀，他们三人的死让大道从此沦丧，痛苦之深，难以言表。国家失去了俊秀，伤心的哪里只有我一个人？"就在陆机三兄弟被司马颖杀掉以后，孙惠一怒之下杀掉了司马颖的牙门将梁儁，我们不知道这件事与陆机的死有多大关系，但是，从孙惠一直是深谋远虑这一点来看，如果陆机没有出事，孙惠大约是不会如此冲动的，也许，孙惠杀掉梁儁就是向司马颖示威，也可以说是一种报复。在杀掉梁儁以后，孙惠就隐匿姓名，逃离了邺城。

在司马越荡阴失败、逃回东海国以后，孙惠想借司马越之手为陆机报仇，他自称南岳逸士秦秘之，给司马越的府上投下了一封文辞优美、辞旨鲜明的书信。书信的大意是：虽然您遭到了荡阴之败，但是，胜败是兵家之常事，不足为忧。如今，皇帝蒙尘邺城，您只要联结南方、北方诸侯，致意河间王司马颙，引领江南的锐卒，一定能够取得成功。

书信原文写得十分动人，司马越一览之下，十分赞赏，连忙命人在大街上张榜寻求写信的人。就这样，孙惠才现身，司马越起用为记室参军。

然而，计划没有变化快。

司马越还没有来得及号召勤王呢，王浚就已经把司马颖击败，皇帝司马衷也从邺城回到了洛阳。

司马越只得暂时按捺下一颗悸动的心，时刻关注着局势的细微变化。

按道理说，你司马越的敌人司马颖已经完蛋了，你也该歇一歇吧？司马越这才走了那步让司马虓和司马楙联名上书的棋，就是要向司马颙投石问路。

司马颙不是不明白，他先下手为强，慌忙让张方将司马衷挟持到了长安，把司马衷弄到长安以后，司马颙又把石头投了回去，提出了表面内容与司马越原来的意见看起来毫无二致的另一套和解方案。

但是，问题的关键是：皇帝在你手里，而不在我司马越手里！

东海国的中尉刘洽劝说司马越起兵勤王，司马越同意了。

司马越在隐忍了数月之后，于永兴二年（公元305年）的七月，任命刘洽为左司马，曹馥为军司，发出告全国同胞书，表示："要联合忠义之士，西去奉迎天子，回老家洛阳。"

说得冠冕堂皇，其实，谁都知道，这是司马越与司马颙争夺谁是老大的战争：现在是谁把皇帝司马衷抓在手里，谁就想息事宁人。此前，司马虓提出的建议多好啊，但是，那时候，司马衷是在洛阳，如今，你司马颙把皇帝弄到了你的手上，过去的建议自然统统失效。说什么司马越和司马颙夹辅皇室，一个太傅，一个太宰的，看似平等，谁都清楚，谁手里攥着皇帝司马衷，谁就是老大！

这才是司马越起兵的根本原因。

从表面上来看，司马越的这支关东军实力巨大。

首先是司马越的兄弟们：并州刺史司马腾，北中郎将司马模（镇邺城），青州刺史司马略；还有豫州刺史从弟司马虓。

其次是因曾经并肩作战而与司马腾结下友谊的王浚，自然也是站在司马越一边。

其实，看似强大的关东军，却并没有想象的那么步调一致。

因为，并州的司马腾正被刘渊打得自身难保，无暇顾及；青州刺史司马略很快就被刘根的起义打得躲到了聊城，也有心无力；而咄咄逼人的司马虓也因与豫州刺史刘乔的纠葛，弄得分身乏术。

司马越的这场讨伐司马颙、迎接晋惠帝司马衷回洛阳的勤王战，从一开始就注定要演绎成为一场混乱不堪、狼烟四起的乱战。

行动开始的时候，局势对于司马越来说，似乎是那么顺利。

首先是眼前的东平王司马楙的态度转变得很快：当司马楙听说司马越向天下发出檄文，要西上迎接皇帝返回旧都的时候，司马楙有些担心。因为，就在前不久，当司马越荡阴之败逃回下邳的时候，司马楙害怕被司马颖怪罪而拒绝接纳，司马越只好回到了自己的封国。看到司马楙的忧虑，司马楙的长史王修说："司马越是宗室德高望重的人，如今将要行大义，迎皇帝，您还是应该把徐州都交给他，这（不仅可以免祸，而且）成就您可让之美！"

司马越大喜，以司空领徐州都督，并让司马楙领兖州刺史。司马楙自封为兖州刺史、车骑将军，上表通知皇帝。司马衷接到通知以后，（其实是司马颙）为了瓦解司马越阵营，拉拢司马楙，就派使者刘虔按司马楙自封的官，拜他为车骑将军、兖州刺史。

可问题是：此时的兖州刺史是司马虓的部将苟晞！

苟晞，字道将，河内山阳人，跟司马越、司马冏、司马乂都干过，司马越北伐司马颖的时候，苟晞是北军中侯。荡阴之败以后，苟晞逃奔司马虓，司马虓承制用苟晞为代理衮州刺史。此时，司马楙去做兖州刺史，苟晞能顺利交接吗？司马楙心里直打鼓，就给使者刘虔一些兵马，让刘虔谎称皇帝诏书要杀掉苟晞。——司马楙习惯性地想借刀杀人。

等刘虔到了兖州，苟晞却已经让位，司马楙顺利当上了兖州刺史。

不过，司马楙的这种做法不能不使司马虓和苟晞感到强烈的不满。

对于司马越而言，在起义之初，司马楙就"深明大义"地将徐州让给了自己，这不能不让人大喜过望。这兴许预示着这次行动会顺利起来。司马越如今身处徐州，更多地要引用江淮勇士充当自己的部属，他想到了前不久才平定了石冰叛乱的陈敏，就立即给陈敏下书，大大地夸奖了他一番，拜为右将军、假节、前锋都督，请求陈敏联兵西上。

值得庆幸的是，陈敏也答应了。

喜事还有呢：

驻屯荥阳的堂弟司马虓与河南尹周馥（与王浑一起平定吴国的周浚的堂弟）、司马越的弟弟平常公北中郎将司马模、长史冯嵩杀白马结盟，共同推举司马越为盟主。

此时，司马越的兄弟们都是一方诸侯，他们随意任免刺史，因为，关东很多人士包括朝廷大臣也都投奔到司马越一边。

关中的司马颙看到这种情况，感到和解无望，如果再不以中央的名义表明态度，任由其发展下去，事情对自己一方会越来越不利。于是，司马颙就让司马衷下诏，罢免了司马越众兄弟的官职，并命令他们都回到各自的封国里面去，显然，这是办不到的。司马越不仅不奉诏，反而让自己的堂侄子琅邪王司马睿为平东将军，监徐州诸军事，留守下邳，司马睿任命王导为司马，全权负责后方的军事事宜；而司马越本人则在公元305年七月大张旗鼓地提出要把皇帝迎回洛阳，亲率甲士三万，往西推进到萧县地区。

二〇七 公师起兵

司马越承制拜自己的弟弟平昌公司马模为北中郎将，镇守邺城以填补司马颖走后的空缺。就在司马模刚刚到任后不久，司马越起兵勤王的同时，即公元305年七月，司马颖过去的将领公师藩、楼权、郝昌等就在清河隃县（今山东省平原县南）起兵了。

毕竟司马颖在河北镇守了多年，河北人民对司马颖还是十分怀念的，因此，公师藩起兵以后不久，人马就猛增到几万。在公师藩的这支胡汉部队里，就有一个将来大名鼎鼎的人物。

这个人就是石勒。

石勒，字世龙，最初的名字，叫匐，是上党郡武乡人（今山西省榆社县北）。据《晋书·石勒载记》记载，石勒的祖先是属于匈奴十九支部族之一的羌渠别部；《晋书·北狄匈奴传》所载，云入塞匈奴十九种，其中有羌渠一支。而《魏书》则称，石勒部族因为居住于武乡羯室，所以，才被称为羯胡。

西晋羯族昙花一现，有关这一部族的来源，资料甚少。因此，也引起了学者们的关注，其中，大体上有以下几种说法。

一是，夏曾佑认为，羯族不是匈奴人，而是西亚诸族人。

二是，王国维认为，羯族是附属于匈奴入塞的羌渠部后裔。

三是，黄文弼认为，羯族是来自西域，与匈奴有关但不同属的种族。

四是，吕思勉、钱穆认为，羯族是与羌族有关的种族。

五是，陈寅恪、姚薇元、王青认为，羯族是属西域的月氏胡，如，陈寅恪先生在引用《新唐书》下《西域传》康国条："……募勇敢者为柘羯，柘羯者，犹中国言战士也。"又《大唐西域记》一《飒秣建国》条："兵马强盛，多是赭羯。赭羯之人，其性勇烈，视死如归，战无前敌。”据此认为，羯人就是赭羯之人，也就是月氏人。（见《陈寅恪魏晋南北朝史讲演录》第七十七—第七十八页）。

六是，谭其骧认为，羯人是中亚康居人统治下的索格底亚那人。（谭其骧：《羯考》《东南日报》副刊，1947年）。唐长孺认为主要为西域胡。（唐长孺:《魏晋南北朝史论丛》，第四百一十六页）。王仲荦认为羯人是石国人。（王仲荦:《魏晋南北朝史》上册，第二百四十一页）

各种说法都有各自的依据，20世纪70年代，童超经过多方考证，认为羯人是中亚康居人，但羯人不是被康居人所征服的南部农业居民——索格底亚那人，而是康居（羌渠）的游牧人。两汉时期，康居羁属匈奴，可能有一部分人随匈奴东来。（童超：《关于五胡内迁的几个考证》，见《山西大学学报》1978年第四期）

综上，学者们的看法在细节上有差异，但是，大多数学者的看法还是认定，羯族与匈奴族并非一个种族，应该处于郭钦所说的“上党杂胡”，这从他们的高鼻、深目、多须的外貌和信奉的拜火教等可以确定。羯族在匈奴族中也是地位比较低下的，大约属于匈奴族的奴隶地位吧。

史料记载，石勒从小就壮健胆大，并且喜欢骑马射箭，深为当地的郭敬和宁驱爱重。（另据《太平御览》卷五百引《邺中记》称：“石勒字世龙，上党郭季子（郭敬字）奴也。”可能他在并州的时候已经沦为奴隶了。）他的父亲是部落的小帅，叫周曷朱，这个周曷朱性情残暴，不服众，只好把部落的管理权交给了石勒。到太安年间（公元302—303年，主要是公元303年，因为公元302年才几天属于太安年），并州发生饥荒，石勒投奔雁门的宁驱生活，当时的北泽都尉叫刘监的就要卖掉石勒，被宁驱藏匿。在宁驱家中也不是长久之计，石勒偷偷地去投奔纳降都尉李川，应该是想去当兵活命。然而，在路上遇到了老乡做生意的郭敬，石勒是一边拜一边哭，只说又寒又饿，说的郭敬也是感慨得只掉眼泪。

石勒对郭敬说：“如今群胡饿得很，应该诓骗他们说是去河北就食，然后把他们骗到河北卖掉，这样的话，对双方都有好处。”

正好建威将军阎粹对并州刺史司马腾建议，把胡人卖到山东，来换取军粮，于是，司马腾就派将军郭阳、张隆俘获群胡，石勒也被抓住，两个人一个枷，卖到河北——还没有卖人家，石勒自己倒被人卖了。不过，郭阳是郭敬的族兄，一路上在郭阳和郭阳侄子郭时的照顾下，石勒也没有吃多大的苦。到了山东，石勒被卖给了庄平人师欢为奴，师欢感到此人不是寻常之人，就免除了他的奴隶身份。师欢家附近有一个牧马场，里面有一个强盗头领叫汲桑，石勒依靠自己会相马的本事结好汲桑。

石勒自己又召集了王阳、夔安、支雄、冀保、吴豫、刘膺、桃豹、逯明等八骑靠打劫为生，后来，郭敖、刘征、刘宝、张暄仆、呼延莫、郭黑略、张越、孔豚、赵鹿、支屈六等又参加进来，号称为十八骑。又到东面的赤龙、骥等牧马场中，夺取马场的马匹，去其他地方抢劫财物，回来孝敬汲桑。《太平御览》卷二十一引《赵书》说，这个汲桑"六月盛署而垂重裘、累茵，使十余人扇之，患不得清凉，斩扇者。"也就是说，六月大热天，这个汲桑穿着华贵的皮袄，（估计是抢来的，想赶紧享受享受）让十几个人围着他给他扇风，可是，还是热啊，热得满头大汗，汲桑恼了，把扇扇子的人给杀了。因此，军中就传出了一首歌谣叫作："奴为将军何可羞，六月重茵被狐裘，不识寒暑断人头。"

如今，汲桑和石勒听说公师藩起兵了，两人一合计，就带上手下的放马人连同牧马场里的几百匹马，去投奔公师藩。直到此时，石勒还没有名字，汲桑给石勒起了石姓，名字叫勒。——自此，这个名字威震了华夏很多年。

公师藩见到二人，大喜，拜石勒为前队小队长，跟随部队转战燕赵，相继攻杀了阳平太守李志、汲郡太守张延等，转而进攻身在邺城的平昌公司马模……

听到公师藩的队伍声势浩大，司马模大惊失色，就连他自己的手下将领看到公师藩势大，也密谋响应。好在广平太守丁绍闻讯立即率兵赶来救援，这令司马模大为感动，在援军的帮助下，司马模派遣将军赵骧迎击公师藩，赵骧一战击退了公师藩。

然后，公师藩转而进攻平原、清河，分别杀害了两地太守王景和冯熊。

接到司马模的求救，范阳王司马虓也派遣苟晞与广平太守丁绍一起攻击公师藩，把公师藩打得四处乱跑——战斗结束后，司马模对丁绍的救命之恩念念不忘，他命令冀州各地为丁绍建造活人祠堂进行祭祀。

尽管如此，河北的司马模如今很难腾出手来，全力支援自己哥哥司马越的勤王大举。

二〇八　刘乔背盟

其实，在司马越起兵之初，豫州刺史刘乔就已经集结兵马，准备西上迎回皇帝了。

然而，司马越一个十分低级的错误，却把刘乔推到了司马颙的怀抱……

就在司马虓等人推举司马越为盟主后不久，也不知是为了让司马虓军政统一，便于协同；还是不想让刘乔与自己争功——毕竟自己距离关中没有刘乔近，司马越任命司马虓为都督河北诸军事、骠骑将军、持节，领豫州刺史；任命刘乔为安北将军、河北的冀州刺史，明显是把刘乔支走。

刘乔，字仲彦，河南南阳人，是汉朝的宗室。曾经与益州刺史罗尚一起担任过王戎的参军，参与伐吴之战；后来也曾参与过诛杀杨骏、诛杀贾谧等活动。在张昌之乱时，被任命为威远将军、豫州刺史；讨灭张昌以后，被升为左将军。

刘乔以为，司马越的这种任命没有法律依据，这并非来自皇帝的命令，因此，他拒不接受。是啊，你司马越是什么啊，你如今仅仅是司空，西台给你的太傅你并没有接受，你就什么理由也不讲，把我从富庶的豫州赶到刚刚经过变乱、满地饥馑的冀州去？没门……

此时的司马虓正屯兵荥阳。

本来，刘乔出兵迎接皇帝回銮，是出于道义上的考虑。说到底，刘乔本人与司马颙还有着那么一点点天然的联系：刘乔的姨家表弟张辅就曾经是司马颙的亲信，为司马颙大败刘沈立下了大功。如今，也许在小肚鸡肠的司马越看来，刘乔的立场就像荆州的刘弘一样叫人把握不定，不如干脆把他弄得远远的。

这无疑是把刘乔推到了司马颙一边。

于是，刘乔发兵抗拒司马虓前来接收豫州刺史的位置（三国时魏国豫州治一徙再徙，自谯而徙项，自项而徙安成，晋平吴后徙治陈。周口市淮阳县），但是，要抗拒司马虓就必须找一个合适的理由。

刘乔把矛头对准了与司马虓亲近的颖川太守刘舆。刘舆是刘琨的哥哥，弟兄二人和司马虓关系走得都很近，司马越起兵以后，司马虓就任命刘舆为颖川太守、任命刘琨为自己的司马；司马越则任命兄弟二人的父亲刘蕃为淮北护军、豫州刺史。（豫州刺史当属于《晋书·刘琨传》的误记，因为司马越已经任命司马虓为豫州刺史了，那么刘蕃就不当再有此任。）

刘乔上书皇帝称刘琨兄弟胁迫司马虓，抗拒诏命（应该是指没有听从司马颙的返回封国的命令），树立亲党，合聚兵马等等。

刘乔一边给司马颙上表，一边精神百倍，厉兵秣马，时刻准备给予司马虓一致命的打击，而此时，一个机会很快就降临到了刘乔的头上了……

话说那个东平王司马楙自打当上了兖州刺史以后，作威作福，征求不已，弄得郡县苦不堪言。消息很快就传到了司马虓的耳朵里，本来司马虓就对你司马楙把苟晞赶跑耿耿于怀，这下可好，司马虓就势又把苟晞再派遣回去当兖州刺史，而把司马楙弄到更远一点的青州，让他去做都督青州诸军事。

这下司马楙不干了。他拒绝苟晞上任，为了争取外援，司马楙站到了司马颙的一边，偷偷与豫州刺史刘乔联合抗拒司马越、司马虓兄弟。司马虓大怒，派遣将军田徽率军东进讨伐司马楙，一举击败了司马楙的兖州部队，司马楙逃回自己的封国东平，苟晞这才又重新当上了兖州刺史。

田徽大军东进打击司马楙，给了刘乔一个千载难逢的好机会——如今司马虓的后方许昌正处于异常空虚的状态。公元305年九月，瞅准时机的刘乔果断出击，进攻身在许昌的司马虓，司马虓兵微将寡，很快就被刘乔击败。刘舆的弟弟刘琨与汝南太守杜育等率兵援救司马虓，还没有到达战场，司马虓就败了，于是，刘琨兄弟就与司马虓一起逃往黄河以北，而刘乔则把没有逃脱的刘舆兄弟的父母给抓了起来。

在击败司马虓的同时，刘乔派遣自己的儿子刘佑率军堵截司马越的西上部队，双方在萧县的灵壁（今安徽省濉溪县西）对垒。

接到了刘乔的上表，司马颙不禁大喜。本来他十分担心关东的诸侯同心西向，如今，刘乔从中分化出来，那不是好事是什么？正瞌睡有人送上个枕头……

于是，摇摆不定的司马颙终于下定了决心。公元305年十月，司马颙让皇帝下诏彻底与司马越等人决裂，诏书首先从刘舆兄弟和赵王司马伦是亲戚说起，斥责道："早应该把你们给杀了，结果饶了你们的性命，可是，小人却没有顾忌，为恶更多，擅自任命苟晞为兖州刺史，断绝王命。"如今，我将命令镇南大将军刘弘、平南将军彭城王司马释、征东大将军刘准、如今派遣右将军张方为大都督，督建威将军吕朗、阳平太守刁默，（《晋书·惠帝本纪》称以建武将军吕朗，广武将军骞骊、建威将军刁默等为军前锋）率步骑十万，同会许昌，诛杀刘舆兄弟，敢有举兵抗拒的，诛杀五族。能杀掉刘舆兄弟的，封三千户侯，赏赐绢五千匹。

其实，在司马越起兵之初，张方就曾经建议司马颙说："我所带领的部队仍有十万余众，用这支部队奉送皇帝回到洛阳，让成都王司马颖还回到邺城，您仍留在长安，我再出兵北上讨伐博陵。如果这样的话，天下可能多少会安定一下的，少了举手起义的人。"但是，当时，司马颙感觉事情重大，没有同意。

如今，司马颙看到刘乔从司马越的阵营中脱离出来，而且河北的公师藩也已经起兵要迎接成都王司马颖，这让司马颙精神为之一振。在命令张方率兵东出的同时，司马颙感到还有必要继续利用司马颖的剩余价值，他任命司马颖为镇军大将军、都督河北诸军事，给兵一千人，让他辗转回到河北，镇守邺城；如果去不了邺城的话，就总统楼褒、石超、王阐等军，驻防河桥；同时，又任命卢志为魏郡太守，去安抚河北。

二〇九　刘琨反击

听到司马虓失利、司马颖准备返邺的消息，司马模立即派遣将军宋胄进据河桥，阻止司马颖北上。

即使是在局势一团乱麻的时候，仍然有一些有趣的小插曲出现：公元305年十一月，立节将军周权谎称接到皇帝的诏书，自称为平西将军，第五次复立皇后羊献容，这是羊献容在六个月前被皇甫昌旋立旋废后的又一次旋立旋废。洛阳令何乔进攻周权，把周权杀掉，又把皇后羊献容废黜，这是羊献容的第六次被废。羊献容的反复被废被立，让我们都看得眼花，更让远在长安的司马颙十分恼火，他假传圣旨，派遣尚书田淑前往洛阳，命令东台的官员把羊献容赐死。司马颙前后颁发了好几道诏书，但是，洛阳留台的官员就是拒绝执行命令，司隶校尉刘暾等上书坚决反对，认为："平民羊献容，家门残破，软禁空旷的离宫，警卫森严，根本不可能跟奸人勾结作乱。无论愚蠢之辈或智慧之士，都异口同声，称她冤枉可怜。现在，诛杀一个走投无路、困苦无告的女子，而使普天之下都感到悲惨，对国家的安全，有什么帮助？"司马颙勃然大怒，命驻防在洛阳的建武将军吕朗，去逮捕刘暾。刘暾遂逃往青州，投靠高密王司马略。但经过这一周折，羊献容也侥幸地逃过了一死。

在司马越与司马颙、司马虓与刘乔的对垒中，不是没有以国家安危为重，对交战双方苦口婆心地说和的人，这个人就是镇南大将军、都督荆州诸军事的刘弘。

虽然司马颙在皇帝所下的诏书中，命令刘弘出兵作为刘乔的后援，但是，刘弘并没有听从，反而率兵进攻了平南将军彭城王司马释，将其赶出了南阳。从个人感情上来说，刘弘对司马颙并不看好，其间的原因主要来自对司马颙大将张方的厌恶。

因此，刘弘给刘乔写信道："刚刚听说适承范阳王司马虓想代替您做豫州刺史，您受命朝廷，位居一方诸侯，突然被迁代，的确不太公平。然而古人有句古话：牵着牛践踏别人的田地，确实有罪，但是，就此把人家的牛夺走，那更不对了。您咽不下这点愤怒，甘心成为战端，我个人以为您错了。……如今天下纷纭，主上蒙尘，此正是忠臣义士同心勠力王室的时刻。”最后，劝说刘乔与司马虓捐弃前嫌，重归于好。

司马越将要讨伐刘乔，刘弘又给司马越写信去劝说，书信还是先说明了皇帝如今蒙尘西北，我们大家应该齐心协力把皇帝弄回旧都才是。然后说明矛盾的起因是由于擅自让司马虓代替豫州刺史这一做法不合适造成的，……并指出：“今奸臣弄权，朝廷困逼，此四海之所危惧，宜释私嫌，共存公义，含垢匿瑕，忍所难忍，以大逆为先，奉迎为急，不可思小怨忘大德也。”这里的奸臣应当是指司马颙、张方而言的。

看到自己说服不了双方，刘弘情急之下，又上表司马衷，先说明事情的经过，并指出司马颙和司马越双方都有错误。再说明如今如果一味的相互争斗，那么，四夷胡人就会乘虚而起，最后他请求司马衷下诏让司马越、司马虓与刘乔和解，各自退回到自己的边界内，并且明确以后谁擅自兴兵的，天下共同讨伐他。

刘弘当然是站在维护整个晋王朝整体利益的角度看问题的，这与司马颙、司马越等人相互之间争权夺利本不属于同一层次。当时，河间王司马颙正是看到了刘乔打败了司马虓，才决心不惜与关东一战，自己的大军也已依次出发了，其正想依靠刘乔作为自己的外援，你刘弘现在说让刘乔与司马虓、司马越和解，那不是与司马颙的想法背道而驰吗？

因此，皇帝司马衷自然不会下和解的诏书了。刘弘见状，就派都护刘盘率领自己的荆州兵去接受司马越的指挥，加入到司马越的阵营中。

除了刘弘之外，还有两个人参与了穿针引线的工作：缪播、缪胤堂兄弟二人。缪播是司马颖的太弟中庶子，但是却与司马越关系很好，缪播的堂弟缪胤是司马颙前妻的弟弟，现为右卫率。司马越起兵以后，就派遣二人去长安说服司马颙，条件是把皇帝接回洛阳，然后，司马颙和司马越分陕而治。司马颙对缪播兄弟十分信任，就想答应司马越的条件——司马越的条件还是我司马越是老大，因为洛阳在我的地盘上，那么，皇帝就在我的手上。这时，张方却说：“大王您占据着关中的形胜之地，易守难攻，并且国富兵强，正可以挟天子以令诸侯，为什么要受制于人呢？”当时，司马颙没有听从。

再说仓皇逃往河北的刘琨和司马虓。

渡过黄河以后，刘琨找到了如今担任冀州刺史的温羡（魏扬州刺史温恢的孙子），因为刘琨与温羡的弟弟温憺（温峤之父）是“一肩挑”，也就是说：刘琨是温峤的姨夫（《晋书·温峤传》：“刘琨妻，峤之从母也。”），刘琨就是利用这种关系，去说服老实人温羡把冀州刺史的位置让给司马虓。温羡果然就同意了。于是，司马虓自领冀州刺史，立刻投入到整顿军备的工作中去，准备再次渡河打回老家，另派遣刘琨北上幽州，请求幽州刺史王浚帮忙，一是请求王浚上表皇帝，让司马虓领冀州刺史，使司马虓的官职合法化；二是借来鲜卑或者乌丸骑兵。

王浚满口答应，并同意给刘琨突骑八百人，这八百精锐骑兵可是非同小可，全部是骁勇异常，常为军锋。

刘琨借来这支突击骑兵部队，连同司马虓在冀州召集的部队，共计突骑五千人马，渡过黄河突然对刘乔部队发起攻击。

刘乔用囚车装着刘琨的老父亲刘蕃，率兵退守考城（今河南省兰考县）据战。但是，刘乔的部队已经被打怕了，一时间，部队战心全无，崩溃瓦解，刘琨一战救出了父母。

刘乔收拾残兵败将，仅带五百骑兵退回到平氏（疑为今河南省南阳市桐柏县平氏镇？）。

接着，刘琨率兵进入司马虓的老根据地许昌，许昌人开门欢迎司马虓、刘琨的到来。而此时，司马越的部队还被刘乔之子刘佑的部队堵截在灵璧附近，并且，初战司马越失利，司马越任命的前锋常胜将军陈敏也被刘佑打得满地找牙。陈敏看到中原大乱，自己不想再蹚这浑水，就对司马越说自己回江东去再调发精兵。司马越答应了，陈敏离开了司马越的部队，南下历阳（今安徽省和县）。

司马虓安定了自己的后方以后，派遣都护田徽带领八百突骑，东进接应司马越，遇到刘佑的部队，刘佑部队又一次不战而溃，刘佑本人也在混战中被杀。

清除了刘乔挡在西上道路上的障碍，司马越的部队于公元305年十二月进抵阳武（今河南省原阳县）；而此时，司马颙的吕朗等军驻守着荥阳，司马颖则进驻了洛阳。王浚又派遣祁宏率领鲜卑、乌丸突骑作为司马越的前锋部队；刘琨也相继在黄河渡口斩杀了司马颖部将王阐，在荥阳斩杀了司马颖的部将石超。

关东诸侯逐渐占据优势，向洛阳压来……

二一〇　陈敏割据

就在关东诸侯大军云集荥阳附近的时候，也就是公元305年年底，脱离了司马越部队的陈敏在历阳却举兵反叛了！

其实，陈敏割据江东的心思从击灭石冰以后就有了，他的父亲听说以后，曾愤怒地说："灭我门户的，就是这个小子啊！"忧愤而死。

当陈敏脱离司马越的征讨大军返回历阳的时候，他遇到了弃官回家的江南人甘卓。

甘卓，字季思，曾祖是吴国名将甘宁。州举为秀才，做过吴王司马晏的常侍，因讨伐石冰被封为都亭侯。司马越起兵以后，引为参军，出捕离狐县令。甘卓看到天下大乱，弃官东归。

在历阳，陈敏和甘卓一见如故，两人一起商量割据江东的大计，说得情投意合，当下结成儿女亲家：甘卓的女儿嫁给陈敏的儿子陈景。

两人商量妥当，由甘卓假称受皇太弟司马炽的命令，任命陈敏为扬州刺史，陈敏命令弟弟陈恢和将军钱端等渡江向南略地，命令弟弟陈斌向东略地，江州刺史应邈、扬州刺史刘机、丹阳太守王旷等都弃官逃跑。

于是，陈敏就顺利地占据了州兵甚少的江东之地。

陈敏深知，要想在江东扎下根，就必须依靠江南的世家大族的支持，没有了江南世家大族的支持，一切都将成为泡影。因此，就在陈敏占据江东各郡、分置子弟为各州郡的长官的同时，也很注意拉拢江东的世家大族，分别任命顾荣为右将军、丹阳内史；本来任命贺循（吴国名剑贺齐曾孙，父亲贺邵为吴国丞相）为丹阳内史，但是，贺循推辞脚上有病，手握不住笔，写不成字，再加上喜欢服用五石散，披头散发，光着膀子，做不成官，陈敏也就算了，只好让顾荣兼任丹阳内史。以周处之子周玘为安丰太守，加四品将军，周玘也是称疾不行。

其他的江南名士，全部陈敏任命为郡守、将军，人数共计有四十多人。

陈敏的弟弟陈昶知道顾荣等人怀有二心，劝陈敏将江东名士全部杀掉。顾荣听到这个消息，赶紧对陈敏表示忠心，他劝说陈敏："中国发生大乱，胡夷扰乱中原，我看太傅司马越今日是没有能力重振华夏，生灵将要受到涂炭。江南虽然经受了石冰之寇，但是豪杰之士还尚存。我顾荣经常担心这世上没有窦氏、孙、刘之策，来保存江南。如今将军您怀有神武之略，并有孙吴之能，已经在讨平石冰的战争中立下功勋，勇略冠于当世，现在您带领着数万甲士，大小战舰如山一样多，荆州地区虽然还有几州没有平定，想来也是能够轻易平定的。如果您能够相信江南的名士们，不要让谗言迷惑您的视听，我想大事一定能够成功。"

听了顾荣一番话，陈敏点头称是，放下心来。

陈敏让自己的手下推举自己为都督江东诸军事、大司马、楚公，封十郡，加九锡。并上表皇帝，称自己将率领大军自长江进入黄河，西上司马衷的銮驾到江南。随后，陈敏即任命自己的弟弟陈恢做荆州刺史，率军西上攻击武昌。

司马越、司马虓等人可以随意承制任命官吏，这毕竟是司马氏家族内部的权力纷争，还算不上什么反叛，而一个小小的广陵相陈敏竟敢承制自封为大司马，赶跑朝廷命官，自行任命官吏，这在司马颙看来当然就是叛乱了。

尽管东线战事吃紧，但是，作为中央政府不得不对此有所行动。司马颙任命张光为顺阳太守（今河南省淅川县东南），率步骑混合兵团五千人，前往荆州，讨伐陈敏；而此时，镇南大将军、都督荆州诸军事刘弘，也派江夏郡（今湖北省云梦县）郡长陶侃、武陵郡（今湖南省常德市）郡长苗光，进驻夏口（今湖北省武汉市）；又命南平郡（今湖北省公安县）郡长、汝南郡（今河南省息县）人应詹，统领长江舰队，作为后援。

陶侃与陈敏都是庐江郡（今安徽省舒城县）人，又是同一年被保荐当官的，两人曾经一同去京师洛阳。随郡（今湖北省随州市）郡长扈怀就警告刘弘说："陶侃身居大郡，手握强兵，万一怀有二心，荆州就没有了东门！"刘弘回答说："陶侃忠贞干练，对此我早就知道，绝对不会出事的。"陶侃听到这个消息，就派他的儿子陶洪、侄儿陶臻，去刘弘那里留作人质。刘弘任命二人当参军，然后送给他们很多礼物，仍然叫他们回去，并说："你叔父要出征远行，你们的祖母已经年老，你们应该亲自回去奉养。一介匹夫相交，尚且还不忘恩负义，更何况大丈夫呢！”

公元305年年底，刘弘擢升陶侃当前锋大营总指挥阻截陈恢的西上兵团。陶侃把运粮船改建成战舰，大家都认为不可以，陶侃说：“用国家的船只攻击国家的贼寇，有什么不可以！”两军接战，陶侃多次击破陈恢的部队。陶侃纪律严明，赏罚公平，打仗缴获的财物，全部都分给部下，自己一点都不留。又与皮初、张光、苗光等将领在长岐（今湖北省武汉市黄陂区西南）联合击破陈敏的部将钱端。《晋书·张光传》对此有较为详细的记述：将要开战的时候，陶侃以襄阳太守皮初带领步军正面迎敌，让张光的步骑埋伏在岸上，让武陵太守苗光率领的水军埋伏在沔水（今汉江）里，战役一开始，首先由皮初等人与敌人交战，接着，水陆伏兵一起接应，将钱端击败。

虽然身处不同的阵营，但是，刘弘却对张光非常敬重，称他为“南楚之秀”。此时，南阳郡（今河南省南阳市）的郡长卫展劝说刘弘：“张光是司马颙的心腹，您既然投靠到了司马越的阵营，那么还是最好诛杀张光，以表明自己的立场。”刘弘说：“司马颙的行为，与张光无关。杀掉他人来谋求自身的安全，这不是正人君子所为。”同时，刘弘还上书皇帝，赞扬张光的功劳，请求朝廷提拔张光。前广汉太守辛冉——那个惹起益州流民叛乱的人——此时也跑到荆州存身，此人看到天下大乱，对刘弘献计，让刘弘也背弃朝廷，割据一方，刘弘听后，大怒，下令将其斩首。

由于刘弘的仁爱、忠贞，荆州上下团结一心，一时之间，陈敏在长江中上游无法取得进展。

二一一　惠帝返洛（一）

听到刘乔战败的消息，司马颙的心情降到了最低点。

河北有公师藩、河南有刘乔，一个牵制了司马模，一个牵制住司马越，并州还有一个刘渊，搞得司马腾分身乏术。似乎自己有全胜的把握，谁知，气势汹汹的公师藩很快就被司马虓打得四处逃窜，刘乔也很快销声匿迹。难道说王浚的乌丸鲜卑突骑真的那么厉害？

过去缪播、缪胤兄弟也曾经建议自己与山东和解，但是，有张方从中作梗，如今东军逐渐转为优势，是战是和呢？

其实，司马颙阵营中很多人都不想再打下去了，这仗真是没有什么意义，完全是内耗。

可是，张方是强硬的主张派，如果不把他扳倒，和谈无从谈起……

参军毕垣曾受过张方侮辱，因此时时准备报复，他瞅准司马颙的犹豫，就对司马颙说："张方把军队一直驻扎在霸上（今陕西省西安市东灞河畔），听说山东勤王军强盛，故意逗留不肯前进，要对他早加防备。他的亲信郅辅知道他的阴谋。"缪播、缪胤也劝司马颙说："最好是除掉张方，向天下请罪，山东军队自会平息。"

司马颙派人召见郅辅，要问明情况。

毕垣先在外面等候，见到郅辅来到，先问郅辅："张方密谋叛变，有人说你知道实情。大王如果问你，你该怎么回答？"郅辅一听大惊失色说："我真的没有听说张方打算叛变啊，你说我该怎么办？"

毕垣说："大王问你的时候，你最好含糊其词，只回答：'啊！啊！'，只有这样才能救你一命。否则的话，你将大祸临头。"郅辅进去后，司马颙问说：

"张方谋反，你可知道？"

郅辅说："啊！"

司马颙说："叫你取他性命，你愿意吗？"

郅辅说："啊！"

司马颙派郅辅送一封信给张方，让郅辅乘机行事。

郅辅过去是长安中的富人，张方微贱的时候，郅辅给予他很多照顾，因此，二人情同手足，关系非常好。所以，郅辅身上带着刀到张方的军营，侍卫也不疑心。

张方在灯光下拆信，郅辅就站在一旁，趁张方不备，郅辅挥刀一下子砍下了张方的人头，这个杀人魔王最终被自己的领路人所杀。（历史无数次地证明了一个奇怪的现象："成也萧何，败也萧何"，使人甚至怀疑有些时候，一个人命中注定是为另外一个人活着？）

然后，郅辅飞马回报司马颙，司马颙任命郅辅当安定郡（今甘肃省镇原县东南曙光乡）郡长，并把张方人头送给了司马越，请求和解。

然而，此一时彼一时。

过去，是司马越焦头烂额，一个刘佑把自己打得出不了萧县，身边的司马楙还暗通长安。所以才提出和解方案。如今呢，刘乔、司马楙，包括公师藩都从地上打到了地下，王浚派来的祁宏鲜卑乌丸突骑势不可当，就此就能把你司马颙拿下，你现在还想按照原来的条件和解？

做梦去吧。

司马越拒绝和解。

非但没有和解，反而东军加紧了进攻的步伐，并取得节节胜利。

公元305年十二月，成都王司马颖进驻洛阳以后，曾派遣将军楼褒驻防黄河大桥。东军司马模的将领宋胄，于公元306年年初率军袭击黄河大桥，将楼褒击退。（《晋书·司马颙传》则称，开始时王浚部将刘根率三百鲜卑突骑到达黄河岸上，西军将领王阐迎战，被刘根所杀；然后，是司马虓派遣鲜卑骑兵与平昌、博陵众袭击河桥，楼褒被击败，追兵一直追到新安，一路上死者无数。）

宋胄军占领黄河大桥以后，司马模再派前锋督护冯嵩从邺城率领大军南下，与宋胄会师，合围洛阳。

西军建武将军吕朗驻防荥阳，东军刘琨将张方人头拿给吕朗观看，吕朗感到无望，遂不战而降。

此时，司马颖眼看洛阳难以坚守，就向西投奔长安，走到华阴（今陕西省华阴市）的时候，听说司马颙诛杀了张方，并与东军和解的消息，就再也不敢继续往西，而是往南从武关，逃到了新野。

司马越乘胜派祁弘、宋胄、司马纂等，率领鲜卑兵团，西上迎接晋帝司马衷。

司马颙看到和解无望，又杀掉了郅辅，命令弘农郡（今河南省灵宝市东北）郡长彭随、北地郡（今陕西省铜川市耀州区）郡长刁默率军在湖县（今河南省灵宝市西）筑垒布防，抵挡东军。谁知兵败如山倒，公元306年五月七日，祁弘等进攻，大破彭随、刁默，西军涌入了潼关；司马颙又命令马瞻、郭伟等在霸水岸边列阵迎战，又一次被东军击败。

司马颙单骑逃往太白山中……

二一二 惠帝返洛（二）

《晋书·司马越传》记载了参加到司马越勤王军里的鲜卑头领的名字：一个叫许扶历，另一个叫驹次速归。

公元306年五月，祁宏等所部进入长安。史书记载，勤王军中间的鲜卑部队大肆抢劫，并杀死了两万人之众。这是继去年邺城屠杀以后的第二次大规模的杀戮，可以想见，被杀的大多应属平民百姓。西台中的百官奔散，逃到山中，靠捡拾橡实充饥。

随即，五月十四日，司马衷被保护着离开了长安，司马衷本人乘坐牛车，而公卿大臣全部都是徒步跟随。

六月一日，经过了半个月的颠簸，司马衷总算在离开洛阳一年七个月后，又重新回到了洛阳。当他升上熟悉的旧殿，司马衷百感交集，呜咽流泪。在拜谒了太庙以后，他又一次恢复羊献容的皇后地位。这是羊献容的第六次复立，也是六个月前被废以后，又一次被立为皇后。

恢复皇后以后，司马衷大赦天下，并将年号改为光熙元年。

除了让皇后复位以外，当然要大封功臣了：光熙元年八月，也就是司马衷回到洛阳两个月后，司马衷任命司马越为太傅，录尚书事，增封下邳、济阳两郡给东海国；任命司马虓为司空，（《晋书·司马虓传》记载为司徒）镇守邺城；任命平昌公司马模为镇东大将军，镇守许昌；任命王浚为骠骑大将军、都督东夷、河北诸军事，领幽州刺史。

皇帝司马衷安全地回到了洛阳，但是，长安的情况却仍然混乱不堪。

在司马衷大驾回转的同时，司马越命令太弟太保梁柳为镇西将军，驻守关中。然而，关中诸将对梁柳并不服气，司马颙的旧将马瞻趁着拜见梁柳的机会，出其不意地将梁柳杀死。杀死梁柳以后，马瞻会合始平太守梁迈一同把司马颙从南山上迎回长安。（自太白山以东，渭水南岸的山，统称为南山）多少年来，司马颙一直是在玩弄着别人，因此，他感觉挑起内斗很有意思，这次，他本人却成了众矢之的。这滋味把司马颙吓破了胆，当马瞻等人劝说他回城的时候，一开始，司马颙怎么都不干，他担心在自己的身上再增加罪过。大家伙儿好说歹说，最后，还是长安令苏众、记事督朱永劝司马颙上表皇帝，谎称是梁柳得病死了，自己才出山暂且管事的。

这样，司马颙又回到了长安城里。

司马颙死灰复燃，另外一些人不干了。

弘农太守裴廙、秦国内史贾龛、安定太守贾疋（魏太尉贾诩的曾孙）等起义讨伐司马颙，杀掉了马瞻、梁迈等人。

东海王司马越听说司马颙东山再起，就派遣督护麋晃率东海国的国兵西上讨伐司马颙。

根据《晋书·牵秀传》的记载，当时，牵秀为平北将军，驻守冯翊，他和马瞻等人企图辅佐司马颙据守关中。但是，司马颙早已被打怕了，可是，又不敢公然违背牵秀等人的意愿，于是，表面上与牵秀等人虚与委蛇，暗中却派亲信去洛阳，请求司马越派兵前往长安接自己回到洛阳。于是，司马越这才派遣麋晃西上。

从司马颙被逼无奈从山中出来，到后来发生的一系列事件来看，个人认为，《晋书·牵秀传》的记载可信一点。

当时，牵秀就拥兵驻守在冯翊，麋晃带的只是司马越的东海国的国兵，因为是迎接司马颙的，估计数量也不多，因此，看到牵秀的人马，迟迟不敢前进。

而此时，史书记载，司马颙的长史杨腾因为此前没有响应司马越，害怕被司马越讨伐，所以，就想杀掉牵秀作为给司马越的见面礼，他就联络了冯翊的大姓诸严家，谎称受到司马颙的命令，要求牵秀罢兵，牵秀相信以后，离开了军队，结果被杨腾杀于万年县（今陕西临潼县东北）。

这一记载，其实是有很多疑问的，比如，杨腾杀掉牵秀的原因，就有点牵强，一个长史没有响应司马越，就害怕司马越去讨伐？再比如，牵秀当时在军中，如果杨腾等人没有拿出司马颙的凭证，就那么容易罢兵吗？

可以说是疑点重重。

个人以为，也许杀掉牵秀的幕后指使者就是司马颙。从司马颙多年以来，善于借刀杀人这一点来看，也符合他的一贯手法。此时，吓坏了的司马颙最大的愿望就是能保全性命，安全回到洛阳，其他再无奢望，而牵秀驻兵冯翊当然是司马颙实现自己愿望的绊脚石，因此，杀掉牵秀在所难免。

牵秀一死，长安城外再也没有一支拥护司马颙的军队了。司马颙和拥护者们只据守着孤零零的长安城。直到第二年，即晋怀帝永嘉元年，司马炽拜司马颙为司徒，以南阳王司马模代司马颙镇守关中，司马颙乖乖地带着自己的家眷离开了盘踞多年的长安城。

当司马颙一行走到新安雍谷这个地方的时候，司马模派部将梁臣将他们截住，将司马颙及其三个儿子勒死在车上。（《晋书·孝怀帝本纪》记载，这件事却是发生在光熙元年的十二月。）

司马颙死了，长期与司马颙同盟的成都王司马颖又如何呢？

司马颖逃到新野以后，正巧荆州刺史刘弘去世了。刘弘的司马郭劢发动兵变，打算迎接司马颖为主。治中郭舒却拥戴刘弘的儿子刘璠，对郭劢发动反击，毕竟刘弘在荆州的威望很高，一听公子刘璠站出来了，大家都不跟郭劢干了，杀了郭劢投降。此时，司马越也得知司马颖逃到了新野，就以司马衷的名义下诏，命令南中郎将刘陶去收捕司马颖。听到消息，司马颖抛弃了自己的母亲程太妃和自己的老婆乐氏，只带着两个儿子庐江王司马普和中都王司马廓北上渡过黄河，来到朝歌，在那里收合数百过去的将士，想要投奔公师藩。路上却被顿丘太守冯嵩（司马模的将领）逮捕，送往邺城，当时还在邺城的范阳王司马虓将父子三人软禁着，也没有杀死他们的意思。

然而，到了光熙元年十月，事情却发生了变化。

就在这一月，37岁正值壮年的范阳王司马虓却突然得了一种急病，离奇地死掉了。

司马虓的长史刘舆认为，成都王司马颖长期以来镇守邺城，为当地人所信任，如果大家知道司马虓去世的消息，很有可能发生叛乱。

刘舆对外隐瞒了司马虓死亡的消息，并派人假扮成朝廷来的使臣，宣读诏书趁夜赐死司马颖。

司马颖临死前对看守自己的田徽说：“范阳王司马虓死了吗？”

田徽回答：“不知道。”

司马颖问："您今年多大了？"

田徽回答："五十。"

司马颖再问："你知道天命不？"

田徽回答："不知。"

司马颖接着说："我死之后，天下能够安定吗？还是继续不安呢？我自从邺城逃离以后，到现在已经三年了，这三年中，我从来未曾洗过澡，取数斗热水来，我洗洗自己的手足身体！"

洗完以后，司马颖把头发散开，头朝东方，躺下。

司马颖的两个儿子在一旁号哭不止，司马颖让人将他们带离。

然后，司马颖平静地让田徽将自己勒死。

司马颖死的时候，年仅二十八岁，他的两个儿子庐江王司马普和中都王司马廓也同时被杀。

听到司马颖父子被杀的消息，邺城中的老百姓都纷纷落泪。

司马颖死后，在司马颖的旧臣中只有卢志一个人亲自为其收殓送葬。

这场自永宁元年（公元301年）司马伦篡位开始，一直持续了六年的大乱，表面上的最后胜利者是司马越。

二一三　惠帝之死

虽然司马越是最后的胜利者，然而，放眼中国，千疮百孔，一片狼烟。

并州：刘渊，已经称王，目前，并州正在闹大饥荒，刘渊拥众迁往了山西东南部的黎亭（山西省壶关县西南），就近取食政府仓库的粮秣，虽然此时刘渊还无力做进一步的进攻，但是，那毕竟是悬在洛阳头上的一把利剑。

青州：光熙元年三月，山东东北的惤县（今山东省龙口市东南）县令刘柏根发动叛乱，刘柏根自称惤公，（史称妖贼，大约是依靠迷信，因为青州一直是天师道传播比较严重的地方）拥有部众一万余人，变民首领王弥率领着家人童仆前往投靠。刘柏根命王弥当长史，王弥堂弟王桑当东中郎将。刘柏根率兵攻击临淄，青州都督、高密王司马略（司马越的弟弟）派刘暾率军抗拒，结果刘暾被打得大败，逃回了洛阳，司马略撤退到聊城（今山东省聊城市）自保。幽州王浚派军前去讨伐，杀掉了刘柏根，王弥则逃亡到长广山中（今山东省莱阳市东）继续当了强盗——王弥的爷爷就是大名鼎鼎的魏玄菟太守王颀，曾受毌丘俭之命率军击灭了高句丽。王弥年少的时候到京师游历，在那里结识了刘渊，隐士董仲道见到王弥说："你的眼光就像豹子一样，嗓音就像豺狼的声音，是个好乱乐祸的本性，如果天下大乱的话，你将不会做规规矩矩的士大夫了。"王弥到长广山以后，由于很有权谋，每次出去打劫都是经过精心计算，因此从未失手，并且，王弥弓马娴熟，臂力过人，所以被当地的人称为"飞豹"。

益州：李雄已经即皇帝位，改元晏平，国号为大成。追尊其父李特为景皇帝，庙号始祖；尊王太后为皇太后。

宁州：在益州南边的宁州，相当于今天的云南、贵州地区。早在太安元年（公元302年），由于益州的李特叛乱，引发了宁州的连锁反应：建宁郡（今云南省曲靖市）的豪族首领李叡和毛诜赶跑了郡长许俊；朱提郡（今云南省昭通市）的豪族首领李猛逐走了郡长雍约，各有部众数万。南夷校尉李毅前往讨伐，诛杀了毛诜；李猛上书投降，但是措辞傲慢，《华阳国志》记载了李猛降表的内容："生长在边远地区，不懂礼教，所以才和李特结伙叛乱。虽然不能驻军五丈原，掠取渭河附近的土地，还是想着能够北面切断褒斜道，东面扼守住永安。回过头来察看了灵符，发现晋王朝的国运还很长久，确实不是狂夫能够推翻得了的，所以现在投降。"这话确实说得够讨厌的。李毅一怒之下引诱李猛来见，等到李猛来到以后，又诛杀了李猛。毛诜被杀以后，李叡投奔蛮夷五苓部落酋长于陵丞那里，于陵丞晋见李毅代李叡求情，李毅答应饶李叡不死。但是，等李叡前来投降，李毅的下属以为此人扰乱当地，必须要杀掉，李毅不得已竟又斩了李叡。这让于陵丞怒不可遏，率领各蛮夷部落叛变，攻击李毅。叛乱持续了几年，而就在这几年中，宁州连年饥馑，瘟疫流行，死亡的人达到了惊人的十万以上。此时，于陵丞的势力却日益强盛，很多官民都逃到交州（今越南北部），于陵丞遂包围了宁州州政府所在地。当时，李毅患病，且没有外援，他上书说："我不能阻止贼寇，现在坐以待毙。如果不能被宽恕，那请求派遣官员来，乘我还活着，把我杀了。如果我已死亡，那请求斩了我的尸体。"虽然接到李毅的上书，但是，晋朝廷正忙着内讧，无暇顾及遥远的宁州。就这样，李毅坚守了好几年，后来李毅死去，李毅手下推举李毅的女儿李秀做州长。李秀奖励将士，坚守城池，城中粮食吃完，大家就捕捉老鼠烤熟，或者挖掘野草充饥。等有些力气了，趁着围城的敌人懈怠，李秀就率军出城，屡屡击破围城军队。

再看冀州：公师藩从白马渡口渡过黄河，兖州刺史苟晞率军截击公师藩的部队，阵斩了公师藩；公师藩的手下汲桑、石勒等率残部回到汲桑原来在茌平（今山东省东阿县西北）的牧马场，再集结部众，劫掠附近郡县，汲桑自称大将军，声言要替成都王司马颖复仇，任命石勒为先锋，所向无敌，封石勒为讨虏将军。

扬州、江州：陈敏自称为大司马，已经占据了江东孙吴之地；并试图举兵西上，兼并荆州。

面对如此破碎的山河，司马越似乎也想建立中兴大业，他在朝廷中选拔了当时几乎所有的名士，史书在很多地方都记载说，司马越的幕府是人才济济：他任命吏部郎庾敳为军咨祭酒；前太弟中庶子胡毋辅之为从事中郎；黄门侍郎郭象为主簿；鸿胪丞阮修为行参军；谢鲲为掾。胡毋辅之向司马越推荐乐安人光逸，司马越也予以延聘。并且，司马越一改往日的做法，对于曾经敌对阵营的人士也是照样延纳，当他听说卢志为司马颖送葬后，又请卢志为自己的军咨祭酒，后又升为卫尉。后来，在司马越出镇许昌以后，幕府中又网罗了后来被称为江左第一名士的王承王安期（王湛之子，王浑堂兄弟，王述之父）、邓攸邓伯道、阮瞻阮千里（阮籍侄孙，“将无同”三语掾）等人。

这些人一个共同的特点就是，名气很大，只会谈玄，不会做事。客观地说，他们都是聪明绝顶之人，但是，由于世风等方面的原因，他们都长期远离庶务，风雅清净，举止飘逸，言谈优雅，具有别样滋味，如，王承年轻的时候就被王衍比作乐广，东晋时被公认为在王导、卫玠、周顗、庾亮等名臣名士之上；有的放诞不羁，比如被少女打掉牙的谢鲲；还有类似祢衡之类的人，比如王尼，见到司马越就是不下拜，司马越问为什么，王尼回答说：“你没有做宰相的能力。”然后恶狠狠地把司马越数落一番，最后说：“你还欠我东西。”司马越发作不得，只好硬着头皮说：“怎么可能？”王尼接着说：“过去楚国人丢了东西，就归罪于宰相偷的，如今你的军人把我家里的东西都抢走了，造成我又饥又寒，当然是你欠我的。”还有“纵心事外”、只知道聚敛财物的庾敳庾子嵩等等……

司马虓死后，司马越又想把刘舆招为自己的下属，有人就说了：“刘舆这人，就像是一摊油腻，离得近了就要把人衣服弄脏了。”等到刘舆来以后，司马越就有点疏远他，刘舆就下苦功夫深入了解各地地形、兵员、人口等等情况，并默记在心，这样一来，一到开会，司马越请的那些个不以事物萦心、整日酣饮的名士们个个哑口无言，只有刘舆对答如流，司马越大喜，随即任命刘舆为左长史，把军国大事全都委托给刘舆。

可以说，司马越身边看似人才济济，但是，真正做事的也就是那被人合称为“越府三才”的潘滔（所谓的大才）、刘舆（长才）和裴邈（清才）三个人。潘滔不用说了，就是给司马越建议借刀杀司马乂的那位爷；刘舆呢，也只是干事之才；裴邈，是裴頠的堂弟，和他堂兄一样也比较务实，不过，从《世说新语》中一则故事上，也可以看出此人的胸怀大小了：因为看不起王衍谈玄务虚，就专门找他辩论，王衍就是躲避不见，把裴邈给惹急了，直接跑人家里破口大骂，想让王衍还嘴，可是王衍就是不和你辩论，裴邈骂得太难听的时候，王衍缓缓地说：“白眼儿你又发狂哩。”这样的三个人居然被推举为三才，可想而知其余，更不用说会有真正具备雄才大略的谋士名臣了。在烽烟四起的危急关头，即使是诸葛亮一类的大才似也要大费周折才能起死回生，更何况没有一个呢？

鉴于司马越的弟弟司马腾在对付刘渊上束手无策，刘舆建议司马越将自己的兄弟刘琨任命为并州刺史，加振威将军，领匈奴中郎将，主持对刘渊的战争；另把原并州刺史司马腾任命为车骑将军、都督邺城诸军事，代替已经升为皇太弟的司马炽镇守邺城。（司马炽在司马颖被废以后，只是名义上的都督邺城诸军事，其实，一天也没去上任，在司马虓死后，邺城处于短暂的无人管理状态。）

十一月十七日夜，也就是在从长安回到洛阳五个月后，晋惠帝司马衷因为吃饼中毒，捱到第二天，死于显阳殿，时年四十八岁。传说，司马衷是司马越给毒死的，个人认为，几乎可以肯定司马衷是被司马越毒死的。理由大致有以下几点吧：一是，司马衷是被人毒死的，这一点没有争议，对此，史料明确无误予以记载；二是，当时谁有条件下毒？谁有下毒的动机？只有司马越；三是，从以后司马越专权恣肆的行为来看，他有取而代之的野心；四是，后来的东晋元帝司马睿是属于司马越系统的，正是司马越的老婆裴氏让司马睿入主建业，最后登上东晋皇帝宝座，因此，后来的史官也许不敢明说是司马越所为，只是隐晦地提示出来吧。

不过，说实在话，对于司马衷的死，帝国臣民似乎都有一种如释重负的感觉，人们对此心照不宣，但是，大家都知道如今天下大乱与这个无能的皇帝有着很大的关系。司马衷死了，在他的贾南风皇后死去的六年后死了，在贾南风活着的时候，有贾南风给他遮风挡雨，他过了将近十年平平安安的皇帝生活；等贾南风死后，他经历了被逼退位、颠沛流离、被毒身亡，司马允、司马伦、司马冏、司马颖、司马颙、司马乂、司马越、司马虓等人像万花筒一样，你唱罢来，我登场，没有人在乎他了，也许，在上述人的心中，他早该死掉了……

把“八王之乱”重新定义为上述八王倒贴切些，从贾南风死后的五六年里，几乎没有多长时间消停过。

司马衷死后，还有一点小小的插曲。

皇后羊献容想，如果皇太弟司马炽登基的话，自己以嫂嫂的身份，恐怕不能当上皇太后。这个苦命人在权力面前同样显示出不自量力的执着，她想改立曾是太子的侄儿清河王司马覃为皇帝。侍中华混劝阻说：“皇太弟司马炽在东宫为时已久，天下皆知，民心已定，今天怎么能够变更？”火速通知了太傅司马越，征召皇太弟司马炽入宫。

这时，皇后已经下诏书给清河王司马覃，让他进宫，司马覃走到了尚书阁，发现那边司马炽也在行动，担心会出问题，就赶紧声称发病，退回了自己的府邸。

在十一月二十一日，二十三岁的司马炽登基，大赦，尊皇后羊献容当惠皇后，住弘训宫；追称亡母才人王媛姬（第十四等小老婆）为皇太后；封老婆梁氏为皇后。十二月二十八日，把司马衷安葬在太阳陵（今河南省洛阳市北邙山南麓）。